U0089501

古代歷史文化研究輯刊

初編

王明蓀 主編

第 5 冊

開建五等——西晉五等爵制成立的歷史考察（上）

王安泰 著

國家圖書館出版品預行編目資料

開建五等——西晉五等爵制成立的歷史考察（上）／王安泰 著
— 初版 — 台北縣永和市：花木蘭文化出版社，2009〔民 98〕
目 8+172 面；19×26 公分
（古代歷史文化研究輯刊 初編：第 5 冊）
ISBN：978-986-6449-33-8（精裝）
1. 官制　2. 西晉史
573.41311　　　　　　　　　　　　　　　　98002284

ISBN - 978-986-6449-33-8

古代歷史文化研究輯刊
初　編　第五冊　　　　　ISBN：978-986-6449-33-8

開建五等——西晉五等爵制成立的歷史考察（上）

作　　者　王安泰
主　　編　王明蓀
總 編 輯　杜潔祥
出　　版　花木蘭文化出版社
發 行 所　花木蘭文化出版社
發 行 人　高小娟
聯絡地址　台北縣永和市中正路五九五號七樓之三
　　　　　電話：02-2923-1455／傳眞：02-2923-1452
網　　址　http://www.huamulan.tw 信箱 sut81518@ms59.hinet.net
印　　刷　普羅文化出版廣告事業
初　　版　2009 年 3 月
定　　價　初編 20 冊（精裝）新台幣 31,000 元

版權所有・請勿翻印

開建五等——西晉五等爵制成立的歷史考察（上）

王安泰　著

作者簡介

王安泰，台灣省台北市人，1978 年生。政治大學歷史碩士，現為臺灣大學歷史學系博士候選人。研究領域為中國中古政治制度史、魏晉南北朝史。碩士階段以魏晉時期的五等爵為重心，除了分析五等爵制流變，也著力觀察皇權與士族處理爵制問題的態度，嘗試釐清漢晉之際政治面貌。近期關注議題為傳統中國以分封授爵為核心的封建制度運作，希望從爵制角度切入，探討封建與政治秩序的關係。

提　要

　　爵制是中國古代官僚制度當中不可或缺的一環。兩漢時期的封爵主體為王、列侯與關內侯，其後儒家思想日趨興盛，許多士人學者倡議「恢復」西周封建制度，而公侯伯子男五等爵作為儒家經典所載西周封建的基礎之一，因此復五等爵便成為漢魏時期士人努力追求的目標。至曹魏咸熙元（264）年，以司馬氏為中心的士族勢力最終「恢復」了五等爵，並於隔年建立西晉王朝。此後，五等爵制度實行了一千餘年，直至清朝滅亡。

　　本文即以咸熙元年「開建五等」為開端，探討漢晉時期政治結構與秩序的變遷。除了探討漢晉間封爵制度變化，並由地理分佈、開國制度與食邑規範等方面，分析西晉時期五等爵制的實際運作。此外，亦透過輿服、禮制、法制等角度，觀察五等爵與儒家經典所記載的西周制度、漢魏故事以及當世現狀之間的關連。最後重新梳理漢晉爵制發展歷程，並由士族與皇權的角度，試圖剖析五等爵於政治結構中的意義，釐清五等爵的政治定位。

目

次

附圖目次

第一章 緒 論

第一節 研究動機

　　爵制是中國官僚系統中的重要環節，在官僚制度中常以「官爵」並稱，歷代君臣將相都甚為重視；又如所謂「富均公侯」、「強富比於公侯」等，〔註1〕亦是以封爵作為富貴的代稱。先秦諸子已相當重視爵的地位，如《商君書》云「明主之所貴惟爵其實，爵其實而榮顯之」，〔註2〕《管子》云「爵不尊、祿不重者，不與圖難犯危，以其道為未可以求之也」；〔註3〕儒家經典亦然，如《周禮》云「爵以馭其貴」，〔註4〕《禮記》云「序爵所以辨貴賤也」；〔註5〕漢代著作亦然，如《淮南子》云「爵祿者，人臣之轡銜也」。〔註6〕此皆說明「爵」是中國古代區分身份的方式之一，也是君臣之間建立關係的管道之一。

〔註1〕 （晉）陳壽撰，（宋）裴松之注，《三國志》（北京：中華書局，1974），卷3，〈魏書·明帝紀〉裴注引《魏氏春秋》，頁100。（劉宋）范曄撰，（唐）李賢等注，《後漢書》（北京：中華書局，1965），卷49，〈仲長統傳〉注，頁1652。

〔註2〕 （戰國）商鞅撰，蔣禮鴻錐指，《商君書錐指》（北京：中華書局，1986），卷3，〈錯法〉，頁65。

〔註3〕 （春秋）管仲撰，黎翔鳳校注，梁運華整理，《管子校注》（北京：中華書局，2004），卷6，〈法法〉，頁298。

〔註4〕 （漢）鄭玄注，《周禮》，收入中華書局編輯部編，《漢魏古注十三經》（北京：中華書局，1998），卷2，〈天官大宰〉，頁22。

〔註5〕 （漢）鄭玄注，《禮記》，收入中華書局編輯部編，《漢魏古注十三經》，卷16，〈中庸〉，頁195。

〔註6〕 （漢）劉安編，劉文典集解，《淮南鴻烈集解》（北京：中華書局，1997），卷9，〈主術訓〉，頁289。

　　而所謂的五等爵，即公侯伯子男的稱號，同樣已出現在《春秋》、《孟子》、《周禮》等書中，多以爲是西周之制，但因五等爵制與《詩》、《書》、金文所記多有矛盾，自北宋以後亦有許多懷疑的聲浪。〔註7〕不過漢唐間的政治、學術論述，仍相信五等爵爲西周制度，因此稱唐代以前實踐五等爵的目的之一爲「復古」並不爲過。

　　爲了對應經典所載的「諸侯」，本文所討論之爵，集中於具有食邑、在名義上擁有封國的異姓高爵，在漢魏時期以有封地的列侯爲主，另將有食邑而無封地的關內侯併入討論；〔註8〕至咸熙元年開建五等後，則以五等爵爲重心，並與列侯、關內侯等爵共同構成西晉的封爵體系。

　　中國爵制的起源與發展相當長久。殷商時期似已有類似爵制的存在，〔註9〕至西周時期已有五等爵的產生。〔註10〕不過西周以前的爵制，更像是天王與諸侯的羈縻關係，而非上下統領關係；且西周五等爵制是以同姓爲主，另外輔以部分異姓，強調的重點是血緣與身份，即使國君被弑或無子，也會尋找同血緣者來取代，而不至國絕。至戰國時期，各國亟思變法圖強，過去的諸侯與卿大夫階層大多淪落，取而代之的是新興的士與庶人。在當時的政治背景下，各國逐漸發展出新的封爵體系，以加強國君與官僚之間關係，楚爵與秦爵即爲其例。

〔註7〕　參徐復觀，《周官成立之年代及其思想性格》（臺北：臺灣學生書局，1980），頁1-2。

〔註8〕　黃惠賢、陳鋒指出，兩漢時期可食邑者只有列侯與關內侯，參黃惠賢、陳鋒主編，《中國俸祿制度史》（武漢：武漢大學出版社，2005），頁65。

〔註9〕　儒家經典多認爲殷商時期亦有爵，所謂「殷爵三等」，即公、侯、子三等；然就現今考古資料看來，似乎未有如此規律的制度。儒家經典也提及爵制的起源是始於唐虞，甚至有云始於黃帝者，不過就當時「國家」尚未充分成形看來，或許當時已有類似爵制的稱號，非全面而制度化的體系。

〔註10〕傅斯年認爲西周爵制「既非五等，更無五等爵制」，但近來學者以新出土的金文爲佐證，認爲西周時期或有相當規模的五等爵制，並非戰國以來學者單純的附會。參傅斯年，〈論所謂五等爵〉，原載《中央研究院歷史語言研究所集刊》，2：1（廣州，1930）；後收入傅斯年，《民族與中國古代史》（石家莊：河北教育出版社，2002），頁113。葛志毅，《周代分封制度研究》（哈爾濱：黑龍江人民出版社，1992），頁157-170。徐少華，《周代南土歷史地理與文化》（武漢：武漢大學出版社，1994），頁209。陳恩林，〈先秦兩漢文獻中所見周代諸侯五等爵〉，載《歷史研究》，6（北京，1994），頁59-72。俞偉超、高明，〈周代用鼎制度考〉，原載《北京大學學報》，3（北京，1978）；後收入俞偉超，《先秦兩漢考古學論集》（北京：文物出版社，1985），頁62-114。王世民，〈西周春秋金文中的諸侯爵稱〉，原載《歷史研究》，3（北京，1983）；後收入王世民，《商周銅器與考古學史論集》（臺北：藝文印書館，2008），頁114-137。

尤其是秦國二十等爵，是明確的軍功爵體系，日後亦爲漢代吸收，成爲秦漢時期主要的封爵制度。因此西周至秦漢封爵體系的轉變，象徵著國家從身份制向「一君萬民」的變化。

到了西漢，在天下逐漸統一之後，在公士至公乘（即所謂民爵）的部分，原本秦代所強調的軍功逐漸失去其必要性，逐漸轉爲皇帝即位或國家重大慶典時的普遍賜爵；即使漢武帝時一度推行新的軍功爵制，仍無法阻止民爵日趨衰微。在公大夫至大庶長（即所謂吏爵）部分，由於漢代「以吏治天下」，故中層的吏爵似亦與軍功無涉，即只要是「庶人在官」者，皆有機會受封吏爵。但在列侯與關內侯（即官爵或貴族爵）部分，漢代仍維持「無功不侯」的原則，除了與皇帝關係密切的恩澤侯外，只有軍功一途方能成爲列侯與關內侯。〔註11〕

上述原則在漢武帝「獨尊儒術」後逐漸受到儒生與士大夫的挑戰。儒生與士大夫不斷的藉由對儒家經典的討論，一方面反映出有德者應有封爵的理念；另一方面，也投射出他們希望恢復五等爵的想法。在士大夫與儒生逐漸轉化爲士族之時，隨著士族勢力的擴大，這種呼聲也更加強烈。由於王莽時期曾一度施行五等爵而失敗，整個東漢時期，不再有直接恢復五等爵的朝議；直至魏晉之際，才再次建立了一套模仿西周的五等爵制。〔註12〕此後直至清末，歷代五等爵制雖多少有所調整，其本質並未改變。也就是說，這套五等爵制自魏末晉初施行以後，在往後一千六百多年間，〔註13〕成爲帝國官階制度體系的主軸之一。而西晉作爲這套施行千餘年制度的開端，自然有其重要性。然而，由於下述情形，使得歷來對魏末晉初五等爵制的研究，尚有不足之處。

第一，西晉時期相關史料較少。與唐代以後相比，西晉史料較爲闕乏，在可參考資料不多的情形下，歷來對於西晉五等爵及其相關制度的認識可說

〔註11〕以上對漢代爵制的分類與討論，可參西嶋定生著，武尚清譯，《中國古代帝國的形成與結構——二十等爵制研究》（北京：中華書局，2004）。

〔註12〕本文所論五等爵，其施行的年代是曹魏咸熙元年（西元264年），也就是說在曹魏時期已開建五等。但當時軍政大權皆由司馬氏集團控制，改制的理念及其內容都是出自司馬氏之手；且咸熙元年是曹魏政權的最後一年，隔年即發生魏晉禪代之事，故就邏輯層面與行文方便，本文仍將五等爵視爲西晉創立的制度。

〔註13〕五等爵自曹魏咸熙元年（西元264年）開始實施，至清宣統三年（西元1911年）清帝國滅亡爲止，中間雖偶有變化，「公侯伯子男」五等之名大體未有變動，前後共計施行一千六百四十七年。

是相當欠缺。例如五等爵的開國制度，究竟是公侯伯子男皆有國，還是只有公侯方得開國；西晉五等爵的食邑比例，究竟是三分食一、四分食一、九分食一，抑或是十分食一；《晉書》上所記載的「縣侯」是二品縣侯還是三品縣侯等，這些問題至今仍無定論。此外，西晉時期其他方面的資料，如占田、課田稅收的計算，諸侯相關禮律等，同樣有所不足，影響後人對西晉爵制的認識。再加上在魏晉時期尚有黨派與門閥士族的問題，使得在探討西晉爵制之時，不確定性與所需考慮的層面更大。

第二，雖因史料不足，無法獲得對西晉五等爵制全面的認識，就現有研究仍可發現，西晉諸侯在各方面的身份與利益皆較漢魏為高。〔註14〕但從大**趨勢**來看，隨著時間的推移，南北朝時受封為五等爵者各方面的待遇有日漸下降的**趨勢**，如劉宋時諸侯國官不得稱臣；唐代諸侯食邑遭剝奪，成為虛封，食實封成為特殊的恩典等，皆為其例。從表面上看來，西晉的五等爵似為歷來爵制待遇最高的時期之一，當時的諸侯多為功臣與上級士族，在政治上也應有相當的勢力，許多學者也以此作為西晉士族強盛，皇權衰微的例證之一。但從各方面的跡象來看，西晉初年的皇權似未呈現衰微的局勢，而晉惠帝以後政局的動盪，也是因同姓諸王的內鬥而造成，非以士族或豪族為主。既然西晉（尤其是武帝時期）的皇權仍有相當的影響力，那麼就不能單以士族強盛、皇權衰微來加以解釋封爵地位的提高。因此，如何藉由爵制的演變，來觀察魏晉時期士族與皇權的合作與衝突，也成為另一個可思考的方向。

第三，歷來學者討論魏晉時期士族勢力逐漸鞏固的原因，多從九品官人法實施、經濟地位變化或士族自身要求為切入點，當中或多或少會提及五等爵的施行。然而，五等爵並非只是當時士族用以提高身份與經濟利益的工具，更重要的是，五等爵是漢魏以來士大夫所欲施行的理想，所以這個制度才能實行一千餘年；以軍功為主軸的二十等爵，至唐代以後則消失無蹤。因此，以五等爵為切入點，分析漢晉間士族的發展歷程，亦為可探討的部分。

第四，「封建」與「郡縣」的問題，是漢唐之間所關注的焦點之一，如曹冏的〈六代論〉、陸機的〈封建論〉等，以及許多時人的論議，都是以此為切入點加以討論。若士族在當時已掌握軍政大權，或司馬氏集團一心想要復古，大可推行封建制度，使士族在其封地皆擁有軍政實權，進而走向類似西歐中

〔註14〕此處所云西晉「諸侯」，除同姓王侯外，也泛指異姓之五等爵，與漢代「諸侯」僅指同姓王侯不同。故本文所稱西晉諸侯，乃同時包含同姓與異姓之王侯。

世紀的封建制，對士族來說，如此一方面又可達成徹底恢復周制的理想，又可擁有實際的利益。但實際上，西晉時期所施行的是「實不成制度」的五等爵制，明顯只是司馬氏爲了酬庸功臣而行，與「封建」並無直接關係。從士族的角度來看，若非其勢力不足以干預此類「動搖國本」之事，就是士族仍存在「公」的觀念，使其存公而抑私，或是其復周制的理念與封建有所差距。從皇權的角度來看，除了酬庸功臣、拉攏曹魏舊臣之外，是否尚有其他因素促使西晉政權必須施行五等爵；而施行五等爵是否使得國家權力受到影響，皆爲可以探討的課題。

第五，從秦漢到隋唐，許多制度與理念，皆有一脈相承之處，如「限民名田 —— 占田 —— 均田」的演變，經學的傳承，郡縣制的基本維持等，皆爲其例。在爵制方面，五等爵的出現雖是西晉首創（扣除王莽改制），但二十等爵早在兩漢時期即已日趨衰微，在漢末曹魏之時，史料上只有列侯與關內侯，其餘多爲新設之爵。因此，五等爵的產生，一方面是取代舊有的二十等爵，另一方面，也可視爲補充上級爵制不足的情形。此外，漢代列侯、關內侯的授與以軍功爲主的情形，至曹丕稱帝後亦產生變化；至魏晉之際，封五等爵者更多爲行政官僚，與軍功無直接關係。然而從封爵的食邑多寡、開國與否及時人論述來看，軍功仍爲重要因素之一，這也與漢魏及南北朝的情形類似。因此，如何將爵制納入一個較大的視角，即漢唐間的長期發展來觀察西晉爵制，亦爲可努力的方向。

因此，本文試圖以西晉爵制爲中心，一方面探討五等爵產生的原因與過程，及其影響；另一方面，則是試圖觀察魏晉時期士族與皇權兩者對爵制的態度，藉以理解漢晉之際政治與制度方面的演變。

第二節 文獻回顧

本文既以西晉五等爵爲研究主題，應以對西晉五等爵的討論爲主要參考對象。但因史料不足，學界對西晉五等爵的討論較少，故擬從兩個方面回顧學者的研究。

一、關於漢晉時期制度與國家體系變動的討論

觀察前輩學者對漢晉間制度變化與歷史背景的討論，甚有助於對魏晉爵制變革的理解。陳寅恪指出，東漢後期政局紊亂，促使儒家大族形塑政治理想，

西晉復五等爵、罷州郡兵等政策，即為漢末以來儒家大族理想的實踐。〔註15〕
錢穆認為魏晉時期政局動盪，士大夫退而自保，或循守儒術以保存家門，或採
取道家求處世道理。〔註16〕余英時認為雖然自東漢中後期，士的自覺日趨成熟，
但經由黨錮之禍的摧毀，士族轉向明哲保身，士大夫以天下為己任的精神逐漸
被家族與個人意識所掩蓋。〔註17〕錢氏與余氏基本上強調士大夫因應時局，選
擇發展自身的家族。毛漢光在分析曹魏統治階級時，指出曹魏士族與官僚逐漸
融合成統治階層的核心部分，單士與地方豪族漸漸無法進入此一體系，「門第社
會於焉成立」。〔註18〕陶希聖認為西晉時期經學的衰微，象徵儒家哲學的沒落，
但在治術的禮、律等方面，仍以儒家理想為主。〔註19〕閻步克則以官僚制度為
切入點，認為自漢代逐漸形成「官僚——地主——儒士」三位一體的世家大
族，至魏晉演化成以士族門閥構成的官僚群體，進而支配官僚銓選。〔註20〕

　　另一方面，陳啟雲認為，漢末魏晉部分之士由公轉私，成為特殊勢力，
但「士之傳統仍保有高度超越之『公』型觀念」。〔註21〕魏晉之際的改制，其
實是東漢以來士人理想秩序的實踐，士族不一定僅為私家的利益導向。丁愛
博亦云，士族是要透過「官」的身份才能取得社會地位與經濟權益，而非「士
族」本身。〔註22〕士之所以為士，必須考量為公為國的道德性。因此士任官
職並不僅是自利取向的官僚，士人為公的理想亦多表現在改定制度時的理
念。且一般分析，多將「國」與「家」，或「公」與「私」對立言之，但筆者

〔註15〕陳寅恪，〈崔浩與寇謙之〉，原載《嶺南學報》，11：1（廣州，1950）；後收入
　　　　陳寅恪，《金明館叢稿初編》（北京：三聯書店，2001），頁143。

〔註16〕錢穆，〈略論魏晉南北朝學術文化與當時門第之關係〉，收入錢穆，《中國學術
　　　　思想史論叢（三）》（臺北：東大圖書公司，1993四版），頁159。

〔註17〕余英時，〈漢晉之際士之新自覺與新思潮〉，收入余英時，《中國知識階層史論
　　　　（古代篇）》（臺北：聯經出版事業公司，1980），頁295。

〔註18〕毛漢光，〈三國政權的社會基礎〉，原載《中央研究院歷史語言所集刊》，46：
　　　　1（臺北，1974）；後收入毛漢光，《中國中古社會史論》（臺北：聯經出版事
　　　　業公司，1988），頁137。

〔註19〕陶希聖，《中國政治思想史（三）》（臺北：食貨出版社，1982再版），頁156。

〔註20〕閻步克，《品位與職位——秦漢魏晉南北朝官階制度研究》（北京：中華書局，
　　　　2002），頁40。

〔註21〕陳啟雲，〈中國中古「士族政治」的問題〉，原載《新亞學報》，1977；後收入
　　　　陳啟雲，《中國古代思想文化的歷史論析》（北京：北京大學出版社，2001），
　　　　頁333。

〔註22〕參丁愛博撰，張琳譯，车發松校改，〈《中國中世紀早期的國家與社會》導言〉，
　　　　載《魏晉南北朝隋唐史資料》，14（武漢，1996），頁192。

認為，兩者，不一定為互相違背或是衝突對立的存在。士族的論議在一定程度上實兼具了公與私的兩面考量。〔註23〕

　　也就是說，學者對於漢晉間制度的演變，考量的重點各有不同，但對於士族自身之理想，及士族任官時所具備的公共性身份等問題，所論似乎較少，仍有可深入探討的空間。

二、關於漢晉爵制的討論

　　學者討論漢代爵制者甚多，其中西嶋定生將漢代二十等爵分為「官爵」與「民爵」兩大系統，具有很大的啓示作用；〔註24〕朱紹侯把漢代二十等爵劃分成「民爵」、「吏爵」與「王侯爵」；〔註25〕柳春藩清楚陳列出漢代封爵的分類與概念，有相當清楚的闡述。〔註26〕楊寬指出，戰國的分封制在性質上已不同於西周，戰國封君不能掌握封地的行政權與兵權，只能享受部分賦稅收入；而秦漢的列侯，則是在戰國的封君制的基礎上有所擴張。〔註27〕此外如吳榮曾、高敏、王恢、布目潮渢等人，也對漢代爵制進行相關研究。〔註28〕近三十年來，中國大陸先後出土了許多漢代相關文獻，使得漢代的爵制研究更加蓬勃發展，如藤田高夫運用上孫家寨出土簡牘，討論漢代軍功與爵制的問題；〔註29〕廖伯源根據尹灣漢墓出土史料對爵制進行考察，〔註30〕皆為其

〔註23〕羅宗強指出士人兼有出世與入世取向，「要承擔社會責任時，他（士人）是出世的；要滿足個人慾望時，他是入世的。」參羅宗強，《玄學與魏晉士人心態》（天津：南開大學出版社，2003），頁235。

〔註24〕西嶋定生著，武尚清譯，《中國古代帝國的形成與結構──二十等爵制研究》。

〔註25〕朱紹侯，《軍功爵研究》（上海：上海人民出版社，1990）。

〔註26〕參柳春藩，《秦漢封國食邑賜爵制》（瀋陽：遼寧人民出版社，1984）。

〔註27〕楊寬，〈論秦漢的分封制〉，原載《中華文史論叢》，1（上海，1980）；後收入楊寬，《楊寬古史論文選集》（上海：上海人民出版社，2003），頁130-131。

〔註28〕吳榮曾，〈西漢王國官制考實〉，原載《北京大學學報（哲學社會科學版）》，3（北京，1990）；後收入吳榮曾，《先秦秦漢史研究》（北京：中華書局，1995），頁285-309。高敏，〈論兩漢賜爵制度的歷史演變〉，收入高敏，《秦漢史論稿》（臺北：五南圖書出版公司，2002），頁35-60。王恢，《漢王國與侯國之演變》（臺北：國立編譯館中華叢書編審委員會，1984）。布目潮渢，〈前漢侯國考〉，原載《東洋史研究》，13：5（東京，1955）；後收入布目潮渢，《布目潮渢中國史論集（上卷）》（東京：汲古書院，2003），頁35-60。

〔註29〕藤田高夫，〈漢代の軍功と爵制〉，載《東洋史研究》，53：2（東京，1994），頁33-54。

〔註30〕廖伯源，《簡牘與制度──尹灣漢墓簡牘官文書考證》（臺北：文津出版社，1998）。

例。尤其是湖北張家山漢墓〈二年律令〉與〈奏讞書〉的問世，許多學者競相投入研究，使人們對西漢前期的爵制，有更深入的理解。〔註31〕

在曹魏爵制方面，守屋美都雄〈曹魏爵制に關する二三の考察〉，是相當重要的研究。首先，守屋美氏提及，曹魏初期已施行五等爵制，但對象僅限於同姓宗室，尚未包括異姓臣子；其次，守屋美氏對都亭侯與都鄉侯之所在地進行考察，也討論了漢末曹魏時期爵制的個別問題，指出曹魏縣侯多爲千戶以上，鄉侯約六百至八百戶，亭侯約一百至三百戶；此外又對曹魏爵制作了許多相關的考察，對本文具有很大的啓發。〔註32〕而本田濟則認爲曹魏不重視宗室諸王，是導致皇權衰弱的重要原因。〔註33〕羅新則分析曹操所進行的爵制改革，指出新設之十六至十八級爵，皆帶有「侯」字，且印綬的授與範圍也有所擴大，其目的是使中層以上的行政官員受惠。〔註34〕陳明光認爲，漢末建安時期因戶口嚴重損耗，致使鄉亭侯的食邑大幅減少，並少以進爵作爲軍功酬庸，這個現象至曹魏中後期方產生變化。〔註35〕

相對於漢代爵制研究的蓬勃發展，針對西晉五等爵制加以討論者相對較少，至如傅斯年〈論所謂五等爵〉、〔註36〕邱信義《五等爵說研究》等，〔註37〕其所論述都是先秦的五等爵，而非魏晉之制。而陶元珍〈魏咸熙中開建五等考〉僅針對咸熙元年受五等爵者進行考察，未作深入分析。〔註38〕因此實際探討魏

〔註31〕略舉要者，如李均明，〈張家山漢簡所反映的二十等爵制〉，載《中國史研究》，2（北京，2002），頁37-47。高敏，〈從《二年律令》看西漢前期的賜爵制度〉，原載《文物》，9（北京，2002）；後收入高敏，《秦漢魏晉南北朝史論考》（北京：中國社會科學出版社，2004），頁136-144。朱紹侯，〈西漢初年軍功爵制的等級畫分 ——《二年律令》與軍功爵制研究之一〉，原載《河南大學學報（社會科學版）》，5（開封，2002）；後收入朱紹侯，《朱紹侯文集》（開封：河南大學出版社，2005），頁127-136。石岡浩，〈江陵張家山漢簡奏讞書にみる爵位とその意味〉，載《法史學研究會會》，6（東京，2001），頁1-40。

〔註32〕守屋美都雄，〈曹魏爵制に關する二三の考察〉，原載《東洋史研究》，20：4（東京，1962）；後收入守屋美都雄，《中國古代の家族と國家》（京都：東洋史研究會，1968），頁214-249。

〔註33〕本田濟，〈魏晉における封建論〉，原載《人文研究》，6：6（大阪，1955）；後收入本田濟，《東洋思想研究》（東京：創文社，1987），頁43-48。

〔註34〕羅新，〈試論曹操的爵制改革〉，載《文史》，80（北京，2007），頁51-61。

〔註35〕陳明光，〈曹魏的封爵制度與食邑支出〉，載《西北師範大學學報》，2（蘭州，2005），頁55-61。

〔註36〕傅斯年，〈論所謂五等爵〉，頁91-115。

〔註37〕邱信義，〈五等爵說研究〉（臺北：臺灣大學中國文學研究所碩士論文，1970）。

〔註38〕陶元珍，〈魏咸熙中開建五等考〉，載《禹貢》，6：1（北京，1936），頁23-26。

晉南北朝五等爵制架構者，當以楊光輝《漢唐封爵制度》爲主。楊氏對魏晉南
北朝封爵的形式作了初步的整理，認爲當時爵制呈現由少到多、由簡而繁的趨
勢，且爵入官品，且爵級高地會隨著不同朝代而有所變動。在封國與食邑制度
方面，楊氏說明當時封國制度的幾個特點，包括置軍、名義領有權等；並計算
西晉諸侯的奉秩額，與其他經濟方面的利益。在封爵的傳襲制度方面，楊氏分
析了當時朝廷的授爵單位與策封程序，並指出非功不侯與襲爵推恩的特點。在
封爵與其他政治制度的關係方面，楊氏從官制、禮制與律令三個面向加以討論，
點出爵制在當時政治體系中的重要性。最後楊氏分析了封爵的社會、政治、經
濟功能，說明封爵與富貴的關係，並指出擁有高爵者多爲士族官僚。〔註39〕楊
氏所論可謂包含魏晉南北朝爵制的各個面向，對認識當時爵制的發展與變化，
有相當大的幫助。但一方面此書所論乃整個魏晉南北朝封爵體系的變化，相對
來說，對西晉的專門討論較少；另一方面，楊氏在各細部討論，如食邑數、俸
祿等，其切入點與討論方式似仍可再作商榷。因此對於西晉五等爵制的研究，
尚有可發揮的空間。越智重明也針對削爵提出意見，認爲從漢代的官爵分離傾
向，至六朝爵與官的一體性，加上士人被削爵便成爲庶人，代表天子在爵制面
的支配面有所增強。〔註40〕

　　在論文方面，數量較多，渡邊義浩即認爲，西晉的爵制一如漢代的二十等
爵制，是國家身分制的表現。〔註41〕另外如張學鋒、楊光輝、周國林、藤家禮
之助、伊藤敏雄等人以諸侯的俸秩爲討論主軸，〔註42〕研究成果雖多，不過也

〔註39〕楊光輝，《漢唐封爵制度》（北京：學苑出版社，1999）。
〔註40〕越智重明，〈六朝の免官、除爵、削名〉，原載《東洋學報》，74：3‧5（東京，
　　　　1993）；後收入越智重明，《中國古代の政治と社會》（福岡：中國書店，2000），
　　　　頁 620-644。
〔註41〕渡邊義浩，〈西晉における五等爵制と貴族制の成立〉，載《史學雜誌》，116：
　　　　3（東京，2007），頁 1-31。
〔註42〕張學鋒，〈西晉諸侯分食制度考實〉，載《中國史研究》，1（北京，2001），頁
　　　　27-42。楊光輝，〈西晉五等爵制的租秩〉，載《文史》，31（北京，1988），頁
　　　　315-320。周國林，〈西晉諸侯四分食一制考略〉，原載《中國社會經濟史研究》，
　　　　4（廈門，1991）；後與他文合併，名爲〈《初學記‧寶器部》所引《晉故事》
　　　　新解〉，收入周國林，《戰國迄唐田租制度研究》（武昌：華中師範大學出版社，
　　　　1993），頁 77-97。藤家禮之助，〈西晉諸侯の秩奉 ——「初學記」所引「晉
　　　　故事」の解釋をめぐって ——〉，原載《東洋史研究》，27：2（東京，1968）；
　　　　後收入藤家禮之助，《漢三國兩晉南朝の田制と稅制》（東京：東海大學出版
　　　　會，1989），頁 191-210。伊藤敏雄，〈西晉諸侯の秩奉についての一試論〉，
　　　　載岡本敬二先生退官記念論集刊行會編，《アジア諸民族における社會と文化

因爲史料的不足，上述諸學者的結論幾無完全相同者，也增加了在取捨上的困難度。黃惠賢、陳鋒則針對漢魏的列侯與西晉五等爵的俸秩有約略的估算，認爲即使擁有同樣的食邑數，在不同的封地可能會有不同額度的租秩收入；同時指出漢代食封者經濟收入較多，西晉則對封邑收入作出限制。〔註43〕也有針對五等爵的施行年代提出討論者，如祝總斌與閻步克皆認爲五等爵施行於咸熙元年，而否定了五等爵在咸熙元年前曾有實施的情形，〔註44〕對於五等爵制起源的釐清，有相當大的作用。也有對五等爵作全面探討者，如楊光輝〈官品、封爵與門閥制度〉，〔註45〕越智重明〈晉爵と宋爵〉等，〔註46〕都是將五等爵納入當時的政治與官僚體系加以考察。不過許多學者皆將重心聚焦於諸王，而非五等爵，如唐長孺、張興成、陳長琦、周國林、越智重明等人，討論主軸都在於諸王的分封問題，而少有論及五等爵者。〔註47〕柳春藩也研究了曹魏西晉時期的封國與食邑問題，但仍以宗室諸王爲討論重心。〔註48〕戶川貴行則從民爵的角度著手，認爲魏晉以降民爵雖已失去實際功用，但賜民爵的行爲依然存在。〔註49〕

—— 岡本敬二先生退官記念論集》（東京：國書刊行會，1984），頁77-88。

〔註43〕參黃惠賢、陳鋒主編，《中國俸祿制度史》，頁64-72、150-161。

〔註44〕參祝總斌，《兩漢魏晉南北朝宰相制度研究》（北京：中國社會科學出版社，1998二版），頁147-148。閻步克，〈《魏官品》產生時間考〉，收入閻步克，《品位與職位 —— 秦漢魏晉南北朝官階制度研究》，頁226-238。

〔註45〕楊光輝，〈官品、封爵與門閥制度〉，載《杭州大學學報》，4（杭州，1990），頁90-97。

〔註46〕越智重明，〈晉爵と宋爵〉，原載《史淵》，85（福岡，1961）；後與他文合併，名爲〈五等爵制〉，收入越智重明，《魏晉南朝の政治と社會》（東京：吉川弘文館，1963），頁249-353。

〔註47〕唐長孺，〈西晉分封與宗王出鎮〉，收入唐長孺，《魏晉南北朝史論拾遺》（北京：中華書局，1983），頁123-140。張興成，〈西晉王國職官制度考述〉，載《中國史研究》，4（北京，2001），頁53-64。陳長琦，《兩晉南朝政治史稿》（開封：河南大學出版社，1992），頁61-98。周國林，〈西晉分封制度的演變〉，載《華中師範大學學報（哲學社會科學版）》，3（武漢，1993），頁90-95。越智重明，〈西晉の封王の制〉，原載《東洋學報》，42：1（東京，1959）；後增訂爲〈封王の制と八王の亂〉，收入越智重明，《魏晉南朝の政治と社會》，頁354-374。

〔註48〕柳春藩，〈曹魏西晉的封國食邑制〉，原載《史學集刊》，1（長春，1993）；後收入柳春藩，《秦漢魏晉經濟制度研究》（哈爾濱：黑龍江人民出版社，1993），頁287-297。

〔註49〕戶川貴行，〈魏晉南朝の民爵賜與についこ〉，載《九州大學東洋史論集》，30（福岡，2001），頁61-85。

　　因此，相較於對魏晉時期的九品官人法、士族、田制、租調制等專書論文數量之多，對五等爵的研究仍有不足之處，雖受限於史料不足，可發展的空間仍較爲寬闊。

第三節　章節架構

　　本文擬從幾個不同層次的討論，試圖觀察漢晉之間爵制的發展歷程。

　　第一章陳述研究動機，對過去學界的研究成果進行簡單回顧，並說明各章節的安排架構。

　　第二章探討漢晉爵制演變的歷史背景與過程。從漢代以軍功爲封爵重心的列侯、關內侯，到西晉以士族爲封爵主體的五等爵，除了爵級名稱與內容的不同，封爵的原則也有所變化。此外，漢晉間爵制變化的背景，及其所呈現的型態爲何，也是本章探討的焦點。

　　第三章則是從地理、開國與食邑三個層面，試圖分析西晉爵制的實質運作。首先是從受封者本籍與封地間關係的變化，來觀察西晉封國的地理問題；其次從茅土、置軍、國官等角度，探討西晉五等爵的開國制度；此外便是簡單計算西晉食邑總額與國家租調總數，試圖探討西晉諸侯食邑與國家財政的關係。

　　第四章則是以政治秩序、禮制與律令規範爲中心，藉以觀察爵制在身份與等級上的安排。西晉爵制表現在政治秩序與禮、法的共同處之一，就在於明確的區分身份，使儒家「彝倫攸敘」的理想，得以實踐在各項制度之中。

　　第五章是從爵制本身、士族與皇權三個層面，探討漢晉間爵制變化的意義。士族與皇權各自對爵制的期待爲何，以及五等爵與當時政治環境的關係，都是本章所要探討的課題，並將於第六章作扼要的結論。

第二章　漢晉間封爵制度的變化

從兩漢的列侯、關內侯到西晉的五等爵，漢晉間的封爵體系經歷數次變化。西漢最高級爵唯稱列侯，東漢列侯始分為縣、鄉、亭三級；[註1] 建安末年，曹操為賞軍功，又新設名號侯、關中侯等數級爵位；曹魏初年針對同姓宗室，增設鄉公、亭伯等爵；至魏晉之際，終有五等爵的出現。

漢晉間爵制的演變，除了爵級名稱與內容的不同外，更重要的是封爵的原則有所變化。在漢代，軍功封爵仍為最主要的途徑，其餘則以「恩澤」的方式獲得爵位，因此封爵者多半為率軍將領或與皇帝關係密切者，士人與行政官僚少有得爵的機會。至曹魏黃初元年（西元 220 年），施行對行政官僚的普遍封爵，加上日後各種以「事功」而獲爵者，以及「以德詔爵」觀念的提倡，使封爵方式不再限於「軍功」與「恩澤」二途，同樣可以獲得封爵。其後西晉五等爵的建立，一方面使士族長期以來「復五等爵」理想得以實現；另一方面，五等爵與舊有列侯、關內侯的並存，也象徵在制度改易的過程中，仍有現實政治因素的考量。本章將針對漢晉間爵制的演變及其歷史背景加以論述，以探求漢晉間爵制的發展與變化。

第一節　東漢封爵體系及建安時期的調整

在漢代的二十等爵中，擁有食邑者僅有列侯與關內侯；[註2] 而漢代爵制

[註 1] 參楊光輝，《漢唐封爵制度》，頁 14。
[註 2] 關於關內侯的地位，朱紹侯把漢代二十等爵劃分成「民爵」、「吏爵」與「王侯爵」，列侯屬於「王侯爵」，關內侯屬於「吏爵」。本文所討論者，主要以有封國食邑之列侯為主，附帶提及關內侯，故「吏爵」與「民爵」暫不列入討論。參朱紹侯，〈軍功爵制在西漢的變化〉，原載《河南師範大學學報》，1（開

基本上乃繼承秦制而來，故仍相當重視軍功，〔註3〕在「無功不侯」的原則下，漢代封爵大體以軍功爲主要途徑。但至東漢中後期，在外戚、宦官輪流掌握朝政的情形下，恩澤侯成爲當時主要的獲爵方式，軍功的重要性因而下降。到了建安年間，由於戰亂仍頻，曹操重新建立以軍功爲主的封爵體系，這種情形到了曹丕稱帝才有所改變。

一、東漢的爵制

東漢的爵制，基本上沿襲秦、西漢二朝，並無太大差異，可食邑者仍爲列侯與關內侯。〔註4〕至於東漢爵制的主要改變，是將列侯明確分爲縣、鄉、亭三級，使得列侯除了封地大小與食邑多寡外，也存在等級上的差異。

大體說來，東漢異姓列侯與關內侯的授與對象，〔註5〕可略分爲下列兩種類型：

1. 軍功侯

漢人以爲「無功不侯」，而功基本上又以軍功爲主，故此泛稱爲軍功侯，爲秦漢封爵的主軸。

2. 恩澤侯

恩澤侯即未立軍功而封侯者，所謂「恩澤」，即皇帝的恩澤，代表的是皇帝與受爵者關係密切，當中又可粗分爲以下數類。

封，1983）；後收入朱紹侯，《軍功爵制考論》（北京：商務印書館，2008），頁 321-344；朱紹侯，〈關內侯在漢代爵制中的地位〉，原載《史學月刊》，1（鄭州，1987）；後收入朱紹侯，《軍功爵制考論》，頁 378-387。

〔註3〕呂思勉亦指出西漢初年相當重視軍功，參呂思勉，《呂思勉讀史札記》（上海：上海古籍出版社，1982），乙帙「漢初賞軍功之厚」條，頁 565-566。

〔註4〕柳春藩認爲西漢的關內侯大多是有食邑的，而閻步克亦認爲關內侯在西漢可以世襲，東漢也有世襲的情況。此外，從張家山出土漢簡來看，所謂「關內侯後子爲關內侯」，則關內侯在漢代似可世襲。參柳春藩，〈西漢的食邑制度〉，原載《南充師範學院學報》，2（南充，1984）；後收入柳春藩，《秦漢封國食邑賜爵制》（瀋陽：遼寧人民出版社，1984），頁 108-146。閻步克，《品位與職位──秦漢魏晉南北朝官僚制度研究》，頁 117。張家山二四七號漢墓竹簡整理小組，《張家山漢墓竹簡：二四七號墓》（北京：文物出版社，2001），〈二年律令・置後律〉，頁 182。

〔註5〕同姓諸侯王分封的原因，主要是以血緣爲主；且「王」既不屬於二十等爵，亦不屬於五等爵的範疇。故本文所論主要以異姓爲主，在部分章節則加入諸侯王作爲比較或補充。

（1）皇帝宗親

即皇帝母族、妻族等異姓外戚，東漢歷朝后父及后之兄弟多有封爵，至於其他子弟封爵多寡，則視當時朝政與外戚權力而定，似未有定制。

（2）三　公

西漢即有拜丞相爲列侯的記載，又如《後漢書・侯霸傳》云「漢家舊制，丞相拜日，封爲列侯」，然觀東漢史書，三公似多無封爵。此可能爲西漢「故事」，至少東漢並非所有三公皆得封爵。〔註6〕

（3）宦　官

東漢和帝以後，皇帝多幼沖即位，至皇帝成年後，常藉宦官之力剗除外戚。故事成之後，宦官多得封爵，甚至可傳爵給養子，〔註7〕成爲東漢封爵的特色之一。

（4）帝　師

東漢有許多名德大儒，曾教授太子學問（以經學爲主），在太子即位爲皇帝後，即以帝師之名獲爵，不過似多以關內侯爲主。

（5）入錢穀受爵〔註8〕

西漢晁錯已有「入粟以受爵」之議，漢文帝亦採用之，可知西漢已有類似措施；不過當時受爵上限僅至十八級大庶長，而未及關內侯、列侯。〔註9〕到了東漢中期，國家財政吃緊，皇帝不得不以官爵作爲增加國家收入的交換品。參《後漢書》諸帝紀，在永初二年、延熹四年、光和元年、中平四年皆有鬻爵之詔，所鬻之爵皆爲關內侯，但列侯仍不在鬻爵範圍中，亦顯示列侯在東漢後期，仍具有相當的身份與重要性，請參表 2101「東漢中後期賣官鬻爵事件表」。

〔註6〕《魏志》記載：「漢制，凡人君特有所寵念，皆賜之封邑。及丞相初拜，亦襲茅土，號曰恩澤，出自私情，非至公之封也，中興以來無有封者。」代表東漢已無因拜三公而封侯者。見（宋）李昉，《太平御覽》（北京：中華書局，1998），卷200，〈封建部三〉引《魏志》，頁963。

〔註7〕如曹節以迎靈帝功封長安鄉侯，後進封育陽侯；節死後以其養子襲爵，即爲其例。參《後漢書》，卷78，〈曹節傳〉，頁2524-2527。

〔註8〕入錢穀受爵的情形，似不屬恩澤侯的範圍，然前輩學者在討論漢代爵制時，未將鬻爵單獨列爲一類討論，故暫置於恩澤侯下論述。

〔註9〕（漢）班固撰，（唐）顏師古注，《漢書》（北京：中華書局，1974），卷24上，〈食貨志上〉，頁1133-1134。

上述諸類，除軍功外，多是皇帝之姻親、親信或故舊，故亦得以恩澤受封。〔註 10〕整體說來，東漢時期軍功與恩澤兩大體系區別可謂相當明確，試以陰興爲例加以觀察：

> （明帝）永平元年，詔曰：「故侍中衛尉關內侯（陰）興，典領禁兵，
> 從平天下，當以軍功顯受封爵，又諸舅比例，應蒙恩澤，興皆固讓，
> 安乎里巷。」〔註 11〕

陰興多立功績，又爲外戚，故可同時以軍功與恩澤封侯。其他如竇憲等人，亦同時可經由恩澤與軍功而封爵。但大部分的恩澤與軍功者的身份並未重複。以上爲東漢封爵之大致情況。

兩漢封爵本以軍功爲主，然至東漢中晚期，開始出現變化。由於朝廷政爭趨於激烈，外戚、宦官爭鬥不已，多有因政治局勢之變換而得失爵位之人。在外戚方面，如竇憲一家「父子兄弟並居列位，充滿朝廷」；〔註 12〕又梁冀以外戚之姿，在桓帝初年掌控朝政，史稱其「一門前後七封侯，三皇后，六貴人，二大將軍，夫人女食邑稱君者七人，尚公主者三人」，〔註 13〕可謂貴盛至極；然外戚一旦失勢，其原有封爵多被削除。在宦官方面，如順帝時孫程等以「陰謀之功」而封爵，〔註 14〕延熹二年，宦官單超等誅除外戚梁冀及其宗親黨羽，而「封（單）超等五人爲縣侯，（尹）勳等七人爲亭侯」，〔註 15〕並得傳國襲封。〔註 16〕也就是說當時獲封恩澤侯者甚多，但因政局變化而失去爵位者亦爲數不少。軍功封爵之途同樣不穩，在紛亂的政治局勢中，即使立下軍功，若不與當權者保持良好關係，未必能夠封爵；甚至有因細故得罪當道，而無法獲得爵位者。謝弼即指出了當時的情形：

> 臣又聞爵賞之設，必酬庸勳，開國承家，小人勿用。今功臣久外，
> 未蒙爵秩；阿母寵私，乃享大封。〔註 17〕

謝弼認爲皇帝乳母以恩澤獲爵，軍功之臣反而無爵，違背漢代封爵「必酬庸

〔註 10〕 程幸超認爲東漢被封爲侯者多爲皇室旁支子孫及皇帝姻親，此外便是功臣。參程幸超，《中國地方行政制度史》（成都：四川人民出版社，1992），頁 79。
〔註 11〕 《後漢書》（北京：中華書局，2001），卷 32，〈陰識附興傳〉，頁 1132。
〔註 12〕 《後漢書》，卷 23，〈竇融附憲傳〉，頁 819。
〔註 13〕 《後漢書》，卷 34，〈梁統附冀傳〉，頁 1185。
〔註 14〕 《後漢書》，卷 61，〈左雄傳〉，頁 2021。
〔註 15〕 《後漢書》，卷 7，〈桓帝紀〉，頁 305。
〔註 16〕 即《後漢書・順帝紀》云，陽嘉四年「初聽中官得以養子爲後，世襲封爵」。
〔註 17〕 《後漢書》，卷 57，〈謝弼傳〉，頁 1860。

動」的原則，故提出批判。又如皇甫嵩則因與宦官不合而削戶降封，〔註18〕盧植亦因得罪宦官而一度成爲階下囚，〔註19〕亦爲其例。在此情形下，東漢中晚期以宦官、外戚爲主的恩澤侯逐漸成爲封爵體系的重心，而軍功封侯之途卻相對的不穩定。

除此之外，漢代本有「入粟受爵」的情形，但尚無賣官與關內侯的情事；至東漢中後期，由於國家財政困窘，朝廷不得不採取賣官鬻爵的方式，增加財政收入。其中爵制部分主要是關內侯。根據表2101「東漢中後期賣官鬻爵事件表」可知，基本上只要捐納一定數目的錢幣即可賜爵關內侯；有時亦有入縑帛者，如「延熹中，連歲征伐，府帑空虛，乃假百官奉祿、王侯租稅，（侯）覽亦上縑五千匹，賜爵關內侯」。〔註20〕正因如此，關內侯之賜與範圍趨於擴大。

由於東漢中後期授封列侯、關內侯的方式日趨紊亂，時人頗有對此提出批評者，如張皓以爲「頃者以來，不遵舊典，無功小人，皆有官爵，富之驕之，而復害之，非愛人重器，承天順道者也」，〔註21〕此處所指「舊典」，應爲漢高祖所言「無功不侯」之慣例。又翟酺云「受爵非道，殃必疾」，楊震提醒安帝要「留神萬機，戒愼拜爵」，竇武亦云常侍黃門「自造制度，妄爵非人」；〔註22〕清流人士王宏爲弘農太守時，更直接「考案郡中有事宦官、買爵位者」。〔註23〕正因封爵體系的紊亂，所以趙典上書直陳：

> 夫無功而賞，勞者不勸，上忝下辱，亂象干度。且高祖之誓，非功臣不封，宜一切削免爵土，以存舊典。〔註24〕

從趙典的建議不難窺知當時封爵浮濫的現象，而其一切削爵土的建議，似亦未獲採納。此外，許多朝臣對當時「朝廷爵授，多不以次」的亂象，〔註25〕深感憂心，也間接反映了東漢中後期恩澤侯的比例有明顯增加的情形。

〔註18〕《後漢書》，卷61，〈皇甫嵩傳〉，頁2305。
〔註19〕《後漢書·盧植傳》云「帝遣小黃門左豐詣軍觀賊勢，或勸植以賄送豐，植不肯」，後盧植遂爲宦官所誣陷。
〔註20〕《後漢書》，卷78，〈侯覽傳〉，頁2522。
〔註21〕《後漢書》，卷56，〈張皓傳〉，頁1817。
〔註22〕《後漢書》，卷48，〈翟酺傳〉，頁1603。《後漢書》，卷54，〈楊震傳〉，頁1761。《後漢書》，卷69，〈竇武傳〉，頁2240。
〔註23〕《後漢書》，卷26，〈王允傳〉，頁2177。
〔註24〕《後漢書》，卷27，〈趙典傳〉，頁948。
〔註25〕《後漢書》，卷54，〈楊震附賜傳〉，頁1777。

二、漢末建安年間封爵的特色

中平六年（西元 189 年），靈帝崩，少帝即位，外戚何進掌權，旋被宦官誅除，繼而宦官亦遭袁術等人所攻滅，原先恩澤侯的兩大來源自此斷絕。緊接著董卓秉政，改立獻帝。獻帝自初平二年（西元 191 年）西遷長安，至建安元年（西元 196 年）定都於許，數年之間，大致由軍閥掌握朝政，當時記載的受封者，大多爲董卓涼州集團的成員，或是隨獻帝遷徙之臣，以及各地之割據勢力，無宦官與外戚受封。在外戚、宦官、恩澤侯既多廢死，又未新封恩澤侯，加上戰亂仍頻，使軍功重新成爲封爵主體。〔註26〕自曹操西迎獻帝，遷都許昌，建安年間封侯的原則就是以軍功爲重，以下略述當時封爵的情形。

在同姓諸侯（王）部分，黃巾亂後，漢朝廷已無法有效管理地方，因此就國的諸侯在朝廷無力保護下，結果大多是逃亡或被殺。如陳王劉寵在獻帝初年「率眾屯陽夏」，建安二年爲袁術所殺；〔註27〕又如淮陽王劉暠，「遭黃巾賊，棄國走，建安十一年國除」，〔註28〕皆爲其例。獻帝都許以後，曹操對待漢室諸侯之政策，一爲取消紹封，即原本之諸侯（王）死後，無子者即削除其國，不准其餘王侯子弟襲爵。二爲直接除國，如建安十一年，「齊、北海、阜陵、下邳、常山、甘陵、濟陰、平原八國皆除」，〔註29〕大規模的削除諸侯國，此外還有部分諸侯王因故被誅而國除。在上述兩項政策的影響下，建安年間劉氏同姓諸侯（王）數量大減，其後由曹氏之侯爵取而代之。至建安十七年，封獻帝四皇子爲王，當時許靖以爲「將欲歙之，必姑張之，將欲奪之，必姑與之，其孟德之謂乎」，〔註30〕亦即建安十七年的封爵動作，可能只是掩人耳目的手段；而這次封爵只有皇子才能受封，其餘叔伯兄弟皆未見記載，可以推知漢末諸侯（王）的數量寡少，反映了當時政治結構的變化。

在恩澤侯部分，如前所述，在董卓入洛陽（西元 189 年）前夕，外戚與宦官因內鬥而兩敗俱傷，其後外戚只能以個別身份受封，而建安年間已不見宦官受封之例，二者影響力大概已經消失。到了建安十一年，「諸以恩澤爲侯

〔註26〕陶希聖認爲，秦漢時期爵位的主要作用即爲賞軍功，至曹魏（包含漢末建安年間）因秦漢舊爵業已敗壞，因而增設爵級，以賞軍功。參陶希聖，《中國政治制度史（第三冊魏晉南北朝）》（臺北：啟業書局，1973），頁 303。

〔註27〕《後漢書》，卷 50，〈陳敬王羨傳〉，頁 1669。

〔註28〕《後漢書》，卷 50，〈淮陽頃王昞傳〉，頁 1678。

〔註29〕《後漢書》，卷 9，〈獻帝紀〉，頁 384。其實建安十一年所廢似不僅八國，應包含所有無嗣或斷封之國。

〔註30〕《後漢書》，卷 9，〈獻帝紀〉，頁 386。

者皆奪封」，〔註31〕原有的恩澤侯皆被奪爵，不難推知建安年間恩澤侯的人數已大爲減少。

相較於恩澤侯人數及重要性的降低，軍功重新成爲主要的封侯途徑。〔註32〕建安年間以軍功獲爵的途徑大致可分爲下列數種：

1. 率軍破敵獲城

如夏侯惇、夏侯淵、許褚等將領，此爲建安年間最普遍的軍功封爵方式。這些將領皆領軍出戰，立軍功之機會甚多，且其平均戶邑數亦較高。

2. 舉縣降、率眾降

此爲全國保民之功，如建安四年「張繡率眾降，封列侯」；建安九年「易陽令韓範、涉長梁岐舉縣降，賜爵關內侯」；建安十三年，曹操征荊州，「乃論荊州服從之功，侯者十五人」等，皆爲其例。〔註33〕

3. 運籌帷幄，有益軍國

如荀彧、荀攸、郭嘉等人。這批人雖未必親赴戰場作戰，然其對國家貢獻亦甚大，如曹操即云「古人尙帷握之規，下攻拔之力，原其績效，足享高爵」，〔註34〕故亦可獲得爵位。

4. 追封前勳

如棗衹、典韋等，這些人立功原因不一，然皆未及受爵而亡，因此追封爵位，而以其子弟襲封。

上述情況之外，建安年間尙有一類，即割據勢力亦有封侯者。其中一部分並非封於建安年間，而是在董卓專政至獻帝都許（西元 189 年至 195 年）之際，如袁術、劉表、陶謙等；一部分是曹操爲籠絡而封，如孫策、袁紹、馬騰、公孫康等。

總結東漢末年封爵體系與政治情勢的變化，在目前所見的資料中，封侯者除劉姓（宗室）、曹姓（權臣子弟）、外戚與割據勢力，大體仍以軍功封侯者爲主。

〔註31〕《後漢書》，卷 54，〈楊震附彪傳〉，頁 1789。
〔註32〕陳明光亦認爲建安年間授爵的主要標準爲軍功，參陳明光，〈曹魏的封爵制度與食封支出〉，頁 55-61。
〔註33〕《三國志》，卷 1，〈魏書·武帝紀〉，頁 17、25、30。
〔註34〕《後漢書》，卷 70，〈荀彧傳〉，頁 2288。

　　曹操繼承漢代「雜王霸而治之」的精神，且更趨近法家思想，這個傾向也影響了建安年間的封爵原則。在歷經黃巾與董卓的變亂，各地戰亂頻繁，因此曹操提出了自己的意見：

> 議者或以軍吏雖有功能，德行不足堪任郡國之選。所謂「可與適道，未可與權」。管仲曰：「使賢者食於能則上尊，鬥士食於功則卒輕於死，二者設於國則天下治。」未聞無能之人，不鬥之士，並受祿賞，而可以立功興國者也。故明君不官無功之臣，不賞不戰之士，治平尚德行，有事賞功能。論者之言，一似管窺虎歟。〔註35〕

曹操認為，在戰亂之世，封爵最重要的標準應為「功能」，即「量能處位，計功受爵」，〔註36〕才能是任官的標準，而功績則是封爵的依據，不以德、賢作為任官封爵的標準。不難想見，在當時討平群雄的過程中，功績自然是以軍事上的成就為主要基準，也因此受爵者大多是領兵作戰之人。

　　不過，建安年間立軍功者官爵晉升固然容易，但若戰敗，免官奪爵也是常有之事，如建安八年曹操下令曰：「其令諸將出征，敗軍者抵罪，失利者免官爵」，〔註37〕也就是說，領兵作戰者若能立功，則可增封進爵；若是敗軍失利，則爵位將被剝奪。建安年間，割據勢力盤根錯節，戰爭頻繁，立功機會相對較多，參見表2102「漢末建安年間封爵人數表」。建安元年，曹操勢力範圍不大，隨獻帝至許都的舊臣不多，有舊爵者甚少，維持以列侯、關內侯為中心的制度，在運作上並無太大的問題。隨著曹操勢力逐漸擴大，立軍功者日益增多，因此，封爵人數呈現固定的成長。雖然戰爭的頻率與次數開始減少，增加的趨勢卻未因此降低。尤其在較大規模的戰役中，更容易出封爵機會。如曹操在建安十二年「大封功臣二十餘人，皆為列侯，其餘各以次受封」，〔註38〕又於建安十三年「論荊州服從之功，侯者十五人」，〔註39〕其後平馬超、張魯時亦然。且當時封爵的規定，對立軍功者較為有利，如袁

〔註35〕《三國志》，卷1，〈魏書・武帝紀〉裴松之注引《魏書》，頁24。又《文館詞林》引作「太平尚德行，有事貴功能」，見（唐）許敬宗編，羅國威整理，《日藏弘仁本文館詞林校證》（北京：中華書局，2001），卷668，〈魏武帝論吏士行能令〉，頁434。

〔註36〕（唐）歐陽詢等撰，《藝文類聚》（北京：中華書局，1965），卷53，〈治政部下・錫命〉，頁953。

〔註37〕《三國志》，卷1，〈魏書・武帝紀〉，頁23。

〔註38〕《三國志》，卷1，〈魏書・武帝紀〉，頁28。

〔註39〕《三國志》，卷1，〈魏書・武帝紀〉，頁30。

準云「今軍政之法，斬一牙門將者封侯」，〔註40〕又曹操身邊之虎士「以功為將軍封侯者數十人」，〔註41〕皆為其例。在這種情形下，封侯者人數甚多，每遇戰爭便有立軍功者，有軍功就要封侯進爵，導致列侯、關內侯二級制已不敷使用。且將、兵有功即為侯，投降者亦得為侯，運籌帷幄也為侯，制度本身已無法分辨受爵者功勞與地位之高下，如董昭認為曹操「徒與列將功臣並侯一縣，此豈天下所望哉」，〔註42〕而王粲亦指出當時爵制問題所在：

> 爵自一級轉登十級而為列侯，譬猶秩自百石轉遷而至於公也。而近世賞人，皆不由等級，從無爵封無列侯，原其所以，爵廢故也。司馬法曰「賞不踰時」，欲民速觀，為善之利也。近世爵廢，人有小功，無以賞也，乃積累焉，頒事足乃封侯，非所以速為而及時也。上觀古比，高祖功臣及白起衛鞅，皆稍賜爵為五大夫客卿庶長，以至於侯，非一頓而封也。夫稍稍賜爵，與功大小相稱而俱登，既得其義，且侯次有緒，使慕進者逐之不倦矣。〔註43〕

在此一情勢下，爵制秩序面臨了重新整頓的需要，新設爵位便成為最可行的解決之道。繼建安十八年曹操進爵為魏公後，建安二十年又施行一套新制度：

> 始置名號侯至五大夫，與舊列侯、關內侯凡六等，以賞軍功。（裴注引）《魏書》曰：置名號侯爵十八級，關中侯爵十七級，皆金印紫綬；又置關內外侯十六級，銅印龜紐墨綬；五大夫十五級，銅印環紐，亦墨綬，皆不食租，與舊列侯關內侯凡六等。〔註44〕

在東漢末年，第十八級大庶長以下似已喪失作用，因此曹操新設立了名號侯以下諸爵，其意似乎想要藉增加爵級來整理因人數擴張而紊亂的爵制秩序。〔註45〕在新制中，名號侯、關中侯為金印紫綬，關外侯、五大夫為銅印墨綬，

〔註40〕《太平御覽》，卷198，〈封建部一·敘封建〉引《袁子》，頁953。案袁準所云雖為魏制，似在建安年間即已施行。
〔註41〕《三國志》，卷18，〈魏書·許諸傳〉，頁543。
〔註42〕《三國志》，卷14，〈魏書·董昭傳〉裴注引《獻帝春秋》，頁440。
〔註43〕《太平御覽》，卷198，〈封建部一·爵〉引王粲《爵論》，頁954-955。
〔註44〕《三國志》，卷1，〈魏書·武帝紀〉，頁46。其中十六級之「關內外侯」，錢大昕認為「內」字為衍文，參錢大昕著，方詩銘、周殿潔校點，《廿二史考異》（上海：上海古籍出版社，2004），卷15，〈三國志一〉「初置名號侯」條，頁278。
〔註45〕閻步克已指出「曹操設名號侯，也出於褒獎將士軍功之需」，參閻步克，《品

且「皆不食租」，其實等於是廣義的「名號侯」，〔註46〕因此，裴松之以爲虛封由此而始。〔註47〕如此便以食租與否區隔列侯、關內侯與名號侯以下，而以立軍功之大小來決定爵位。〔註48〕其後自建安二十一年至咸熙二年，除了馮翊山賊鄭甘、王照率眾投降封列侯外，不再見到兵士或地位低者得封列侯或關內侯之記載。〔註49〕相對之例，即魏齊王芳嘉平六年，劉整、鄭像守義而死，魏帝特下詔「今追賜整像爵關中侯，各除士名，使子襲爵，如部曲將死事科」，〔註50〕案劉整、鄭像爲「士」，屬於士家，地位低下，詔書雖云「顯爵所以褒元功，重賞所以寵烈士」，若按照建安二十年以前舊制，可能會追賜關內侯甚至追封列侯；然新制施行後，兩人只能追賜爲關中侯，但准許除去士名、使子得以襲爵，以爲嘉獎。由此可見，建安二十年的新制施行後，在一定程度上，暫時解決了爵制等級不敷使用的情形。

根據表2102「漢末建安年間封爵人數表」，建安年間的封爵結構呈現出清楚的等級結構。在建安年間的封爵中，封爲縣侯的幾爲劉姓宗室、皇帝外戚、曹操諸子與割據勢力，或者是建安元年以前所封之縣侯，其餘不論功勞再大、食邑數再多，最多只能封爲鄉侯。〔註51〕如夏侯惇「特見親重，出入臥內，諸將莫得比也」，〔註52〕封爵不過止於高安鄉侯；〔註53〕荀彧爲曹操謀主，曹

位與職位──秦漢魏晉南北朝官階制度研究》，頁114。

〔註46〕 羅新認爲，建安年間將印綬的授與範圍從列侯、關內侯擴及於五大夫以上之爵，是一種「官爵列侯化」的作法。參羅新，〈試論曹操的爵制改革〉，頁58。

〔註47〕 關於裴松之以爲「虛封」的問題，楊光輝認爲「自漢始，關內侯以下之爵即與列侯相分離，自成賜爵制系統」，因此上述名號侯以下亦屬於賜爵制，而非虛封。見楊光輝，《漢唐封爵制度》，頁75。然不論此處爲「虛封」或「賜爵」，有名號而無封國是不變的事實。

〔註48〕 陳明光認爲，建安時期封爵的食邑數較東漢大爲減少，且功臣少有進爵之事，此與當時的財政狀況較爲吃緊相關。參陳明光，〈曹魏的封爵制度與食封支出〉，頁55-61。

〔註49〕 《三國志》，卷2，〈魏書・文帝紀〉，頁59。

〔註50〕 《三國志》，卷4，〈魏書・齊王紀〉，頁128。

〔註51〕 上述所言亦有例外，如張魯於建安二十年受封爲閬中侯，食邑萬戶。然曹操已於建安十八年爲魏公，居於縣侯之上，張魯此封未與曹操平等，僅同於曹操諸子；又張魯原爲割據勢力，非曹操部將，因投降而封，故應視同於其餘割據勢力看待。又徐琨以軍功封廣德侯，亦非上述之例。然徐琨因破李術而得爵，而孫策亦同時被封爲吳侯，故疑徐琨與孫策有姻親關係，故朝廷亦藉軍功之名授與縣侯，以達羈縻之效。

〔註52〕 《三國志》，卷9，〈魏書・夏侯惇傳〉，頁268。

〔註53〕 熊德基云「夏侯惇一開始即封鄉侯，其後進至縣侯」，然遍閱《三國志》諸紀

操以爲荀彧與自己「事通功並」，〔註54〕卒時爵止萬歲亭侯，即王導所云「荀
文若，功臣之最也，封不過亭侯」，〔註55〕其餘諸人亦然。其次，率軍破敵獲
城之將士所封之爵位，似較非軍功者爲高；立軍功愈多者，其食邑數累積愈
多。除此之外，建安年間封鄉侯者亦少，至建安二十年也不過十人，且多爲
曹操重要功臣；關內侯人數亦少，僅十五人，除許褚外，多爲降附之人；其
餘大多封爲亭侯，共五十一人。此外，尚有許多未明載其爵，僅云列侯者，
按照上述資料推估，這些人的功勞不能與曹操相提並論，應非縣侯；既稱爲
「列侯」，所以也不是關內侯，最可能的應該是鄉侯或亭侯。而以受爵者身份
與功勞的大小看來，又不如夏侯惇、荀彧等人，故以亭侯的機率較高。所立
功勞大者方爲鄉侯，其餘爲亭侯，更次者爲關內侯，形成依照功勞大小來排
列的等級秩序。〔註56〕

　　此外，曹操也試圖區分曹姓子弟與諸將之間的爵位差別。自建安十六年
後，曹氏子弟陸續有封縣侯者，〔註57〕如果功臣進封爲縣侯，便與曹操諸子
爵級相等，故功臣未有封縣侯者。因此，即使曹操於建安十八年已封魏公，
高於縣侯，而功高之臣仍爲鄉侯，一般功臣爲亭侯、關內侯，此一局勢依然
未變，其目的便是爲了區分曹姓子弟與功臣在爵位上的差別。

　　總之，在建安年間，除了劉姓宗室、外戚與割據勢力外，只有曹操及其諸
子可封爲縣侯，其餘皆爲鄉侯以下，以爵制構成了新的等級結構：最上層是皇
帝（天子），其次是宗室（諸侯王）、外戚與曹操（縣侯），再來是有爵之軍功將

　　　傳及相關史料，未見夏侯惇進封縣侯之記載，且西晉初年夏侯劭紹封之爵仍
　　　爲高安鄉侯，未審熊氏之說所據爲何。參熊德基，〈曹操政權的階級性質及其
　　　入魏後之變質與滅亡〉，收入熊德基，《六朝史考實》（北京：中華書局，2000），
　　　頁89。

〔註54〕（晉）袁宏撰，張烈點校，《後漢紀》（北京：中華書局，2002），卷29，〈孝
　　　獻皇帝紀〉，頁563。

〔註55〕（唐）房玄齡等撰，《晉書》（北京：中華書局，1974），卷65，〈王導傳〉，頁
　　　1746-1747。

〔註56〕何茲全認爲「曹操對於功臣的封立，多是只有虛號而無實封的。有實封的，
　　　封地和封戶也是很少的」，一方面可呼應文中功臣食邑較少之見；另一方面，
　　　何氏所指「虛號」，或與裴松之云關內侯爲虛封相同，或指建安二十年所設名
　　　號侯以下爵，至少在列侯方面，當時似無所謂虛封的情形。參何茲全，《中國
　　　古代及中世紀史》（廈門：鷺江出版社，2003），頁135。

〔註57〕建安十六年封曹操子植爲平原侯，據爲范陽侯，豹爲饒陽侯，食邑各五千户；
　　　三人皆爲縣侯，乃分曹操所讓邑封，並非直接新封，似可視爲曹操封爵之一
　　　部分。參《三國志》，卷1，〈魏書·武帝紀〉裴注引《魏書》，頁34。

相（鄉侯、亭侯、關內侯），然後是無爵之官吏。以才任官的重心是能力取向，以功受爵則是功勞取向。曹操既然是統一北方之人，安定國家，功勞可謂最大，因此其餘功臣將相，即使多立軍功，一概無爲縣侯者，只能以增邑爲賞。

至於建安十一年同時廢除許多諸侯王與恩澤侯，疑因曹操當時已大致平定河北，在北方的威脅消除之後，較有餘裕與本錢來處理漢室的爵制。諸侯王與皇帝同血緣，等於是皇權的延伸；恩澤侯則多與漢帝有特殊關係而得封，因此諸侯王與恩澤侯人數的減少，也象徵皇權的無力。

綜上所述，東漢初年封爵是以雲臺二十八將爲首的功臣集團爲中心；至中後期宦官、外戚相繼掌權，政治權力的轉移也體現在封爵上，軍功封爵的重要性相對降低。至董卓專政後，朝政益亂，外戚、宦官同時失去舞台，在舊爵遺留甚少的情形下，至建安年間，曹操得以軍功爲封爵的重心，軍功封爵再次成爲重要的方式。到了漢魏遞嬗之後，政治相對安定，爵制及其人事結構又再次發生變化。

第二節　曹魏時期封爵體系的變化 [註58]

漢末建安年間是以軍功爲封爵重心的時期，但兩漢時期已受重視的儒生，以及因政治經濟文化等背景而逐漸形成的士族，在漢末的官僚體系中，仍未有獲得封爵的途徑。東漢的士族、儒生所任之官多爲一般行政職，少有立軍功的機會，以恩澤封侯者亦屬少數，基本上是被排除在封爵體系之外的。也就是說漢末建安年間封爵，仍以武官爲主，文官在當時仍無穩定的封爵管道。

然而在東漢時期，許多士人已針對封爵的方式與原則提出各種意見，並對宦官與恩澤侯佔據爵位有猛烈的批評。到了建安年間，以軍功作爲封爵重心，仍不符合士人的期待；軍功爵既不符合儒家以「德」作爲封爵的標準，士人無封爵管道，在現實政治秩序亦低於豪族、武將。因此在東漢三國時期有兩種不同的意見，一部份人認爲仍應以軍功或功績作爲封爵標準，如黃香

〔註58〕　本文所論乃以「東漢──曹魏──西晉」的歷史演變作爲主軸，暫不述及蜀、吳之封爵制度，擬日後再論。另外在孫吳爵制部分，可參陳明光，〈孫吳封爵制度商探〉，載《中國史研究》，3（北京，1995）；後收入陳明光，《漢唐財政史稿》（長沙：岳麓書社，2003），頁43-51。李文才，〈孫吳封爵制度研究──以封侯爲中心〉，載《漢學研究》，23：1（臺北，2005），頁131-164。

云「因勞施爵，則賢愚得宜」，蔣濟云「封寵慶賞，必加有功」，張裔云「爵不可以無功取，刑不可以貴勢免」等，〔註 59〕皆爲其例。另有部分人認爲封爵不應該只以軍功爲標準，如樊準提出可使「公卿各舉明經及舊儒子孫，進其爵位，使續其業」，何夔認爲「以賢制爵，則民慎德；以庸制祿，則民興功」，杜畿建議「轉以功次補郡守者，或就增秩賜爵」，王昶亦建言可「令居官者久於其職，有治績則就增位賜爵」。〔註 60〕曹操之語更具有代表性：

> 議者或以軍吏雖有功能，德行不足堪任郡國之選。所謂「可與適道，未可與權」。管仲曰：「使賢者食於能則上尊，鬥士食於功則卒輕於死，二者設於國則天下治。」未聞無能之人，不鬥之士，並受祿賞，而可以立功興國者也。故明君不官無功之臣，不賞不戰之士，治平尚德行，有事賞功能。論者之言，一似管窺虎歟。〔註 61〕

由於東漢末年戰亂仍頻，曹操必須以軍功作爲封賞的主要依據；但曹操亦言承平之時仍應注重德行，表示曹操仍相當重視以「德」爲準的儒家理想。〔註 62〕此外，在許多儒家經典中，亦有許多以「德」或「賢」爲封爵標準的理念，如《周禮》不斷提到「以賢制爵」、「以德詔爵」之語；〔註 63〕《禮記》云「繼世以立諸侯，象賢也」，即是以德封爵的象徵；〔註 64〕《白虎通》亦云強調「爵人於朝者，上不私人以官，與士共之義也」，〔註 65〕共之者爲士，非功臣或外戚。總而言之，是否只以軍功爲封爵標準，在漢末魏初已有不少爭論。

　　另一方面，在建安中後期，曾發生曹丕、曹植的繼承人之爭，雙方人馬似看不出階級或地域的區別，而是較爲單純的政治集團鬥爭。最後曹丕獲得勝利，但曹操與曹丕從此不願意相信宗室，導致了曹魏宗室的悲慘命運（參他人著作）。既然宗室無法倚賴，異姓群臣自然就成爲皇權倚重的對象，因

〔註 59〕　《後漢書》，卷 80，〈黃香傳〉，頁 2614。《三國志》，卷 14，〈魏書·蔣濟傳〉，頁 455。《三國志》，卷 41，〈蜀志·張裔傳〉，頁 1012。

〔註 60〕　《後漢書》，卷 32，〈樊宏附準傳〉，頁 1126。《三國志》，卷 12，〈魏書·何夔傳〉，頁 381。《三國志》，卷 16，〈魏書·杜畿傳〉，頁 501。《三國志》，卷 27，〈魏書·王昶傳〉，頁 749。

〔註 61〕　《三國志》，卷 1，〈魏書·武帝紀〉裴松之注引《魏書》，頁 24。

〔註 62〕　至於是曹操本人亦認同儒家理想，還是曹操必須尊重以儒家理念爲主的士大夫，仍有待進一步的考察。

〔註 63〕　《周禮》，卷 10，〈地官大司徒〉，頁 69。《周禮》，卷 31，〈夏官司士〉，頁 195。

〔註 64〕　《禮記》，卷 8，〈郊特牲〉，頁 95。

〔註 65〕　（漢）班固撰，（清）陳立疏證，吳則虞點校，《白虎通疏證》（北京：中華書局，1994），卷 1，〈爵〉，頁 23。

此曹植認為「公族疏而異姓親」，對皇權是非常不利的情形。〔註66〕此外在建安年間「汝潁集團」與「譙沛集團」在爵制結構中並不均衡。當時戰亂仍頻的情形下，以武職為主的豪族勢力（譙沛集團）急遽上升，〔註67〕多有機會立功封侯；以行政官僚為主的汝潁集團少有立軍功的機會，故有爵者甚少。〔註68〕這種情形在建安年間曹操為權臣時尚可，至曹丕即帝位後，站在皇權的立場，恐怕不希望朝中部分勢力（集團）特別強大，因此給予行政官僚封爵也是維持權力平衡的方法之一。〔註69〕更重要的是，當時北方處於較殘破的狀態，這些行政官僚在其鄉里各有勢力，影響力未必遜於軍功豪族。〔註70〕不論中央或地方，政權的穩定都需要各地官僚與豪族的支持；且建安二十年後，戰爭漸少，國家趨於穩定，曹操以軍功為主的政策可謂完成階段性任務，行政官僚的重要性因而上升。〔註71〕所以在曹魏新皇權成立之際，似乎也需要來個大規模的封賞，在酬功賞勞之餘，也為了籠絡人心，使行政官僚對國家更有向心力。〔註72〕

綜合上述，儒生與士大夫期待封爵管道能有所調整，皇權亦欲以此來穩定政治局勢，在兩方面都有同樣的需求時，擴大封爵的適用範圍也是自然之

〔註66〕《三國志》，卷19，〈魏書‧陳思王植傳〉，頁574。

〔註67〕宮崎市定認為，建安年間豪族出身的軍閥急速的貴族化，形成了漢朝的舊貴族與曹氏的新興貴族並存的局面；至曹丕稱帝後，漢朝的舊貴族正式解體，或被新興貴族所吸收，新興貴族才獲得真正的貴族地位。參宮崎市定，《科舉前史——九品官人法の研究》（京都：同朋舍，1974二版），頁8-9。

〔註68〕余英時指出「蓋曹魏以寒族繼漢而興，不得不用刑名法術以立威，故士大夫頗受壓抑」，參余英時，〈漢晉之際士之新自覺與新思潮〉，頁305。

〔註69〕鄺士元認為「蓋自曹操死後，繼承者乃曹丕，尋丕得魏王繼承權，實由司馬懿、曹真、陳群等之新興豪族支持，故丕對其翊戴之臣，引為知己，既重用之，更於經濟方面寬其限制」，參鄺士元，〈魏晉屯田考〉，收入鄺士元，《魏晉南北朝研究論集》（臺北：文史哲出版社，1984），頁117-118。

〔註70〕川勝義雄指出，清流士大夫（豪紳）與軍團領導者（豪俠），原本屬於不同的體系，在打倒濁流政府的目標下，兩者成為曹操政權的重要基礎。參川勝義雄，〈曹操軍團的構成〉，收入川勝義雄著，徐谷梵、李濟滄譯，《六朝貴族制社會研究》（上海：上海古籍出版社，2007），頁100-102。

〔註71〕宮川尚志認為至漢魏禪代之際，軍政主義已逐漸轉為文治主義，士大夫的發言權因而增加。參宮川尚志，《六朝史研究（政治‧社會篇）》（京都：平樂寺書店，1956），頁202。

〔註72〕宮川尚志指出，曹丕在代漢的過程中，與當時「郡望」有所妥協；不過宮川氏提出的妥協點為九品官人法，本文則加上封爵。參宮川尚志，《六朝史研究（政治‧社會篇）》，頁94。

事。且建安年間，「天下戶口減耗，十裁一在，諸將封未有滿千戶者」，〔註73〕
無法大行封賞之事；至曹丕即位，北方大抵已恢復安定局面，也成為行普遍
封爵之有利條件之一。

一、曹魏前期封爵途徑的擴大

　　建安年間以軍功為主的封爵體系，隨著王朝禪代，及國家局勢相對穩定
的背景下，封爵的途徑與適用範圍皆有所增加，略分為以下數項探討。

1. 普遍封爵

　　曹操死於建安二十五年（西元220年），曹丕即魏王位，漢改年延康；同
年漢魏禪代，改元黃初，「魏國」升格為魏朝，原本在魏國王官成為中央官吏。
由於一年中發生曹丕即魏王位與漢魏禪代兩件大事，許多官員也在此年獲得
兩次進爵的機會，如徐晃、張遼、張郃、臧霸等原為亭侯，延康中進封鄉侯，
黃初元年又進封縣侯；陳群、王朗、司馬懿等延康中初封亭侯，黃初元年進
封鄉侯；更多人是在這一年才獲得爵位，或只獲得一次進爵。也就是在這一
年當中，許多原本無爵之人都獲得了列侯或關內侯、而有爵者的位次則向上
提升。也有未在此時獲得進爵者，華歆即為一例：

> （魏）文帝受禪，朝臣三公已下並受爵位，（華）歆以形色忤時，徙
> 為司徒，而不進爵。〔註74〕

「禪讓」是大事，百官沒有功勞，也有苦勞，因此高級官員的普遍封爵，也
多少具有酬庸的意味。因此華歆因故而未得進爵，反而是較例外的情形，因
此特別被記錄下來。到了魏明帝曹叡即位（西元227年）之時，又進行了一
次普遍進封。這兩次普遍進封的動作，使許多行政官僚藉此成為縣侯，低者
則為鄉侯、亭侯。因此在曹魏西晉時期，除齊王芳即位（西元240年）之外，
每逢新皇帝即位（包括晉武帝受禪），常有普遍封爵的情形，曹丕可謂開後世
新皇帝即位給予官僚封爵的先河。這種普遍封爵的性質，既不屬於「軍功」，
也不屬於「德」的範疇，較合理的解釋，應為新皇帝即位之際，以「恩澤」
的方式建立更緊密的君臣關係。也就是說，由漢代皇帝的親戚、親信，至曹

〔註73〕　《三國志》，卷8，〈魏書・張繡傳〉，頁262-263。
〔註74〕　《三國志》，卷13，〈魏書・華歆傳〉裴注引華嶠《譜敘》，頁403。又《世說
　　　　　新語》所記略同，參（劉宋）劉義慶編，徐震堮校箋，《世說新語校箋》（北
　　　　　京：中華書局，1984），卷5，〈方正〉引華嶠《譜敘》，頁154。

魏擴大到包含中高級官僚，其變化主要在於範圍的擴大，本質上仍爲以皇帝爲中心的恩澤爵。

2. 事　功

　　曹魏時期的行政官僚之所以能夠封爵，除了普遍封爵以外，也包括對國家的貢獻，此暫稱爲「事功」。所謂「事功」，乃相對於軍功而言，包含治郡有方、忠恪勤勞等，傅玄即認爲「安寧天下」較「斬牙門將」對國家有更多貢獻，故更應獲得封賞。〔註75〕至於具體之例，如賈逵治豫州有方，賜爵關內侯；〔註76〕盧毓在嘉平初年治曹爽獄，進封爲高樂亭侯；〔註77〕蘇則有綏民平夷之功，又西定湟中，賜爵關內侯等皆是。〔註78〕甚至盧毓、衛臻、徐宣、陳矯、和洽、常林、杜襲、裴潛、韓暨、高文惠、王觀、辛毗、劉靖、王基等人，並以列卿尚書封侯，〔註79〕亦爲其證。此外「德」也成爲封爵的原則之一，如魏文帝在封孫權爲吳王詔云「蓋聖王之法，以德設爵，以功制祿」，〔註80〕而孫權封公孫淵爲燕王時則云「以爵褒德，以祿報功，功大者祿厚，德盛者禮崇」。〔註81〕又如魏明帝曾下詔云「今學者有能究極經道，則爵祿榮寵，不期而至，可不勉哉」，〔註82〕孟光告訴卻正不可「如博士探策講試，以求爵位」，〔註83〕而劉劭亦以「執經講學」賜爵關內侯，〔註84〕傳授經學在東漢時期並不構成封爵要件，在曹魏時期則可，〔註85〕此或許亦屬「德」的範圍之一。不過在曹魏時期，少有士人或官僚明確以「德」獲爵之記載，可能「德」只是爲朝廷所認可的原則，未有清楚的標準。由此出現了一個不同於漢代軍功侯、恩澤侯的封爵標準，即以「事功」或「德」作爲依據，使得封爵的途徑更加多元，也增加了非軍功官僚的封爵機會。然而所謂「事功」與「德」比較沒有客觀的標準，容易流於單純的政治酬庸工具。

〔註75〕　《太平御覽》，卷198，〈封建部一〉引《袁子》，頁953。
〔註76〕　《三國志》，卷15，〈魏書・賈逵傳〉，頁483。
〔註77〕　《三國志》，卷22，〈魏書・盧毓傳〉，頁652。
〔註78〕　《三國志》，卷16，〈魏書・蘇則傳〉裴注引《魏名臣奏》，頁491。
〔註79〕　《太平御覽》，卷200，〈封建部三〉引《魏志》，頁963。
〔註80〕　《三國志》，卷47，〈吳書・孫權傳〉，頁1121。
〔註81〕　《三國志》，卷47，〈吳書・孫權傳〉，頁1138。
〔註82〕　《三國志》，卷25，〈魏書・高堂隆傳〉，頁718。
〔註83〕　《三國志》，卷42，〈蜀書・孟光傳〉，頁1025。
〔註84〕　《三國志》，卷21，〈魏書・劉劭傳〉，頁620。
〔註85〕　在東漢除非是因爲「究極經道」而爲帝師或三老五更，才有可能賜爵關內侯。

3. 軍　功

在曹魏時期，軍功仍爲主要的封爵方式，如黃初四年「論征孫權功，諸將已下進爵增戶各有差」；〔註86〕景初二年「錄討（公孫）淵功，太尉宣王以下增邑封爵各有差」；〔註87〕其餘大小戰役之後，通常都會伴之以封爵的舉動。但是在新皇帝即位普遍封爵與封爵條件放寬的情形下，軍功不再具有封爵上的絕對優勢；不過漢末魏初的軍功豪族，在曹魏前期尚能維持一定人數，至曹魏後期則呈現下降的趨勢。〔註88〕由表2201「曹魏時期大封功臣事件表」亦可看出，文帝、明帝時尚多次以軍功大行封賞，自齊王芳即位後，除高平陵政變與淮南、平蜀之役，大規模軍功行賞之例較少。這一方面是由於政治局勢安定，對外戰爭數量較少，較無立軍功的機會；另一方面則是軍功與儒家以德爲封爵標準的理念不合，在曹魏後期士族掌握朝政的情形下，軍功的重要性日益下降。

4. 恩　澤

兩漢時期即已施行的恩澤制度，建安年間雖一度廢止，至曹丕稱帝後再度恢復。與兩漢不同之處，主要在於恩澤的主體在曹魏時期皆受到相當的限制。因此宦官在曹魏不受重視，也未見封爵記載。在外戚部分，曹丕或有鑑於東漢外戚干政的弊病，下詔「后族之家不得當輔政之任，又不得橫受茅土之爵」；〔註89〕至魏明帝則多封母族、妻族爲侯，打破了曹丕所立的原則。然而終曹魏之世，外戚未能「當輔政之任」，僅能擁有封爵，其重要性與影響自然不如東漢。而至曹魏中期，三公似亦可封侯；〔註90〕劉劭亦以「執經講學」賜爵關內侯，〔註91〕即以「帝師」身份受爵，皆與東漢制度相似。因此除了宦官以外，曹魏「恩澤侯」仍有外戚、三公、帝師等部分；但相較於東漢，

〔註86〕《三國志》，卷2，〈魏書・文帝紀〉，頁83。
〔註87〕《三國志》，卷3，〈魏書・明帝紀〉，頁113。
〔註88〕此外何茲全以爲「魏文帝對於各封戶本已很少的封侯，還採取漢武帝推恩的辦法，從他的封戶中分出一部份封他另外的兒子爲列侯」。何氏觀察推恩之事極是，然曹魏前期之列侯，以軍功封者食邑數較多，因而在魏文帝或明帝時期即被「推恩」；而以事功或普遍封爵者（多爲行政官僚），在文帝與明帝時期多爲鄉亭侯（甚至關內侯），且食邑數甚少，在曹魏前期少有被「推恩」者。又西晉建國後，所行者乃以舊爵賜支子之制，而異姓推恩之制不行。參何茲全，《中國古代及中世紀史》，頁135。
〔註89〕《三國志》，卷2，〈魏書・文帝紀〉，頁80。
〔註90〕即《三國志・崔林傳》所云「（景初二年）三公封列侯，自（崔）林始也」。
〔註91〕《三國志》，卷21，〈魏書・劉劭傳〉，頁620。

由於曹魏時期增加普遍封爵、事功等途徑，使一般官僚不必經由漢代「恩澤」之途即可獲得爵位，因此恩澤侯的人數與重要性便大幅降低。

二、曹魏前期封爵的特色

1. 封「公」人數的上升

在東漢時期，封「公」人數屈指可數，除衛公、宋公、魏公外，少有見諸記載者。〔註92〕至黃初元年，以漢獻帝劉協爲山陽公；黃初二年，宗室爲侯者多進封爲公；黃初三年，又以諸侯王之庶子爲鄉公。〔註93〕此後「公」成爲常設性之封爵位階，除山陽公及日後所封之樂浪公、晉公外，〔註94〕「公」基本上爲同姓宗室的封爵位階之一，位於王之下，侯之上。〔註95〕

2. 封爵途徑與範圍的擴大

如前所述，建安年間封爵以軍功爲首，恩澤侯一度遭到廢止，文官少有封爵者；至黃初元年後，由於增加了普遍封爵、事功與「德」等封爵方式，使得封爵的範圍擴大，許多無軍功者也同受爵位；這些人大多爲士族與儒生，或是文職系統的行政官僚，藉由普遍封爵，也得以順理成章的封侯，達成了他們的理想與需求。另一方面，曹丕因現實政局的考量，在即位時採取普遍封爵的方式，使得文武官員有爵者的比例變得比較平均，但是隨著封爵途徑的增加，爵位的授與日趨浮濫化，使列侯的地位也相對下降。

3. 爵級結構的改變

如上節所述，建安年間的異姓封爵秩序是以曹操爲頂點（縣侯——魏公——魏王），其次爲曹氏子弟（縣侯），再次是重要功臣（鄉侯），接著是一般

〔註92〕《後漢書》，志28，〈百官五〉，頁3629。劉昭注曰：「建武二年，封周後姬常爲周承休公。五年，封殷後孔安爲殷紹嘉公。十三年，改常爲衛公，安爲宋公，以爲漢賓，在三公上。」此爲封二王後。魏公已見上節所述。此外，東漢初年亦曾將諸侯王皆降封爲公，數年後又復封爲王，此非常制，故不列入討論。

〔註93〕黃初年間事蹟皆見於《三國志》，卷2，〈魏書·文帝紀〉，頁80。又《三國志·文帝紀》云黃初三年初以「公之庶子爲亭伯」，然曹魏時期未見爲亭伯者，其詳不得而知。

〔註94〕公孫淵於青龍元年受封樂浪公，見《三國志》，卷3，〈魏書·明帝紀〉，頁101。司馬昭於景元四年受封晉公，見《三國志》，卷4，〈魏書·陳留王紀〉，頁149。又西晉有衛公、宋侯爵，曹魏時期則未見記載，不知詳細情形爲何。

〔註95〕至咸熙元年行五等爵時，出現許多異姓郡公、縣公，然此屬五等爵的範圍，故此暫不論之。

功臣（亭侯、關內侯），呈現金字塔型分佈。曹丕成爲天子後，其身份又較王高出一階，〔註96〕同姓子弟則由縣侯進封爲王、公，此外尚有異姓之山陽公。在曹丕即魏王位時（延康元年，西元 220 年），由於曹丕的身分仍爲王，尚未稱帝，諸功臣將相雖多有進爵，僅及亭侯、鄉侯，仍無晉升爲縣侯者，在體制上與建安年間雷同；至曹丕即帝位後，情形有所轉變，許多鄉侯、亭侯都在此時晉升爲縣侯，在帝室、國賓部分都提升到了公以上的層次，縣侯又重新成爲異姓列侯可封的最高爵，不再有之前的限制。但在黃初年間，行政官僚的爵位多爲亭侯、關內侯，縣、鄉侯較少，而封縣侯、鄉侯者多是軍功集團的成員；且兩者在食邑數上也有很大的差距，軍功封侯者食邑動輒數千戶，普遍封爵者僅數百戶。整體說來，黃初年間，行政官僚在封爵上的地位遠不如軍功將領；至魏明帝後，各朝皇帝即位多對官員進行普遍封爵，加上曹魏後期政治局勢的變化，許多行政官僚也依次進封爲縣侯、鄉侯，在封爵的位階與食邑數上皆有所提升，趨近於軍功集團在爵位上的地位。

三、曹魏後期政局的演變與受爵者身份的變化

　　齊王芳嘉平元年（西元 249 年），發生「高平陵政變」，曹魏政權從此落入了司馬氏集團之手，也開啓了魏晉交替的先聲。在曹魏後期的政局當中，帝室與譙沛集團的成員陸續遭到整肅的命運，齊王芳被廢、高貴鄉公之難與「淮南三叛」正代表了這個現象。在淮南三叛之後，基本上已無反對司馬氏集團的力量，既然譙沛集團或亡或廢，理論上封爵總人數應該會相對減少；然而實際情形正好相反，就現有資料來看，在嘉平元年至咸熙元年（西元 264 年），封爵人數呈現大幅增加的趨勢，其中除司馬氏子弟外，已多由潁汝集團所取代，其他則爲襲封之譙沛集團成員與外戚，或新立軍功者。隨著司馬氏地位的穩固，封爵人數的不斷擴大，士族在爵位中所佔的比例也日漸提高。然而此時又產生另一問題，就是異姓封爵不論如何提升，最高仍然只能到縣侯，一方面不符合他們期望恢復五等爵的理想，另一方面他們與軍功集團同爲縣鄉亭侯，在制度上也無法區分其高下。於是司馬氏集團取得了政治上的優勢後，對爵制的改革工作就勢在必行，日後五等爵的建立，可說是士族集團對爵制改革的初步成果。

〔註96〕《三國志·劉曄傳》裴注引《傅子》，載劉曄語云「王位去天子一階耳」，可知時人認爲王與天子只有一階之差。

再從封爵體系來看，在高平陵政變後，司馬懿、司馬師、司馬昭父子三人先後執掌國政，並爲縣侯；司馬昭被封爲晉公、晉王，其過程與曹操相當類似。但司馬父子與曹操所處背景並不相同，建安年間除割據勢力外，幾無前朝之舊爵，曹操爲縣侯，在朝廷中隱然成爲異姓之最高爵，故終建安年間，未有異姓功臣爲縣侯者。〔註97〕而司馬氏父子同爲縣侯，然當時許多功臣及其後代亦爲縣侯，故純粹就爵制看來，司馬氏之爵並無超越之處；因此在司馬昭進封爲晉公、晉王之前，司馬父子只能藉由增加封地與食邑的方式，來達到與其他官僚區別的目的。也就是說，建安年間與曹魏後期封爵體系的最大不同處，是建安年間的功臣最高只能封爲鄉侯，而曹魏後期之功臣官僚可爲縣侯。

參表 2202「曹魏時期封爵人數表」，黃初元年可見之縣侯不過十四人，而至甘露三年（西元 258 年），縣侯已至五十一人，可謂增加甚多；其他如鄉侯、亭侯、關內侯，與未知等級的列侯，在黃初至甘露間也呈現固定的成長。在曹魏時期，尤其是嘉平元年高平陵政變後，軍功集團封爵人數並無明顯增加，因此增加的部分其實多爲司馬氏集團之人，由此可見兩個集團勢力之消長，亦可看出爵位的普遍化，卻同時也造成浮濫的結果。

如前所述，這群士大夫與儒生在建安年間已是官僚體系的一部份，但當時政策仍以軍功爲封爵標準，士人儒生大多與爵位無緣。曹魏時期的封爵途徑的擴大，給予這些官僚（士大夫）更多機會得以獲得封爵，既符合其儒家理想，也可兼顧其個人身份與家族利益。由於政治局勢的變化，在曹魏後期的新封爵者中，大多爲對司馬氏有功之人，又以士族官僚爲主。隨著司馬氏集團在中央的官位與影響力日益增加，加上九品官人法的實施，以及其他制度上的優待，具備政治、經濟、社會等方面優勢的世家大族，也在曹魏時期開始定形。〔註98〕

相較於勢力大幅成長的潁汝集團，軍功功臣集團只剩下部分襲爵者存留。不過在此要稍微解釋軍功功臣集團。曹魏後期不屬於司馬氏集團者，應分爲兩類，一類爲漢末追隨曹操南征北討將領的後代，如張遼之子張虎、許褚之子許儀、樂進之子樂綝等，暫稱爲軍功功臣後代。他們繼承了父祖的軍

〔註97〕張魯於建安二十年封爲閬中侯，然張魯原屬割據勢力，又非曹氏功臣，故附帶提之。

〔註98〕萬繩楠指出，從曹丕稱帝開始，汝潁集團的權力已在上升，而譙沛集團的權力則不斷下降。參萬繩楠，《魏晉南北朝史論稿》（臺北：昭明出版社，1999），頁97。

功爵位，但大多未任高官，也非魏末政爭中的主要角色，無法直接判斷其支持對象爲何。如樂綝爲揚州刺史，爲反司馬氏之毋丘儉所殺，若樂綝爲反司馬氏集團成員，則不應爲毋丘儉所殺，但也無法以此證明樂綝支持司馬氏。另一類是反對司馬氏者，此泛稱爲曹爽集團。其成員包括行政官僚及其子弟，如何晏、丁謐、鄧颺等；或曹魏時期方立軍功之人，如王淩、文欽、毋丘儉、諸葛誕等；或爲軍功功臣後代，但與帝室關係密切者，如曹爽、夏侯玄等。這些人的身份不一、背景各異，其共同的特徵就是反對司馬氏；在歷次政爭失敗後，這些人的下場通常都是被夷三族，故其爵位並未保留。因此，魏末數次政爭，消滅的是反司馬氏的曹爽集團，不包含漢末軍功集團；軍功集團後代雖少有立功進爵的機會，但也由於其官位不高，未扮演舉足輕重的角色，因此尚可保持爵位至西晉。

　　此外，建安年間與曹魏初期的實際領兵者仍多爲軍功功臣與豪族集團之人，在明帝以後，其比例逐漸下降；至曹魏後期，由於政治局勢的變化，領兵者逐漸轉爲司馬氏集團之人，如高平陵政變與淮南三叛時，軍事系統基本上爲汝潁集團所掌控。如此一來，不但普遍封爵與事功多以士族爲主，軍功封侯之途亦爲士族所把持；非司馬氏集團者、豪族集團及其後代在行政上不如士族，在軍事上亦不得爲高級將領，其欲得爵或進爵可謂相當不易。

　　又自魏明帝普遍封爵始，似乎只適用於行政官僚，軍功封爵者似無法藉此進爵。如夏侯惇於建安年間封高安鄉侯，後至晉泰始二年其孫夏侯佐卒時，仍爲高安鄉侯，可知在曹魏年間，夏侯氏之爵始終爲高安鄉侯，未因新皇帝之即位而進封，其餘軍功將領亦有類似情形。也就是說，歷次普遍封爵對象不包含立軍功者，主要還是以行政官僚爲主，可能是因爲軍功受爵者自有封爵舞台，而行政官僚較需藉此進封增邑。

　　綜合曹魏時期的封爵體系，其特色可歸納爲以下幾點：

1. 爵級的增加

　　曹魏時期的爵級，可列爲「天子——王——公——列侯——關內侯——名號侯以下」的序列。〔註99〕與東漢時期相較，曹魏爵制的層級更多，但由爵制本身仍無法區別受爵者屬於行政官僚、軍功將領、士族、豪族或寒門，

〔註99〕此外，曹魏的後宮制度，淑妃爵比諸侯王，淑媛爵比縣公，昭儀比縣侯，昭華比鄉侯，脩容比亭侯，脩儀比關內侯，亦與文中序列相同。參《三國志》，卷5，〈魏書·后妃傳〉，頁155。

這個部分直至西晉方得以解決。

2. 對「功」定義的大幅放寬

雖然軍功仍爲主要部分，但對於「功」的定義似乎有擴大的趨勢。如同上述，舉凡各種理由，皆可稱爲「對國家有貢獻」，即所謂「事功」。在這種情形下，隨著對功的定義與詮釋擴大，封爵也容易成爲政治酬庸的工具。

3. 在新皇帝即位時多有給予官員爵位或進封的動作

在曹魏新皇帝即位時的進封，雖可視其爲恩澤侯，然其定義與受封的對象，皆與漢代的恩澤侯大異其趣。至於普遍封爵的原因，乃皇權、士族各有考量的情形下所促成。但與此相應，在封爵人數大幅增加的情形下，爵位的價值也就日趨低下。

4. 士族與豪族的封爵比例有所變化

在建安年間，豪族因軍功而封侯者甚多，士族則多無封爵；自曹丕即王位、即帝位後，隨著封爵條件的放寬，士族、豪族的封爵比例逐漸趨於平等；至高平陵政變後，士族集團掌握政權，士族封爵比例明顯上升，而豪族封爵者之比例日益下降。如毋丘儉指稱甘露三年新城之役，淮南將士多有功勞，但司馬師「遂意自由，不論封賞，權勢自在，無所領錄」，〔註100〕顯示當時封爵已有不平衡的情形。

5. 爵位的日趨浮濫

曹魏時期由於擁有軍功、普遍封爵、事功與恩澤等封爵途徑，使封爵人數增加甚速，也造成爵位氾濫的現象；尤其是曹魏後期，爵位如同職官、散官、加官一樣，也成爲計算資品的一個部分，使列侯的地位有下降的傾向，可參表2203「漢末建安年間與曹魏時期封爵人數對照表」。

6. 爵制逐漸向官制趨近

東漢封爵本以軍功爲中心，有官者未必有爵，有爵者未必有官，故官爵呈現分離的傾向。至曹魏後期，受爵者多爲士族，士族經常同時擁有官與爵，如何使官與爵在官僚秩序中得以對應，便成爲需考慮之課題之一。因此在咸熙改制之時，爵位終於被納入官品系統，成爲「官制」的一部份。

總之，曹魏年間的封爵不再侷限於「軍功」，還增加了事功與普遍封爵等

〔註100〕《三國志》，卷28，〈魏書‧毋丘儉傳〉，頁764。

途徑，使行政官僚亦有封爵的機會。在曹魏前期，軍功將領與行政官僚的人數接近；至高平陵政變後，司馬氏集團掌握軍政大權，使受封者多爲士族集團之人，非司馬氏集團已少有封爵機會。但列侯畢竟不同於儒家經典之五等爵，曹魏的爵制等級也不足以區別士族與非士族，因此恢復五等爵便成爲當時士族的共同目標。

第三節　魏晉之際的改革

　　自東漢以來，士人與儒生不斷的提倡儒家經典中的爵制與封爵原則，即五等爵與以德、事功制爵，希望以此作爲改制的參考。但直至建安年間，由於戰亂未息，朝廷的封爵仍以軍功爲主。至曹魏時期，隨著封爵途徑的增加，「普遍封爵」與「事功」都成爲封爵原因之一，士人可藉此獲得爵位。但列侯畢竟不同於五等爵，缺乏五等爵，許多儒家經典上的制度便無法落實，故士族的下一階段目標，便是恢復五等爵。從現實角度加以觀察，建安年間士族努力的目標是獲得封爵；至曹魏前期，士族要求的是封爵位次與戶邑的提升；而至曹魏後期，士族已控制軍、政大權，其目標自然就在區別自身與其他人的身份，區別身份的方法，除了九品中正、官位之外，就是從爵制著手，因此恢復五等爵的呼聲便日益增高。而對於掌握政權的司馬氏而言，一方面「禮學」一直是司馬氏重視的部分，因而恢復周制的理想，也一直沒有間斷過；另一方面爲了鞏固功臣集團，確保政治秩序的穩定，施行五等爵。既然新功臣集團與皇權有同樣的目標，推動五等爵已成爲魏晉之際君臣的共識。

一、漢魏士人對五等爵的提倡

　　其實恢復五等爵的呼聲，在建安年間已有之，如董昭即「建議宜脩古建封五等」，而曹操以「非人臣所制」婉拒；〔註101〕之後司馬朗等人依然大力提倡，〔註102〕而曹魏宗室集團之人似乎亦未加以反對。〔註103〕如夏侯玄在

〔註101〕《三國志》，卷14，〈魏志·董昭傳〉，頁439。
〔註102〕《三國志》，卷15，〈魏書·司馬朗傳〉，頁467。
〔註103〕伊藤敏雄指出，曹爽派的三個主要理念，一是檢討九品中正制度，二是廢除郡制，三是改正服章。但因前兩項會影響地方名族利益，才導致後來的衝突。按在此三個理念之外，兩個集團在其他部分的理念可能相近。參伊藤敏雄，〈正始の政變をめぐって——曹爽政權の人的構成を中心に〉，載野口鐵郎編，《中國史における亂の構圖》（東京：雄山閣，1986），頁261-262。

回答司馬懿問題時就曾提出「魏室之隆，日不暇及，五等之典，雖難卒復，可粗立儀準，以一治制」的論點，〔註104〕也就是基本上不反對恢復五等爵制，不過要先設立基本相關的「儀準」，再來實行不遲；曹植云「近者漢氏廣建藩王，豐則連城數十，約則餐食祖祭而已，未若姬周之樹國，五等之品制也」，〔註105〕在回顧漢代諸侯王時，也對五等爵有嚮往之情；又何晏與司馬氏集團在思想上亦有共通之處，〔註106〕兩者在政策上亦未必有所衝突。且當時曹魏宗室集團中，除曹爽外，多爲行政官僚，亦少有立軍功之機會，其情形與司馬氏集團相似，故在改制方面，至少不會採取反對意見。雖然五等爵至咸熙元年才正式創立，但曹魏時期已有比附或部分恢復五等爵的情形，如魏文帝黃初中新設鄉公、亭伯之爵，明帝時高堂隆又以當時官爵比附五等爵，皆爲其例。這象徵在無法直接改易制度的情況下，曹魏君臣仍試圖以各種方式比擬五等爵，也反映時人對五等爵的期待。除了直接針對五等爵提出意見者外，尚有許多請求改制的呼聲，範圍甚廣，包含禮、法、官制等方面。但司馬師執政之時，有「請改易制度者」，而司馬師以「三祖典制」不可妄改爲由，加以婉拒，〔註107〕可能是因當時尚有反對司馬氏之勢力，故司馬師不敢貿然行事；至平蜀以後，司馬昭在立軍國大功的情況下，才一併對禮、法、官制等方面進行改革。也就是說，至少在建安與曹魏時期，士族與行政官僚儘管政治立場或派系不同，但同樣以儒家經典爲圭臬，皆以爲當時確有改制的必要，故當時並無反對改制的聲浪。相較於五等爵，漢末魏晉之官僚對於是否要恢復肉刑，則有相當大的爭論，即使贊成與反對者皆爲士族，但雙方仍各執一詞，爭執不休。也就是說，恢復五等爵的理念，未因政治立場的不同而有所差異，可說是當時士族共同的期待之一。

二、咸熙五等爵制的施行

在高平陵政變後，司馬氏掌握政權，爲了得到自身集團的向心力，並獲得大多數官僚的支持，又要實現其集團的理想，對官制與禮法的調整是勢在必行，五等爵制也是重要元素之一。但是恢復五等爵只是一個原則，其內容

〔註104〕《三國志》，卷9，〈魏書·夏侯尚附玄傳〉，頁296-297。
〔註105〕《三國志》，卷19，〈魏書·陳思王植傳〉，頁574。
〔註106〕方詩銘，〈何晏在曹魏高平陵政變前後〉，載《史林》，3（上海，1998），頁15。
〔註107〕《晉書》，卷2，〈景帝紀〉，頁26。

與精神未必一定得全同於周制。若給予受封者過多的權限，如地方軍政之權，或廢郡縣行封建，可能會造成嚴重的分裂情形；若在恢復五等爵的同時，取消列侯、關內侯等爵制，恐怕會引起強大反彈，王莽即爲前車之鑑。因此國家在考慮身分安排的同時，要如何兼顧政治酬庸與新舊爵位的銜接，也成爲重要的考量因素。

魏陳留王奐景元四年（西元263年），鄧艾、鍾會平蜀，這樣重要的功績造就了司馬氏的聲望與改革名分；次年司馬昭爲晉王，並且進行改制的動作，以「司空荀顗定禮儀，中護軍賈充正法律，尚書僕射裴秀議官制，太保鄭沖總而裁焉，始設五等爵」。〔註108〕此云「始設」，代表五等爵是過去並未施行的新制；但今本《晉書》爲唐人所編，而《三國志》云「（咸熙元年）相國晉王奏復五等爵」，〔註109〕既云「復」，則應指恢復經典所載的五等爵，似更貼近當時情形。也就是說，至少在形式上，五等爵並不是一套新制度，而是「復古」的表現。

咸熙改制的詳細內容，可見於《晉書·地理志》與《太平御覽·封建部》，參見表2302「咸熙元年五等爵食邑與地方比較表」。至於五等爵相關的細部制度，則將於三、四兩章分別敘述。表中尚有兩點須注意者：

1. 是否有次國男的問題

在《晉書》所記載的爵制中，除了公有郡、縣之分，其餘侯伯子皆分爲大國與次國，〔註110〕男則未分，而《御覽》男則有大國次國之分，卻未分公侯伯子，可能是特地爲了補充《晉書》之缺而記。〔註111〕

2. 次國男的地方數

兩書對照之下，雖互有詳略，公侯伯子之戶數與里數大體相同，差別在於男爵的部分。若以其順序來看，《晉書》所記次國男食邑數應爲二百戶，

〔註108〕《晉書》，卷2，〈文帝紀〉，頁44。
〔註109〕《三國志》，卷4，〈魏書·陳留王紀〉，頁150。
〔註110〕張學鋒認爲咸熙五等爵是「六等十級」，且郡公只封司馬孚一人，「是有意識地留給禪代後的司馬氏宗室諸王的」。但此處既云五等爵，則郡公、縣公應視爲一等，並非二等；且泰始元年進封司馬氏宗室，多直接進封爲王，而不見有封爲郡公者，當時爲郡公者皆爲異姓，如賈充、裴秀、石苞等，故張氏此說。參張學鋒，〈西晉諸侯分食制度考實〉，載《中國史研究》，1（北京，2001），頁31。
〔註111〕楊光輝在分類時亦認爲有次國男之別，參楊光輝，《漢唐封爵制度》，頁5。

與《御覽》正同，此部分應無疑慮。然《御覽》言次國男地方數爲二十五里，（大國）男三十五里，與前面之間距（各十里）不甚合，疑次國男之地方數爲三十五里。

在咸熙爵制的結構方面，曹魏時期已有公、侯等爵位，「公」爵主要封給宗室與二王後，而「侯」則爲列侯（縣鄉亭侯）與關內侯。而咸熙元年時，司馬昭尚爲晉王，且曹魏宗室尚有郡王、縣王、縣公、鄉公等爵，〔註112〕因此五等爵的位次就必須安置於王、公之後。又列侯、關內侯原爲二十等爵的一部份，並非周制，在儒家經典的地位不如五等爵，位次自然在五等爵之後。因此在改制的過程中，五等爵的排序就介於王與列侯之間，並共同構成一套新的封爵體系，即王 —— 五等爵 —— 縣鄉亭侯 —— 關內侯以下，而這個體系也適用於整個西晉時期。

在封爵對象部分，咸熙元年受封五等爵者共六百多人，〔註113〕可分爲以下數類：

A. 司馬氏（同姓）宗室

咸熙元年時，司馬昭尚未稱帝，其身份僅爲晉王，因此即使是其叔司馬孚，也只能被封爲安平郡公，〔註114〕其餘伯叔子姪便散列於侯伯子男。至泰始元年，司馬炎稱帝，原爲五等爵之同姓宗室多進爵爲王，其餘血緣關係較遠及王之諸子（非嫡子）則陸續進封爲五等爵。

B. 曹魏宗室

曹魏宗室原多爲王、公，至泰始元年「魏氏諸王皆爲縣侯」，〔註115〕然參《晉書》其他列傳，則發現有部分曹魏宗室至晉後降封爲縣公。〔註116〕也就是在西晉時期，曹魏宗室之五等爵多爲王降封的結果。至於原爲縣公、鄉公、縣侯之曹魏宗室是否降封或保持原爵，則不甚清楚。

C. 司馬氏之功臣

這些人的主要共同點，乃是其父祖或自身在嘉平元年之前並無封爵，或

〔註112〕《三國志‧文帝紀》記「初制封王之庶子爲鄉公」。又《三國志‧明帝紀》云諸王「以郡爲國」。
〔註113〕《三國志》，卷4，〈魏書‧陳留王紀〉，頁150。
〔註114〕《晉書》，卷14，〈地理志〉，頁414。然《晉書‧司馬孚傳》云孚時封長樂公，未知孰是。
〔註115〕《晉書》，卷3，〈武帝紀〉，頁51-52。
〔註116〕如曹志封鄄城縣公，曹芳封邵陵縣公，皆爲其例。

因普遍封爵與事功而得爵者。至高平陵政變後，這些士族因支持司馬氏，而使官爵迅速晉升，在咸熙改制前，多已擁有縣侯或鄉侯之爵。尤其在《三國志・魏書》各傳中，常見「咸熙元年（初），開建五等，以其父某著勳前朝，改封某某侯（伯子男）」的記載，通常這些人與司馬氏之關係較爲密切，且大多在封五等爵之前已累積至縣侯之爵；而所謂的「著勳前朝」，即指對司馬氏有所貢獻者。因此，司馬氏功臣可說是咸熙五等爵中的主要成員。

D. 曹魏時期之群臣

這些舊臣可分爲數類，一是是父祖在曹魏前期有重大貢獻而封爵，至此又進封者；二是咸熙元年任騎督以上官而成爲五等爵者。除了司馬氏功臣外，似亦包含入祀武帝廟庭之縣侯，如張遼、徐晃、張郃等人的後裔，參表 2303「曹魏配饗太祖廟庭功臣表」。這些功臣後裔在當時未必擁有五品以上之官，不一定符合進封五等爵的條件，但據《晉書・地理志》，上述功臣的封地皆有國相，表示這些功臣後裔在咸熙元年（或泰始元年）應已由三品縣侯進封爲五等縣侯。〔註117〕然而有更多原本擁有列侯者未獲晉升，如夏侯惇爲曹魏功臣，封高安鄉侯；至泰始二年，其孫夏侯佐卒，仍爲高安鄉侯，自魏至晉，未有變動。〔註118〕也就是說，除了少數得入祀魏武帝廟庭的功臣外，咸熙元年大部分得封五等爵者都是當朝新貴，即騎督（五品）以上官；〔註119〕而漢魏之際在爵制結構具有優勢的軍功豪族，雖多能維持其列侯爵位，但重要性已大不如前。

總而言之，在咸熙、泰始初受封爲五等爵者，一爲降封（曹氏宗室），二爲因血緣關係而封（司馬氏遠屬），三爲以父祖或自身對司馬氏有功而封，四爲在當時具有騎督以上官而受封，五爲以曹魏舊爵進封者。因此，雖然晉武帝詔云「五等之封，皆錄舊勳」，〔註120〕實際上尚可細分爲上述諸類。〔註121〕

〔註117〕關於曹魏功臣後裔的問題，詳見第三章第二節的討論。

〔註118〕參《三國志》，卷9，〈魏書・夏侯惇傳〉，頁269。

〔註119〕黃惠賢、陳鋒認爲，魏晉之際封五等爵者多爲司馬氏黨羽，封五等爵「既提高了司馬氏擁戴者的政治地位，也使他們在俸祿之外獲得封邑收入。」參黃惠賢、陳鋒主編，《中國俸祿制度史》，頁150。

〔註120〕《晉書》，卷3，〈武帝紀〉，頁53。

〔註121〕渡邊義浩認爲，西晉的五等爵中，公侯之受爵者多爲西晉建國功臣與平蜀漢、孫吳之將帥，亦包括與司馬氏之通婚者；而子爵的受爵者多爲曹魏功臣子弟。參渡邊義浩，〈西晉における五等爵制と貴族制の成立〉，頁15。

三、晉武帝期間的調整

泰始元年，魏晉禪代，再次進行普遍封爵，如「除舊嫌，解禁錮，亡官失爵者悉復之」、「增封進爵各有差」等。〔註122〕此外，同年也對五等爵制進行一定規模的調整，即「罷五等之制」，〔註123〕從原本的五等（公侯伯子男）調整爲三等（大國次國小國），其差別如表 2305「咸熙元年與泰始元年封爵官品比較表」。這裡雖然說是「罷五等之制」，意思應該是罷除五等，改行三等，而不是廢除五等爵的意思。〔註124〕所謂罷五等、行三等，指的是咸熙元年五等爵皆開國置官，至泰始元年，司馬氏的角色由士族（權臣）轉爲皇權，爲了國家運作與財政狀況的穩定，便廢除原有五等體系，即公地方七十五里，侯地方七十里等，而是結合王國施行大國次國小國的三等之制，郡公、縣公、郡侯比小國，其餘縣侯與伯子男皆不開國；〔註125〕至於在其他方面的等級秩序，如食邑、綬色等，可能仍有部分保持五等安排。〔註126〕至泰始二年，晉武帝又下詔云：

> 五等之封，皆錄舊勳。本爲縣侯者傳封次子爲亭侯，鄉侯爲關內侯，
> 亭侯爲關中侯，皆食本戶十分之一。〔註127〕

如此一來，受封五等爵者其家至少擁有二爵，一爲五等爵，一爲上述傳封之爵，這也是繼以功臣爲五等爵後，另一項對士族的優待。〔註128〕

上述爲泰始初年爵制的概略情形，至咸寧三年，晉武帝又針對爵制作了一番調整：

> 自此非皇子不得爲王，而諸王之支庶，皆皇家之近屬至親，亦各以土推恩受封。其大國次國始封王之支子爲公，承封王之支子爲侯，繼承封王之支子爲伯，小國五千戶以上始封王之支子爲子，不滿五千戶始

〔註122〕《晉書》，卷 3，〈武帝紀〉，頁 52。

〔註123〕《晉書》，卷 14，〈地理志上〉，頁 415。

〔註124〕本田濟認爲，晉武帝廢除咸熙元年五等爵的等級制，改行大國、次國、小國之制，重點在於等級的轉換，而不是爵名的變化。參本田濟，〈魏晉における封建論〉，頁 44。

〔註125〕關於侯伯子男不開國的問題，請參見第三章第二節的討論。

〔註126〕關於西晉爵制等級秩序的討論，詳見第四章第一節之論述。

〔註127〕《晉書》，卷 3，〈武帝紀〉，頁 53。

〔註128〕顧江龍認爲，西晉時期的授爵因有回封制，傳封制與特殊的別封制，使得西晉同一家族所擁有的爵位數量提高，產生家族化的傾向。參顧江龍，〈漢唐間的爵位、勳官與散官——品位結構與等級特權視角的研究〉（北京：北京大學歷史學系博士論文，2007），頁 87-91。

封王之支子及始封公侯之支子皆爲男，非此皆不得封。〔註129〕

此事肇因於楊珧、荀勖等人爲排擠司馬攸，而以諸王就國爲名，建議晉武帝對封爵體系作出調整。無論其背景爲何，此次改制已對五等爵的分封方式與對象作出更明確的限制，即非同姓支庶者，不得封爲五等爵。但太康元年（西元 280 年）西晉滅吳，功臣多封爲五等侯，這也是晉武帝在泰始元年後，唯一大封異姓群臣爲五等爵之例；〔註130〕惠帝以後亦多有以軍功封五等爵者。若仔細分析，可發現咸寧三年晉武帝之詔，所言乃同姓推恩之爵，故「非此皆不得封」，是指非上述條件之同姓子弟，不得經由推恩爲五等爵，似不包含異姓；即使此詔包含異姓，即異姓亦不得爲五等爵，所指仍應爲推恩或普遍封爵，並未包含軍功之途，因此太康元年平吳功臣與惠帝以後受封五等爵者，皆以軍功受爵，與詔書本身並不違背。故咸寧三年的改制，主要是針對同姓宗室作部分調整，異姓五等爵部分似無太大變動。

雖然漢魏之際，士人對五等爵仍有相當的關心，但至五等爵施行以後，士人所關心的「封建」問題，與五等爵並無直接關係，重點在未載於儒家經典的諸侯王，因此對五等爵的討論甚少，〔註131〕而論及者評價亦呈現兩極。如傅咸即云「五等諸侯復坐置官屬，諸所寵給，皆生於百姓」，〔註132〕屬於負面評價；段灼上書亦云：

> 間者無故又瓜分天下，立五等諸侯，上不象賢，下不議功，而是非雜揉，例受茅土，似權時之宜，非經久之制。〔註133〕

〔註129〕《晉書》，卷24，〈職官志〉，頁744。

〔註130〕楊光輝認爲，西晉武帝朝在泰始中以後，便無異姓封五等爵之例，並認爲太康初杜預等人所封乃三品縣侯，非五等侯，張學鋒先生也持相似意見。然參《晉書》相關紀傳，杜預封當陽侯，王濬封襄陽侯，王戎封安豐侯，唐彬封上庸侯；又依《晉書‧地理志》所記，除安豐外，當陽、襄陽、上庸皆有侯相。案《後漢書‧百官五》，列侯有家丞、庶子；《隋書‧百官志》言梁「諸列侯食邑千戶已上，置家丞、庶子員」。又《晉書‧琅邪悼王煥傳》亦云列侯「家丞、庶子足以攝祠祭而已」，則東晉列侯官屬亦爲家丞、庶子。且魏晉南朝制度相承，則西晉列侯之屬似亦爲家丞、庶子。若然，則上述杜預等人封國皆有國相，則應爲五等侯，非三品縣侯。參楊光輝，《漢唐封爵制度》，頁46；張學鋒，〈西晉諸侯分食制度考實〉，頁33。

〔註131〕如劉頌在論及「封建」問題時，不斷對於諸王就國與軍隊等問題提出意見，甚少提及五等爵之制度，僅言「泰始之初，陛下踐阼，其所服乘，皆先代功臣之胤，非其子孫，則其曾玄」。參《晉書》，卷46，〈劉頌傳〉，頁1296。

〔註132〕《晉書》，卷47，〈傅玄附咸傳〉，頁1324。

〔註133〕《晉書》，卷48，〈段灼傳〉，頁1339。

其後段灼又上疏云：

> 臣以爲可如前表，諸王宜大其國，增益其兵，悉遣守藩，使形勢足
> 以相接，則陛下可高枕而臥耳。臣以爲諸侯伯子男，名號皆宜改易
> 之，使封爵之制，祿奉禮秩，並同天下諸侯之例。〔註134〕

段灼所言，主要是否定五等爵的必要性，認爲可考慮改易或廢除。然亦有建
議徹底恢復封建制，給予異姓五等爵軍政權力者，如陸機〈五等論〉即大力
鼓吹封建制之益處；〔註135〕虞溥亦建議衛瓘「宜復先王五等之制，以綏久長，
不可承暴秦之法，遂漢魏之失也」，而衛瓘只能回答「歷代歎此，而終未能改」；
〔註136〕齊王司馬冏輔政期間，王豹又建議可「皆遣王侯之國，北與成都（王）
分河爲伯，成都在鄴，明公（司馬冏）都宛，寬方千里，以與圻內侯伯子男
大小相率，結好要盟，同獎皇家；貢御之法，一如周典」，〔註137〕然未被採用。
綜合以上論述，可發現咸熙、泰始初推行的五等爵制，只有五等之名，未有
「封建」之實，因而同時有主張廢除與徹底施行的極端意見，而正反雙方的
共同處在於應該對「上不象賢，下不議功」的五等爵進行改制。不過實際改
制的工作，要等到南北朝時才得以實踐。

四、晉惠帝以後爵制之紊亂

晉惠帝即位之後，外戚楊駿輔政。但楊駿自知聲望不足以服眾，便「依
魏明帝即位故事，遂大開封賞，欲以悅眾」，〔註138〕具體措施即「二千石已上
皆封關中侯」。〔註139〕時人對這種措施多有異議，如石崇與何攀指出當時「班
賞行爵，優於泰始革命之初」、「恩澤之封，優於滅吳之功」，若繼續發展下去，
則「數世之後，莫非公侯」，〔註140〕但這些意見並未受到採納，楊駿依然大行
封賞，開西晉後期濫封之源。

次年（元康元年，西元291年）楊駿受誅，由汝南王司馬亮與衛瓘輔政；

〔註134〕《晉書》，卷48，〈段灼傳〉，頁1349。
〔註135〕《晉書》，卷54，〈陸機傳〉，頁1475-1479。
〔註136〕《晉書》，卷82，〈虞溥傳〉，頁2139。
〔註137〕《晉書》，卷89，〈王豹傳〉，頁2305。
〔註138〕《晉書》，卷40，〈楊駿傳〉，頁1178。又《晉書·傅玄附祗傳》云：「及（晉
　　　　武）帝崩，梓宮在殯，而太傅楊駿輔政，欲悅眾心，議普進封爵」，亦可參看
　　　　之。
〔註139〕《晉書》，卷4，〈惠帝紀〉，頁89。
〔註140〕《晉書》，卷33，〈石苞附崇傳〉，頁1006。

同年兩人又爲楚王司馬瑋所誅，司馬瑋隨即爲賈后所殺，形成賈后干政的局面。由於政局動盪，封爵猥濫的狀況並未因此改善，如司馬亮與衛瓘輔政時，又行廣泛封爵的政策，「督將侯者千八十一人」，〔註141〕因而傅咸認爲：

> 聖上（惠帝）以駿死，莫不欣悦，故論功寧厚，以敍其歡心，此群
> 下所宜以實裁量，而遂扇動東安封王，孟李郡公，餘侯伯子男，既
> 妄有加，復又三等超遷，此之熏赫，震動天地，自古以來，封賞未
> 有若此者也。無功而厚賞，莫不樂國有禍，禍起當復有大功也，人
> 而樂禍，其可極乎。〔註142〕

在兩年之中，封爵人數暴增，封爵原因雖然尚稱正當（一爲新皇帝即位，一爲誅除「賊臣」），然而也有許多「無功而厚賞」的情形，封爵人數過多，甚至超過泰始與太康初年，造成濫封的情形，也使西晉爵制秩序趨於紊亂。

在賈后剷除司馬瑋後，元康年間的封爵體系暫時穩定，無普遍封爵的情形；至惠帝後期，發生「八王之亂」，諸王掌權之際，各以親信將吏爲高官顯爵，旋封旋廢，紊亂不已。如趙王司馬倫掌權之時，「孫秀等封皆大郡，並據兵權，文武官封侯者數千人」，其後司馬倫稱帝，更以「郡縣二千石令長赦日在職者，皆封侯，……至於奴卒廝役，亦加以爵位」。〔註143〕兩年之中，封爵者不知凡幾。其餘諸王亦然，如「三王起義，制已亥格，其後論功雖小，亦皆依用」，陳頵認爲「其起義以來，依格雜猥，遭人爲侯，或加兵伍，或出皁僕，金紫佩士族之身，符策委庸隸之門，使天官降辱，王爵黷賤，非所以正皇綱重名器之謂也。請自今以後宜停之」，〔註144〕在惠帝後期，爵位只是酬功賞庸的工具，已無身份與實際的，故陳頵才有此建言；但在紛亂的政治環境中，想要重新建立爵制秩序，是相當困難的工作。最後至愍帝建興四年（西元316年），長安淪陷，西晉時期宣告結束，五等爵制至東晉才能進行調整與安排，重新建構爵制秩序。〔註145〕

〔註141〕《晉書》，卷4，〈惠帝紀〉，頁90。
〔註142〕《晉書》，卷47，〈傅玄附咸傳〉，頁1326。
〔註143〕《晉書》，卷59，〈趙王倫傳〉，頁1600-1602。
〔註144〕《晉書》，卷71，〈陳頵傳〉，頁1893-1894。
〔註145〕《晉書·華表附恒傳》云：「（晉成帝）咸和初，以愍帝時賜爵進封一皆削除，（華）恒更以討王敦功，封苑陵縣侯，復領太常。」可知在東晉初年，曾對西晉末年紊亂之封爵體系做出大規模的沙汰，以維持穩定之爵制秩序。再加上西晉有封爵者及其世子多淪於北方，紹封與否便成爲東晉政權可以掌握之部分。

五、西晉五等爵的特色

1. 官制與爵制的初步結合

　　五等爵與官制之關係，主要表現在爵制被納入官制系統之中。在漢魏時期，爵制是分別官僚個別身份的重要方式，得官者與封爵者多未重疊，即官與爵爲兩套獨立運作的系統。〔註146〕但在咸熙改制中，出現了官品系統，爵制也對應於官品之中，即王公侯伯子男爲一品，列侯爲三品以下；至泰始初再作調整，即公爲一品，侯伯子男爲二品，〔註147〕列侯爲三品以下，參表2306。〔註148〕首先，之所以將侯伯子男並列於二品，似有其現實考量，即封五等爵者爲功臣士族或上層士族，封列侯者則爲次族或一般士族。〔註149〕其次，由於官品系統本身具有區分官僚身份的功用，爵制與官制初步結合後，表面上喪失了爵制內在等級區分的功能，但實際上封爵在西晉仍爲一套獨立運作的系統，由爵位的高低便可判斷其人在當時的身份地位；且五等爵設立的意義便在於「諸侯」之身分，以及與儒家理想的對應，故爵入官品並未實際影響五等爵的重要性。再次，在漢代的官僚體制下，除了少數的受封爵者外，皇帝與臣下的關係是以「皇帝——公——卿——大夫——士」的模式爲主；而五等爵實施後，君臣間的關係除了上述序列之外，又多了「天子——王——公侯伯子男——列侯」的關係，在此「爵」的意涵已不只是身份的表徵，同時也代表了儒家經典中的「諸侯」，〔註150〕官僚與天子間除了君臣關係外，又多加一層天子與諸侯的關係；且西晉散官制度尚未完備，在官員致仕、離職或服喪之時，爵位也成爲維繫天子與士族間的重要管道。因此五等

〔註146〕《通典》在列魏官品之時，乃包含公侯伯子男之名，因此守屋美都雄、渡邊義浩等學皆認爲曹魏已有五等爵制。然祝總斌、閻步克二先生皆指出，此魏官品應爲咸熙元年之作，並非曹魏前期即已施行。又《晉書・禮志中》亦言「漢魏故事無五等諸侯之制」，亦爲一旁證。參守屋美都雄，〈曹魏爵制に關する二三の考察〉，頁214、249。渡邊義浩，〈西晉における五等爵制と貴族制の成立〉，頁6-7。祝總斌，《兩漢魏晉南北朝宰相制度研究》，頁147-148。閻步克，〈《魏官品》產生時間考〉，收入閻步克，《品位與職位——秦漢魏晉南北朝官階制度研究》，頁226-228。

〔註147〕至於郡侯爲一品或二品，則需再議。

〔註148〕雖然五等爵也入了官品秩序當中，但是否代表爵制已完全附麗於官制當中，仍可再議。

〔註149〕關於侯伯子男並列於二品的詳細討論，請參見第五章第一節。

〔註150〕如《禮記・王制》與《白虎通・爵篇》等處，皆詳述五等爵的定義及其與天子之關係，當爲改制時之參考依據之一。

爵的實施，對於加強國家局勢與穩定政治秩序，亦有正面的幫助。

2. 咸熙元年與泰始元年改制的差別

　　咸熙元年改制與泰始元年調整的不同處，在於咸熙元年時，司馬昭尚為晉王，雖為相國掌朝政，仍與皇帝相去一階，與曹魏諸王平行。為了要凸顯出爵制的秩序，司馬氏其餘諸人與士族功臣，最高僅能列為五等之公，故「惟安平郡公孚邑萬戶，制度如魏諸王，其餘縣公邑千八百戶，地方七十五里」，〔註151〕就算是司馬昭的叔父司馬孚，輩尊位隆，也只能封郡公，給予和諸王相等的待遇，而不能直接封為王。到了泰始元年，司馬炎成為皇帝，而諸司馬氏成為宗室，多封為王，重新形成了爵制的秩序，即皇帝（司馬炎）——諸王（司馬氏）——五等爵（以士族為主的功臣）——列侯以下爵（一般群臣）。這個演進與曹魏代漢之時非常接近，不同之處只在於異姓群臣的爵制又分為五等爵與列侯以下爵。

3. 司馬氏功臣姻親多有越級超封的情形

　　按照曹魏時期的制度，每逢普遍進爵之時，多以原有爵位向上晉升一級，如亭侯進為鄉侯、鄉侯進為縣侯等。但在咸熙改制之時，許多司馬氏的功臣在改制前並非縣侯，甚至有非列侯或無爵者；至咸熙之際，直接晉升數級，而受封五等之爵。如為羊祜為司馬氏之姻親，在陳留王即位之時，始賜爵關中侯，邑百戶；至咸熙元年，封鉅平子，邑六百戶。從陳留王即位至咸熙改制，其間不過四年的時間，羊祜的封爵直接跳過關內侯與列侯（縣鄉亭侯），而升至五等爵。不過像這樣「越等」進封的情形，似只有在咸熙元年與泰始之初較多，且以司馬氏功臣為多，基本上在曹魏時期與西晉泰始元年，大部分的進封仍以向上一等為主。

4. 泰始元年後，除軍功外，晉武帝時期少有封五等爵者

　　在咸熙元年得封五等爵者，除了在當時任騎督以上官與「著勳前朝」的後代之外，恐怕並沒有普遍加官晉爵的情形。到了泰始元年，由於新皇帝即位，又是改朝換代之初，故有「增封進爵」的動作，即前述「增封進爵各有差」，但五等爵與三品縣侯以下爵有所差別。五等爵的增封進爵，是指子進爵為伯、男進爵為子等；而列侯以下增封進爵，是指亭侯進封為鄉侯、關內侯進封為亭侯等。然而除少數特例之外，咸熙元年為三品縣侯以下者，少有在泰始元年因進

〔註151〕《晉書》，卷14，〈地理志上〉，頁105。

封而爲五等爵之例。也就是說，一般情況下，咸熙元年爲列侯以下爵者，在泰始元年進封爲五等爵的可能性甚低；除了軍功之外，受封列侯以下爵者日後要進封爲五等爵的可能性更是微乎其微。至於能在咸熙元年受封爲五等爵的身分與條件，大約便是前述支持司馬氏之官僚集團；即使封五等爵的條件爲五品以上官，在魏末晉初得任騎督以上官者，大體亦爲傾向司馬氏之官僚。也因此，泰始初年爵制亦具有區別集團（身分）之功用，即五等爵爲司馬氏功臣集團及特定個人，三品縣侯以下則爲曹魏舊臣及一般官僚。

5. 受五等爵者即使官品未達二品，亦擁有二品以上的待遇

咸熙元年所封之五等爵約有六百餘人，至泰始初約五百餘人。按照《通典·職官典》，二品以上官（不包括爵）大約只有數十人，至多也不會超過百人，而實際封五等爵者卻有六百餘人，代表許多受爵者同時擁有三至五品官與二品以上爵。這些人雖只爲三至五品官，似可擁有二品以上的待遇，包括占田、蔭戶等方面，以及禮法方面的規範等，對受爵者及其家族應有所幫助。〔註152〕

最後要指出的是，雖然曹魏時期封爵途徑有所擴大，大體仍以軍功爲主要原則，因此袁準才會感嘆「安寧天下者不爵，斬一將之功者封侯，失賞之意也」；〔註153〕但在曹魏後期，在司馬氏掌權的情形下，司馬氏集團的封爵數量與比例日漸提高，終於在咸熙改制之時，功臣集團在爵制上與一般臣子已有所區別。由於司馬氏當權，所以無論是「著勳前朝」，或是「皆錄舊勳」，此處之「勳」其實是鞏固司馬氏之勳，等於對「國家」有功，因而得封五等爵。但這種勳的標準既非軍功，亦非賢德，因此才有「上不象賢，下不議功」之譏。相較於漢魏時期的軍功爵，西晉五等爵與政治的關係更加密切，更無相對客觀的標準，封爵的升降是隨著政治權力的轉移而異，爵位逐漸喪失其獨立性，轉變爲政治酬庸的工具；就性質而言，五等爵其實更近似於漢代的「恩澤」概念，即與政治核心有密切關係者，即可獲得封爵，這也是爵制地位日益下降的原因之一。東晉及南北朝雖對於爵制的品級及內容多有調整，仍無法改變五等爵與政治密切相關的性質；至唐代以後，五等爵已無食邑，僅餘名號與禮法優待。由此可見，西晉五等爵的施行，不但在制度上影響後

〔註152〕楊光輝指出，西晉時期有許多官員爲三品官，因五等爵而得入一、二品官之列，「與其說是憑藉官品，不如說是仰仗封爵」。參楊光輝，〈官品、封爵與門閥制度〉，載《杭州大學學報》，4（杭州，1990），頁97。
〔註153〕《太平御覽》，卷198，〈封建部一〉「敘封建」引《袁子》，頁953。

代，其與政權變化密切相關的特質，也或多或少成爲後代實行的參考。

表 2101　東漢中後期賣官鬻爵事件表〔註154〕

永初三年	三公以國用不足，奏令吏人入錢穀，得爲關內侯虎賁羽林郎五大夫官府吏緹騎營士各有差
延熹四年	占賣關內侯虎賁羽林緹騎營士五大夫錢各有差
光和元年	初開西邸賣官，自關內侯虎賁羽林，入錢各有差
中平四年	是歲賣關內侯，假金印紫綬傳世，入錢五百萬
靈帝時	開鴻都門榜賣官爵，公卿州郡，下至黃綬，各有差異

表 2102　漢末建安年間封爵人數表〔註155〕

	建安元年		建安五年		建安十三年		建安二十年	
	確定	不確定	確定	不確定	確定	不確定	確定	不確定
公	×	×	×	×	×	×	1	0
縣侯	10	7	8	3	3	4	4	3
都鄉侯	0	0	0	0	0	0	1	0
鄉侯	0	2	2	2	4	3	5	4
都亭侯	2	2	7	2	11	3	11	5
亭侯	8	4	11	9	17	14	22	13
列侯	11	1	6	11	19	23	12	41
關內侯	1	0	2	1	5	4	11	4
名號侯	×	×	×	×	×	×	0	0
關中侯	×	×	×	×	×	×	0	0
關外侯	×	×	×	×	×	×	0	0
五大夫	×	×	×	×	×	×	0	0
總計	32	16	36	28	59	51	67	70
全	48		64		110		137	

〔註154〕本表所參照者爲《後漢書》，卷5，〈安帝紀〉，頁213。《後漢書》，卷7，〈桓帝紀〉，頁309。《後漢書》，卷8，〈靈帝紀〉，頁342、355。《後漢書》，卷52，〈崔駰傳〉，頁1731。

〔註155〕本表是根據本文附錄「漢末魏晉封爵總表」加以整理而成。另外本表標示爲×者，代表當時尚無此爵位，故以×表示。

表 2201　曹魏時期大封功臣事件表〔註 156〕

年	原　因	詳　細　情　形	類型
黃初元年	文帝受禪	封爵增位各有差	普遍
黃初四年	論征孫權功	諸將已下進爵增戶各有差	軍功
黃初七年	明帝即位	諸臣封爵各有差	普遍
黃初七年	破吳軍功	論功行賞各有差	軍功
太和二年	論討諸葛亮功	封爵增邑各有差	軍功
太和五年	退諸葛亮功	封爵增位各有差	軍功
青龍二年	錄諸將功	封賞各有差	軍功
太和二年	錄討（公孫）淵功	太尉宣王（司馬懿）以下增邑封爵各有差	軍功
正始六年	討句驪功	論功受賞，侯者百餘人	軍功
正元元年	論廢立定策之功	封爵、增邑、進位、班賜各有差	普遍
甘露三年	大論淮南之功	封爵行賞各有差	軍功

表 2202　曹魏時期封爵人數表〔註 157〕

	黃初元年		太和元年		正始元年		嘉平元年		甘露三年	
	確定	不確定	確定	不確定	確定	不確定	確定	不確定	確定	不確定
王	1	0	16	0	18	1	17	0	17	3
縣　公	1	0	4	0	5	0	5	0	4	0
鄉　公	0	0	0	4	0	2	1	2	1	1
縣　侯	22	6	17	13	17	17	23	16	24	27
都鄉侯	1	1	1	0	0	0	3	0	1	1
鄉　侯	15	3	16	6	7	11	14	14	10	25
都亭侯	4	1	0	7	1	6	2	5	0	7
亭　侯	24	12	19	18	13	27	15	40	16	49
列　侯	12	36	3	99	9	98	9	115	5	125
關內侯	22	26	9	47	4	37	6	54	8	55
名號侯	0	0	0	1	0	1	0	1	0	1
關中侯	1	0	0	0	0	0	0	0	0	3
關外侯										
總　計	103	85	85	195	74	200	95	247	86	297
全	188		280		274		342		383	

〔註 156〕本表乃參考《三國志》之〈文帝紀〉、〈明帝紀〉、〈三少帝紀〉等整理而成。
〔註 157〕本表是根據本文附錄「漢末魏晉封爵總表」加以整理而成。

表 2203　漢末建安年間與曹魏時期封爵人數對照表〔註158〕

年　代	王	公	縣侯	鄉侯	亭侯	列侯	關內侯	名號侯	關中侯	總計
建安元年	0	0	17	2	16	12	1	0	0	48
建安五年	0	0	11	4	29	17	3	0	0	64
建安十三年	0	0	7	7	45	42	9	0	0	110
建安二十年	0	1	7	10	51	53	15	0	0	137
黃初元年	0	1	14	20	41	48	48	0	1	173
太和元年	0	1	30	23	44	102	56	1	0	257
正始元年	0	1	34	18	47	107	41	1	0	249
嘉平元年	0	1	39	31	62	124	60	1	0	318
甘露三年	0	1	51	37	72	130	63	1	3	358

表 2301　西晉五等封爵人數表〔註159〕

咸熙元年	總計	泰始元年	總計	咸寧三年	總計	太康十年	總計	元康中	總計	愍懷之際	總計
異姓王	1	異姓王	1	異姓王	1	異姓王	1	異姓王	1	異姓王	1
郡　公	1	郡　公	5	郡　公	6	郡　公	6	郡　公	8	郡　公	8
縣　公	8	縣　公	14	縣　公	14	縣　公	21	縣　公	27	縣　公	34
鄉　公	6	郡　侯	1	郡　侯	1	郡　侯	1	郡　侯	1	郡　侯	2
侯	35	縣　侯	32	縣　侯	40	縣　侯	47	縣　侯	52	縣　侯	62
伯	9	伯	4	伯	4	伯	4	伯	3	伯	7
子	22	子	16	子	15	子	15	子	14	子	13
男	5	男	3	男	3	男	3	男	4	男	7
五等爵總	86	五等爵總	75	五等爵總	83	五等爵總	97	五等爵總	109	五等爵總	134
三品縣侯	20	三品縣侯	44	三品縣侯	44	三品縣侯	44	三品縣侯	46	三品縣侯	56

〔註158〕本表乃根據表 2102「漢末建安年間封爵人數表」與表 2202「曹魏時期封爵人數表」綜合而成。

〔註159〕本表是根據本文附錄「漢末魏晉封爵總表」加以整理而成。

表 2302　咸熙元年五等爵食邑與地方比較表〔註160〕

《晉書·地理志》			《太平御覽·封建部》		
咸熙元年	食邑（戶）	地方（里）	咸熙元年	食邑（戶）	地方（里）
郡　公					
縣　公	1800	75	五等諸公	1800	75
大國侯	1600	70	五等諸侯	1600	70
次國侯	1400	65			
大國伯	1200	60	五等伯	1200	60
次國伯	1000	55			
大國子	800	50	五等諸子	800	50
次國子	600	45			
大國男	400	40	五等男	400	35
次國男			次國男	200	25

表 2303　曹魏配饗太祖廟庭功臣表〔註161〕

人　名	字	本　籍	封　爵	年　代	出　　處	咸熙泰始之爵
夏侯惇	元讓	沛國譙縣	高安鄉侯	青龍元年	《三國志》卷三《魏書·明帝紀》	高安鄉侯
曹　仁	子孝	沛國譙縣	陳　侯	青龍元年	《三國志》卷三《魏書·明帝紀》	甯陵侯
程　昱	仲德	東郡東阿	安鄉侯	青龍元年	《三國志》卷三《魏書·明帝紀》	安鄉侯
曹　眞	子丹	沛國譙縣	邵陵侯	正始四年	《三國志》卷四《魏書·齊王紀》	新昌亭侯
曹　休	文烈	沛國譙縣	長平侯	正始四年	《三國志》卷四《魏書·齊王紀》	長平侯
夏侯尚	伯仁	沛國譙縣	昌陵鄉侯	正始四年	《三國志》卷四《魏書·齊王紀》	昌陵亭侯
桓　階	伯緒	長沙臨湘	安樂鄉侯	正始四年	《三國志》卷四《魏書·齊王紀》	安樂鄉侯
陳　群	長文	潁川許昌	潁陰侯	正始四年	《三國志》卷四《魏書·齊王紀》	愼　子
鍾　繇	元常	潁川長社	定陵侯	正始四年	《三國志》卷四《魏書·齊王紀》	定陵侯
張　郃	俊乂	河間鄚縣	鄚　侯	正始四年	《三國志》卷四《魏書·齊王紀》	鄚　侯
徐　晃	公明	河東楊縣	陽平侯	正始四年	《三國志》卷四《魏書·齊王紀》	陽平侯
張　遼	文遠	雁門馬邑	晉陽侯	正始四年	《三國志》卷四《魏書·齊王紀》	晉陽侯
樂　進	文謙	陽平衛國	廣昌亭侯	正始四年	《三國志》卷四《魏書·齊王紀》	廣昌亭侯

〔註160〕本表是根據《晉書·地理志》與《太平御覽·封建部》綜合而成。
〔註161〕矢野主稅所列表僅十九人，參矢野主稅，《門閥社會成立史》（東京：國書刊
　　　　行會，1976），頁 444-445。

華　歆	子魚	平原高唐	博平侯	正始四年	《三國志》卷四《魏書・齊王紀》	觀陽伯
王　朗	景興	東海郯縣	蘭陵侯	正始四年	《三國志》卷四《魏書・齊王紀》	承　子
曹　洪	子廉	沛國譙縣	樂城侯	正始四年	《三國志》卷四《魏書・齊王紀》	樂城侯
夏侯淵	妙才	沛國譙縣	博昌亭侯	正始四年	《三國志》卷四《魏書・齊王紀》	
朱　靈	文博	清河鄡縣	高唐侯	正始四年	《三國志》卷四《魏書・齊王紀》	高唐侯
文　聘	仲業	南陽宛縣	新野侯	正始四年	《三國志》卷四《魏書・齊王紀》	新野侯
臧　霸	宣高	泰山華縣	良成侯	正始四年	《三國志》卷四《魏書・齊王紀》	良成侯
李　典	曼成	山陽鉅野	都亭侯	正始四年	《三國志》卷四《魏書・齊王紀》	都亭侯
龐　德	令明	南安狟道	關門亭侯	正始四年	《三國志》卷四《魏書・齊王紀》	列　侯
典　韋		陳留己吾	———	正始四年	《三國志》卷四《魏書・齊王紀》	
荀　攸	公達	潁川潁陰	陵樹亭侯	正始五年	《三國志》卷四《魏書・齊王紀》	丘陽亭侯
司馬懿	仲達	河內溫縣	舞陽侯	嘉平三年	《三國志》卷四《魏書・齊王紀》	

表 2304　泰始元年大次小國食邑與兵數表〔註162〕

泰始元年	食　邑	兵
諸王大國	20000	5000
諸王次國	10000	3000
諸王小國	5000	1500
五等大國	≧10000	
五等次國	≧5000	
五等小國	＜5000	

表 2305　咸熙元年與泰始元年封爵官品比較表〔註163〕

	咸　熙　元　年	泰　始　元　年
第一品	國王公侯伯子男	開國郡公縣公
第二品	———	開國縣侯伯子男
第三品	縣　侯	縣　侯
第四品	鄉　侯	鄉　侯
第五品	亭　侯	亭　侯
第六品	關內名號侯	關內名號侯
第七品	———	關外侯

〔註162〕本表乃根據《晉書・地理志》、《晉書・職官志》製作而成。

〔註163〕本表是根據《晉書・地理志》、《晉書・職官志》、《通典・職官十八》引《魏官品》、《通典・職官十九》引《晉官品》加以完成。

第三章　五等爵制的運作

　　魏晉之際所創立的五等爵制，既有承襲漢代爵制的地方，亦有配合現實環境而新設之處。本章所論地理、開國與食邑制度，多與漢代列侯之制不同，似爲因應現實環境所設。首先，在地理分布方面，漢代列侯多須就國，封地與本籍或任官地的關係較爲密切；到了曹魏，受爵者本籍與封地的關係已有所鬆動；西晉更加疏離，士族少有就國者，且封地集中於數州等，都是可觀察的現象。

　　其次，在開國制度方面，漢代封列侯者皆開國，有國相、須就國，在制度上仍爲守土之君；曹魏擴大封爵途徑，新皇帝即位多普遍封爵，但普遍封爵似只有食邑，未有國相，只有軍功封爵者才得開國；西晉五等爵施行後，共封五、六百人，若受爵者皆開國，則大部分縣級單位皆爲國相；而實際情況似非如此的原因爲何？凡此皆是本章第二節要探討的問題。

　　在食邑與國家財政方面，由於史料不足，對於西晉時期每戶的租調額及全國稅收總額，未有明確數據，只能從現有資料與前人論述，試圖推估一基本額；在諸侯食邑方面，對於五等爵食邑比例與奉秩總數，學界未有定論，暫以多數學者所言爲準，推知粗略的諸侯奉秩總數。筆者最後將全國稅收與諸侯奉秩總數加以比較，說明諸侯奉秩與食邑比例，皆與漢代有所不同。

　　總之，本章討論的三個面向，多屬實質層面，對國家秩序的直接影響較大，雖然在制度上繼承漢魏故事的成分較少，與儒家經典所載周制亦不相同，但整體看來，國家在給予士族五等爵身份與較高待遇的同時，仍維持以皇權爲中心的統治體制，未因五等爵的施行而將中央與地方的主導權讓渡給士族。這是在分析五等爵制時，不可或缺的面向。

第一節　地理分佈

自漢代的列侯，至魏晉的五等爵，除名號侯外，皆與地名結合，如山陽公、晉陽侯等。至魏晉時期，由於封國大量增加，加上歷經戰亂，中原殘破，封國分佈似有集中於黃河中下游的情形，而受封者本籍與封地的關係似有日趨分離的傾向。故本節以封國、本籍為主，觀察魏晉時期封國分布的改變，並探討兩者間的關係，以觀察當中的變化及特色。

一、封國的分佈

在漢末魏晉時期，封國的分佈似有其集中性，但當中仍有細微差異，從表 3101「曹魏西晉時期受爵者封地分佈表」與本文附錄各時期封地分佈圖中可略見一二。由於大部分的鄉亭侯所屬郡縣都無法求證，故在討論區域分佈時，暫不考慮鄉亭侯。

1. 漢末曹魏時期

建安年間，擁有舊爵者或廢或亡，遺留者甚少。因此封國數目較低，根據現有資料亦無法看出明確之分佈情形。在分布上以司隸（包含三輔）地區最多，其餘平均分佈於各州。然而當中許多為建安前期之割據勢力，封地多為就其割據地封之，因此參考價值相對較低。且若按照時間點來區分，建安元年尚有十八位縣侯，至建安二十年只剩八位縣侯，部分尚為新封者，縣侯數量如此稀少的原因，在於曹操為朝臣之首，除曹操及其子弟外，其餘功臣最高只能封至鄉侯，故縣侯數目佔封爵比重可謂甚低，難以推敲其分布之特徵。

至曹魏時期，封爵人數增加，進封縣侯之數也有上升的趨勢。在地理分布方面，原本集中於洛陽長安一帶的現象開始有所改變，曹魏前期封地分佈較為平均，除豫州稍多外，並無明顯之集中現象；至曹魏後期，因封爵人數的增加，以及主政集團的改變，封國數量以豫、冀二州最多，并、徐、荊州次之，又出現不平均的趨勢。

2. 魏晉之交

此時期全國尚未統一，因此西晉之有效控制範圍仍為原曹魏領地，加上新征服之蜀地。曹魏舊領為司、兗、豫、冀、幽、并、雍、涼、梁、青、徐及荊州北部、揚州北部，共有九十七郡，七百二十縣；新征服之蜀地即益州，〔註1〕

〔註 1〕據《晉書·地理志》，梁州、寧州分別為泰始三年、泰始七年從益州所分立，

共十九郡，一百三十三縣。然從資料看來，益州地區並無封國，涼州、梁州、揚州封國亦少，上述地區少有封爵者，故暫不計之。扣除前述四州，其他諸州合計共五百九十三縣，若暫定當時受封五等爵爲六百國，則每縣皆爲國，其守長皆爲國相。但在西晉相關之記載，前述諸州之縣級單位中，其首長多爲令、長，擔任國相者比例似乎不高，因此，實際上似並非所有受爵者皆開國，其可能原因，一方面五等爵有取古名或析縣爲國者，故一縣（郡）可能有多國，如陳留國浚儀縣古名大梁，盧欽封大梁侯，即取古名，則陳留國下可能同時有浚儀縣令與大梁侯相；裴秀以樂安郡高苑縣濟川墟爲侯國，則樂安郡下可能同時有高苑縣令與濟川侯相。這種情形在漢代即已出現，清人楊守敬指出「兩漢侯國不必盡與縣治同城」，此外漢代尙有「縣治與侯國地實相近，而分屬兩郡者」，〔註2〕表示析縣爲國的制度並非西晉首創，而是沿襲漢代制度而來。另一方面，可能並非所有五等爵皆開國置相，故雖有六百餘國，而無六百餘國相。〔註3〕至於確實分佈情形及理由爲何，則仍有待求證。〔註4〕

　　在封國分布上，魏晉之際的情況更加不均，封國多集中在於豫、冀、青、徐、荊等州，司、兗、并、幽次之，餘州幾無封國。這種情形到西晉時期依然未變，各州之間封國的多寡依然不一。大致說來，晉武帝期間司、兗、豫、冀、青、徐、荊等州之封國數較多，大體包括黃河中下游、淮水、南陽盆地地區，以及太行山東麓、關中平原與汾水流域等地，相當於今日之豫、冀、魯、晉南、陝南、蘇北。這些地區可說是當時生產力較高，開發較爲進步，國家控制力較強的地區。封國集中於此，一方面是優待封爵者，使他們的租秩收入較高；另一方面，這些地區的交通較爲方便，不論諸侯租秩是由國相送至諸侯手中，或是諸侯（或世子）至國取用，較不會發生太大的問題與困難。〔註5〕

　　此外，建安年間司隸地區封國數量看似較多，然當時司隸校尉統領三河、

　　　故泰始元年唯有益州，頁436、440。

〔註2〕　（清）楊守敬，《晦明軒稿》（臺北：臺灣商務印書館，1977台一版），「淯水考」，頁11。

〔註3〕　對於國相的問題，將於本章第二節詳細討論。

〔註4〕　當然，也有可能是前述未見或少見封國地區皆有封爵，但未見記載。不過這些地區或位處邊陲，土地貧瘠；或位於前線，連歲征戰不休；或爲新平之地，國家控制力尙弱，因而封爵之可能性相對較低。其餘詳見本章第二節討論。

〔註5〕　趙翼認爲漢唐間諸侯乃自遣人至封地取租，至唐憲宗方改制，封家不得自徵，一概給於官府。參（清）趙翼著，欒保群、呂宗力校點，《陔餘叢考》（石家莊：河北人民出版社，1990），卷16，「漢、唐食封之制」條，頁295。

弘農及三輔地區，即日後屬於雍州的京兆、馮翊、扶風三郡。且當時封爵於此者，多爲董卓餘黨，並非曹操主政其間所封。若扣除此三郡，司隸校尉部唯有六國；若再扣除董卓餘黨之封國，則唯餘四國，並未多於其餘諸州。在整個建安、曹魏時期，司隸（後改爲司州）之封國數並不凸出，其原因之一，可能與時人論議有關，如孔融「嘗奏宜準古王畿之制，千里寰內不以封建諸侯」，〔註6〕代表漢代亦有封於王畿之例，因此孔融才會大聲疾呼要求王畿不封。經典中「王畿」本來就是屬於天子之邑，原則上不分封，當封國數量不多時，可選擇他州爲封國，不必以王畿之地授與，故漢魏時期封於王畿之例甚少。到了魏晉之際，司州封國數量有卻明顯的增加，比例也相對上升。主要原因可能是此時封國數甚多，共五六百國，且多集中在黃河中下游及南陽盆地一帶。然而，合計兗、豫、冀、青、徐等州及荊州北部，僅約三百五十縣左右，就算加上幽州南部、并州南部、與雍州東部，縣數依然未達到封國總數。在這種情形下，將地轄九十九縣的司州納入封國體系，〔註7〕自然成爲解決封地不足的手段。由於現實政治局勢所需，西晉時期或多或少皆有至封國於王畿之例，雖與經典記載衝突，但西晉皇權似有其他考量，故仍以王畿封之。

3. 西晉時期

如前所述，晉武帝期間司、兗、豫、冀、青、徐、荊等州之封國數較多。其中較可注意者，乃太康元年平吳後，由於全國統一，益州納入版圖也近二十年，因而封國分佈似有往南方擴散的趨勢。滅吳後受封之有功將帥，一部份便封於荊州北部；同時太康年間所封諸王，亦多在荊、揚、益諸州。其原因可能爲中原地區早已佈滿封國，無法安置新封國，只能安置於距首都較遠之地；又當時全國已經統一，除了新征服之領地外，之前與吳接壤的前線變爲內地，在經濟、交通及國防不會受到干擾的情形下，封國的範圍自可向外擴張。晉惠帝即位後，政局漸亂，爵位時封時廢，八王之亂後更爲嚴重，但在封國分布上，基本上與武帝時期並無太大差距。

二、封國在各州的比例

從魏晉封地的分布來討論當中的變化，是有相當程度的限制，因爲現有

〔註6〕 《後漢書》，卷70，〈孔融傳〉，頁2272。

〔註7〕 《晉書·地理志》云司州「縣一百」，然該卷校勘記計其所載縣數，唯九十九縣，今暫以九十九縣計之。

資料不足，無法得知大部分鄉亭侯所在位置，只能以縣侯與五等爵為標準。這種計算方式自不能代表整體情形，但至少可藉此觀察封國在各州的比例及其變化；且郡國單位較為重要，資料遺漏較少，準確性較高，故仍在此討論之。

由於漢末、曹魏時期封縣侯者佔全國郡縣總數比例甚低，故此處暫不統計。由整理資料可知，至泰始元年，兗、豫、冀、青、徐五州超過一半的郡成為封國，比例甚高。在縣級單位部分，封國約佔諸州百分之十五至百分至二十三左右，而目前可見之五等爵亦佔總數之百分之二十左右；由於其他諸州封爵較少，大部分封爵仍集中於此，可能未見於史料的封國也集中在前述諸州。

到了太康末年，由於可參考的封國資料增加，封國在各州郡的分布比例也更具參考性。由於武帝諸子多已出生，加上太康元年平吳，又有更大空間可供封爵，於是在咸寧三年與太康十年又有兩次對諸王的大規模進封、改封動作。在兗、豫、冀、青、徐諸州外，幽、荊二州的比例也有所上升，郡級單位為封國的比例更加提高，如冀州共十三郡，十三郡皆為封國；〔註8〕又如幽州共七郡，其中六郡為封國。〔註9〕在縣級單位部分，比例也相應增加，兗、豫、冀、青四州皆有超過五分之一之縣為國，餘州亦多有百分之十幾者。此外，在原本的蜀地與吳地，亦陸續出現封國，數量與比例雖不高，仍可看出當時封國已有向南方擴張的趨勢，參表 3104「泰始元年封國佔州郡行政單位比例表」、表 3105「太康元年封國佔州郡行政單位比例表」。另一方面，太康元年大封平吳功臣，加上陸續新封宗室為王侯，按理封國總數應有所增加，但封國佔全國郡縣比例反而大幅降低，此並非封國減少，而是因全國統一、縣數增加，使得封國的比例有所下降。

三、對封地大小的限制

在咸熙元年改制之時，司馬昭為晉王，封國有二十郡，集中於司、并、雍三州，還要扣掉曹魏諸王的封地，可封之地已經有所限制；而且皇帝依然姓曹，名義上仍為曹魏時期，司馬昭是以最高輔政者的立場來改制，並非以皇帝的身份；再加上一次又封六百餘人，許多舊爵依然存在，許多地方又為

〔註8〕冀州共有郡國十三，封王、公者十二，當中清河王司馬遐又以渤海郡增封，故十三郡皆為國。至於渤海郡所置為太守或國相，仍有待考察。
〔註9〕幽州共有郡國七，封王、公者三，當中燕王司馬機又以北平、上谷、廣寧三郡增封，故除遼西郡外，其餘六郡皆為國。

邊區、前線，可封之地不多，便不得不對封地的大小做出限制，以解決封地不足的問題。因此縣公封地只有七十五里，比「百里」之縣還小，其餘依次減五里，至次國男僅有三十五里。就實際上來說，當時似乎有確實執行這項制度，如裴秀「封濟川侯，地方六十里，邑千四百戶，以高苑縣濟川墟爲侯國」，〔註 10〕並非整個高苑縣皆爲濟川侯國，而是以地方六十里之濟川墟爲國。然而咸熙改制只是一個過渡階段，到了次年（泰始元年），改五等爲三等（論說見第二章第三節），戶邑數普遍增加，封地是否有所擴張，則不得而知。總之，對於封地大小的限制，一方面是爲了配合實際需要，以增加封爵人數；另一方面也使得封地大小井然有序，爵制秩序更加明確。

四、受封爵者本籍與封國的對照

此處所云「對照」，乃是將前述受封者之封地與本籍作一比較，以觀察兩者之間有何相關。在可用資料部分，如同討論封國分布時所云，由於魏晉時期封鄉亭侯者多不知所屬州郡爲何，故仍以縣侯、五等爵爲主要討論對象，亦附帶討論可知所屬州郡之個別鄉亭侯。至於在宗室與權臣家族部分，因情況較爲特殊，同樣暫不論之。

漢人有「富貴不歸故鄉，如衣繡夜行，誰知之者」之語，〔註 11〕「衣錦還鄉」可謂時人願望之一；漢代封侯者若身無官職，則必須就國，若封地與本籍地過遠，如家於荊州者，而封至幽州，二州相距甚遠，若非舉家遷移，則封侯者獨自就國，則不但不爲賞，反似流徙之刑。故此種情形在東漢較少出現，即使有之，多爲受政治影響的結果，或爲處置政敵之法。較著名之例，交州日南郡（今越南境內）爲東漢最南端之郡，郡內有比景縣，常爲東漢有罪者流徙之處，如和帝陰皇后、安帝閻皇后、桓帝竇皇后、陳蕃、竇武、王甫等家屬皆流徙比景；〔註 12〕其中梁冀本權傾一時，後因罪免官，「徙封比景都鄉侯」，〔註 13〕雖言「徙封」，實近流徙。又如翟歆之父以功封臨沮侯，翟歆嗣爵臨沮侯時，「以母年老國遠，上書辭讓，詔許，乃賜關內侯」，〔註 14〕

〔註 10〕《晉書》，卷 35，〈裴秀傳〉，頁 1038。
〔註 11〕（漢）司馬遷撰，《史記》（北京：中華書局，1974），卷 7，〈項羽本紀〉，頁 315。
〔註 12〕詳參《後漢書》之〈皇后紀〉及〈來歙附歷傳〉、〈陳蕃傳〉、〈陽球傳〉。
〔註 13〕《後漢書》，卷 34，〈梁統附冀傳〉，頁 1186。
〔註 14〕《太平御覽》，卷 201，〈封建部四·遜讓〉引《東觀漢記》，頁 971。

翟歆因封地與本籍相距較遠，而求讓爵。故封地得與本籍地同郡甚至同縣，不但可「衣錦還鄉」，同時與本籍相近，往來及租秩取得亦較爲方便。關於受爵者的本籍分佈情形，可參表 3102「曹魏西晉時期受爵者本籍分佈表」。

在建安年間與曹魏前期，由於封國較少，可封之地相對較多，封地與本籍間的關係仍較密切，然已有部分本籍與封地相距較遠的情形出現，茲舉例如下：

1. 與任官地（割據地區）相關

（1）張　魯

張魯爲沛國豐縣人，原爲漢中之割據勢力，至建安二十年，曹操攻取漢中，張魯投降，封爲閬中縣侯。〔註15〕巴西漢中二郡相鄰，張魯受封於此，應有地緣關係。

（2）徐　晃

徐晃爲河東楊縣人，魏文帝踐阼，封爲楊侯，即與籍貫同縣；後「以晃鎮陽平，徙封陽平侯」，〔註16〕乃改爲以任官地封之，其意甚明。又徐晃之本籍與封地爲同州，然由與本籍相同轉爲與任官地相同，故附記之，以供參考。

（3）黃　權

黃權爲巴西閬中人，本爲蜀將，黃初三年（西元 222 年）的夷陵之戰，權爲鎮北將軍，督江北軍，結果蜀軍戰敗，權不得已降魏，拜鎮南將軍，封育陽侯。〔註17〕魏鎮南將軍所駐即荊州一帶，黃權當時既駐守於荊州，且其本籍（巴西閬中）又非曹魏之控制範圍，因此封其爲育陽侯（南陽育陽），與任官地直接相關。

（4）臧　霸

臧霸爲泰山華縣人，建安中爲徐州刺史，魏文帝即位時，爲鎮東將軍、都督青州諸軍事，封開陽侯，後徙封良成侯。〔註18〕開陽（屬琅邪郡）與良成（屬下邳郡）皆屬徐州，魏鎮東將軍所在即爲青徐一帶；又臧霸曾爲徐州刺史，與徐州亦有地緣關係；且兗、徐雖爲異州，實則相鄰。故雖屬異州，封地與本籍、任官地仍相近。

〔註15〕《三國志》，卷 8，〈魏書・張魯傳〉，頁 265。
〔註16〕《三國志》，卷 17，〈魏書・徐晃傳〉，頁 530。
〔註17〕《三國志》，卷 43，〈蜀書・黃權傳〉，頁 1044。
〔註18〕《三國志》，卷 18，〈魏書・臧霸傳〉，頁 538。

（5）曹　洪

曹洪爲沛國譙縣人，在黃初元年爲驃騎將軍，屬中央官，加上同爲曹氏宗親，可能因此封地位於離洛陽較近之河內野王，此乃少數封於司州之例。

2. 本籍爲司州，因「王畿不封」原則而改封他州者

（1）毛　嘉

毛嘉爲河內人，即明悼毛皇后之父，原封博平鄉侯，青龍三年追封爲安國侯。〔註19〕按魏晉時期，追封者似多立後以祭之，應有紹封者，故暫列之。又毛嘉之本籍爲司州，故封至冀州，雖爲異州，而兩州相鄰。

（2）董　昭

董昭爲濟陰定陶人，其受封爲樂平侯，乃當時冀州陽平郡下也。〔註20〕按東漢時樂平縣屬兗州東郡，與濟陰定陶爲同州鄰郡；其後東郡被併入魏郡，改屬司州，且曹魏時期兩郡仍爲州異而郡相鄰，故相距亦不遠矣。

（3）司馬懿

司馬懿爲河內溫縣人，明帝即位時進封舞陽侯。〔註21〕司馬懿之本籍在司州，疑因前述「王畿不封」之由，故封至相鄰之豫州。

總之，此時期本籍與封地的關係，以同州比例較高。異州之例則或與任官處相關；或二州相鄰，實際距離不遠；或本籍位於司州，故改封至他州。

3. 鄉亭侯與本籍相近之例

同郡、同縣的比例甚高，約二分之一，漢末建安年間，封爵者本籍與封地爲然由於資料有限，可考者不多，僅能以上述諸例見其端倪，實際情形仍須另個別討論。至於在鄉亭侯部分，封地與本籍似亦相近，試列之如下：

（1）武鄉侯嚴幹

《後漢書‧郡國志》言：「（左馮翊臨晉）有王城。」注云：「左傳：晉陰飴甥與秦伯盟王城。杜預曰：後改爲武鄉。在縣東。」則左馮翊臨晉有武鄉。嚴幹爲馮翊東縣人，疑所封地與本籍同郡。

（2）閡鄉侯段煨

據《後漢書‧郡國志》記載，湖（縣）有閡鄉，則閡鄉位於弘農湖縣也。

〔註19〕《三國志》，卷5，〈魏書‧明悼毛皇后傳〉，頁167-168。
〔註20〕《三國志》，卷14，〈魏書‧董昭傳〉，頁442。
〔註21〕《晉書》，卷1，〈宣帝紀〉，頁4。

段煨爲武威人，從籍貫而言爲異州，然云：「（建安）三年，使謁者僕射裴茂詔關中諸將段煨等討李傕，夷三族」，則段煨當時應屯於關中，疑與其所在地相關。

（3）蒨亭侯楊衆

《後漢書・楊震傳》言：「建安二年，追前功封（楊衆）蒨亭侯。」注云：「郡國志：桃林縣有蒨鄉。」又同書〈郡國志一〉云：「（弘農）有桃丘聚，故桃林，有務鄉。」則務鄉即蒨鄉，位於弘農郡。楊衆爲弘農華陰人，疑蒨亭即蒨鄉之亭，則本籍與封地同郡。

（4）呂都亭侯孫觀

《後漢書・郡國志》記載，彭城國下有呂縣。諸稱都鄉侯、都亭侯者，即縣治之鄉亭，故孫觀之封地似爲彭城呂縣。孫觀爲泰山人，則爲異州，然兩郡相連也。

（5）陵樹亭侯荀攸

據《後漢書・郡國志》陳留尉氏，注引《陳留志》有陵樹鄉，疑陵樹亭即爲陵樹鄉之亭也。荀攸爲潁川潁陰人，雖屬異州，而郡則相鄰也。

（6）洧陽亭侯郭嘉

《後漢書・郡國志》記潁川陽城有洧水，而山南水北爲陽，疑洧陽即位於洧水之北；又郭嘉爲潁川陽翟人，則籍貫與封地同郡。

（7）西陵鄉侯和洽

和洽爲汝南西平人，文帝踐阼，封爲安城亭侯；明帝即位，進封西陵鄉侯。〔註22〕按汝南郡下有安城縣，而據《晉書・地理志》，弋陽郡下有西陵縣，而弋陽原爲汝南之一郡。〔註23〕則和洽所封，初爲同郡，後爲同州鄰郡。

（8）潁鄉侯陳群、辛毗

陳群於黃初年間，辛毗於明帝時，皆爲潁鄉侯。〔註24〕按諸書雖未明言

〔註22〕《三國志》，卷23，〈魏書・和洽傳〉，頁657。
〔註23〕《後漢書・成武孝侯順傳》注云：「弋陽縣，屬汝南郡，侯國也。」亦見《後漢書・郡國志》。然後漢汝南郡未見西陵縣，應爲弋陽置郡時所增。《晉書・地理志》云：「弋陽，魏置。」而《三國志・田豫傳》云：「太祖召豫爲丞相軍謀掾，除潁陰、朗陵令，遷弋陽太守。」《三國志・楚王彪傳》云：「（黃初）三年，封弋陽王。」則建安年間，最遲於黃初三年（西元222年），弋陽即已設郡。錢大昕亦以爲弋陽置郡當在建安之世，參錢大昕，《廿二史考異》，卷15，〈三國志一〉「遷弋陽太守」條，頁289。
〔註24〕見《三國志》，卷22，〈魏書・陳群傳〉，頁635。《三國志》，卷25，〈魏書・

穎鄉位於何處，《後漢書·郡國志》穎川陽城下有穎水，與穎水相關，位於穎川之機會甚高；且陳群、辛毗皆爲穎川人，即封於本籍地，似非巧合。

（9）長安鄉侯文聘

《後漢書·郡國志》南陽育陽下有小長安，而文聘爲南陽宛縣人，其受封時（黃初元年，西元 220 年）之官爲江夏太守，後進封新野侯，〔註25〕亦位於南陽郡。綜而觀之，則此長安鄉似非京兆長安之鄉，而爲南陽育陽之鄉，其本籍與受封地同郡。

（10）清陽亭侯裴潛

《後漢書·郡國志》河南中牟下有清陽亭，似即爲裴潛封地。裴潛爲河東聞喜人，則其本籍與受封地同州。

由此可知，漢末與曹魏前期行政區域多爲郡縣，爲國者甚少，因此可依照本籍、任官地等條件，決定封地所在。

以上爲漢末與曹魏前期的情形。到了曹魏後期，異州比例已明顯增加；咸熙、泰始年間，同郡、同縣比例大幅減少，異州比例持續上升；至太康末年，異州比例達半數。〔註26〕從曹魏後期至西晉時期之變化，可發現本籍與封國之間的關係，出現較明顯的分離傾向，由表 3103「曹魏西晉時期受爵者封國與本籍對照表」可見，受爵者本籍與封地異州的比例日益提高。尤其是實行五等爵後，同郡、同縣數量銳減，「衣錦還鄉」似已非封地之主要參考。再者曹魏西晉時期，免官就國的情形甚少，取而代之的是「以公就第」、「以侯就第」等現象。當時官僚除本官外，多有兼官、加官，；另一方面，魏晉時期之王公貴人多家於首都周圍，形成所謂「雙家制度」，〔註27〕即沈約所言「今之士人，並聚京邑」，〔註28〕西晉政權爲了優待他們，尤其是退休官員，

　　　辛毗傳〉，頁 698。

〔註25〕《三國志》，卷 18，〈魏書·文聘傳〉，頁 539。

〔註26〕在探討受爵者本籍與封地間關係時，部分封爵者似不應直接列入考量，即同姓宗室及掌權者之家族，包括建安年間之曹氏、高平陵政變後之司馬氏。然曹氏同姓中，曹仁、曹洪、曹眞、曹休非曹操直系血親，且以軍功封侯，故仍加以論之。

〔註27〕毛漢光即指出，魏晉南北朝士族具有城市與鄉村的雙家形態。參毛漢光，〈中古統治階層之社會基礎〉，收入毛漢光，《中國中古社會史論》（臺北：聯經出版事業公司，1988），頁 3-30。

〔註28〕（唐）杜佑撰，王文錦、王永興、劉俊文、徐庭雲、謝方點校，《通典》（北京：中華書局，1988），卷 16，〈選舉四·雜議論上〉，頁 388。

便以「就第」的方式，使他們留在首都，也方便重新任官。〔註 29〕在這種情況下，既然封爵者不必就國，則封國是否與本籍相近就不是那麼重要，地勢豐薄與人口多寡才是重點。〔註 30〕

再從國家的角度來說，以士族爲主的的官僚集團，在地方大多具備一定程度之經濟與社會基礎，加上在朝爲官，若再將其封爲本縣、本郡諸侯，則在地方的權力似有過大之虞，甚至可能影響國家機制的正常運作。加上封爵人數甚多，又多有同鄉或同族者，在現實上亦無法滿足封於同縣、同郡之需求。

五、小　結

綜合本節討論，可整理若干初步結論：

首先，以封國而言，建安年間與曹魏前期的分佈較爲平均，曹魏後期已有逐漸集中的傾向，至西晉時期分佈不均的情況更爲嚴重。當時以司、兗、豫、冀、青、徐、荊等州之封國數較多，大體包括黃河中下游、淮水、南陽盆地地區，以及太行山東麓、關中平原與汾水流域等地，相當於今日之豫、冀、魯、晉南、陝南、蘇北。這些地區可說是當時生產力較高，開發較爲進步，國家控制力較強的地區。

其次，以本籍而言，封爵者的身份原以軍功集團爲主，後來轉以官僚集團爲重，與日後士族之分佈接近，因而封地的分佈也有所不同。曹魏前期以司、兗、豫、冀、幽諸州較多，尤以豫州爲多；至咸熙元年，封爵者本籍很明顯的集中於司、兗、豫、冀、幽、并、徐諸州，仍以豫州爲高。至泰始元年後，由於制度的安排，使得集中性更加的明顯，差距也越來越大。

再者，雖然魏末晉初的封地與受封者本籍集中地重疊，然而與建安曹魏時期相較，卻有很大不同處。建安曹魏時期封爵者之本籍與封國多爲同州，甚至同郡、同縣，因此本籍分佈及封國分佈相合爲正常之事；而魏末晉初之時，異州之比例甚高，雖然本籍與封國集中地接近，實則當中有所變動，且封地重心似從本籍、任官地轉爲經濟較富庶之地區。也就是說，西晉本籍與封國的結合較曹魏時期似更加減弱。

〔註 29〕封爵者在身具職官的情形下，便遵循「古典」遺世子就國，此部分將於本章第二節提及。
〔註 30〕地勢與人口會影響受爵者租秩收入的高低，此將於本章第三節論述。

第二節　五等爵的開國制度

西晉初期的五等爵，據《晉書·裴秀傳》「（咸熙元年）秀議五等之爵，自騎督已上六百餘人皆封」，與《晉書·段灼傳》所記「大晉諸王二十餘人，而公侯伯子男五百餘國」，可知開授五等後，西晉初期受五等爵人數約五、六百人。根據前節的考察，晉初封爵仍多集中於曹魏舊地，而曹魏舊地約七百多縣，扣除其中邊遠郡縣，幾乎每個縣級單位都有封國。又國下皆設相掌理民事，則西晉時期縣級長官盡應爲相而非令長。然翻閱晉史，記縣令長較多，而國相較少，則似非所有封爵皆開國。《宋書·徐羨之傳》有「開國之制，率遵舊章」之語，其事雖在劉宋，「舊章」仍屬兩晉。如宋人高承所撰《事物紀原集類》云「晉令始有開國之稱，故五等皆郡縣開國」，〔註31〕開國制度源於西晉，似無疑義，〔註32〕然而是否當時公侯伯子男皆開國，則尚有討論餘地。過去對於「開國」制度的探討較少，本節擬深入考察西晉五等爵的「開國」制度，並嘗試說明開國制度的實態。

一、授茅土

「授茅土」典出《左傳》僖公四年，齊桓公責楚「爾貢包茅不入，王祭不共，無以縮酒」，杜預注云「包，裏束也。茅，菁茅也。束茅而灌之以酒爲縮酒」。包茅原指貢物，後來才引申爲國土之意。又據蔡邕云：

> 天子大社，以五色土爲壇。皇子封爲王者，受天子之社土，以所封之方色，東方受青，南方受赤，他如其方色。苴以白茅授之，各以其所封方之色，歸國以立社，故謂之受茅土。漢興，以皇子封爲王者得茅土其地，功臣及鄉亭他姓公侯各以戶數租入爲限，不受茅土，亦不立社也。〔註33〕

授茅土是天子給予受封者相應之「社土」，以建立「天子——諸侯」間更密切之關係。每年「委贄」是天子諸侯間君臣關係的再確認，而初封時天子授與茅

〔註31〕　（宋）高承，《事物紀原集類》（臺北：新興書局，1969），頁274。

〔註32〕　「開國」一詞在東漢與曹魏時期，多爲《易》「開國承家」之義，直至西晉時期，「開國」才與爵制結合，成爲爵稱的一部分。參拙著，〈「開國」制度的建立——魏晉五等爵制變化的一個考察〉，宣讀於北京大學中國古代史研究中心主辦，「第二屆中國中古史青年學者聯誼會」（北京：北京大學，2008）。

〔註33〕　（漢）蔡邕，《蔡中郎集·外集》（臺北：臺灣中華書局，1966台一版），卷4，〈獨斷〉，頁23-24。

土，與諸侯委贄的性質相近，只是主客易位，都是皇帝與諸侯間互相確認彼此關係的儀式，具有維護政治秩序的作用。〔註34〕又《後漢書・百官志》云：

> 諸王封者受茅土，歸以立社稷，禮也。

注引胡廣云：

> 諸王受封，皆受茅土，歸立社稷，本朝爲宮室，自有制度。至於列
> 侯歸國者，不受茅土，不立宮室，各隨貧富裁制黎庶，以守其寵。

依照上文所云，東漢同姓諸王受封皆有茅土，但列侯則不授茅土。然而在東漢，「茅土」似乎不專指同姓諸王，也可用於異姓列侯之代稱。如趙興自云「受漢茅土」；丁鴻言「身披大病，不任茅土」；而漢靈帝下詔稱臨晉侯楊賜亦云「雖受茅土，未荅厥勳」；呂強亦建議漢桓帝不可「妄授茅土」；又宗室劉暢爲都鄉侯，何敞亦稱其爲「茅土藩臣」。〔註35〕也就是說在東漢時期，不論是宗室或異姓，諸侯王或列侯，在習慣上都可以「茅土」代稱。

曹魏時期，制度無考，疑與東漢略同。魏文帝詔云「后族之家不得當輔政之任，又不得橫受茅土之爵」，〔註36〕則此時茅土亦可代稱列侯，與東漢相同。至西晉時期，五等爵已有受茅土之制，如《晉書・職官志》云「其王公已下，茅社符璽，車旗命服，一如泰始初故事」，即表明西晉初年已有茅社的相關規範。又段灼云「間者無故又瓜分天下，立五等諸侯，上不象賢，下不議功，而是非雜糅，例受茅土」，〔註37〕而何攀封西城公時，惠帝策云「錫茲玄社，苴以白茅」，〔註38〕亦爲其例。此外，在禪代之際，位極人臣者亦有茅土之封，如策曹操封魏公之詔云「錫君玄土，苴以白茅，爰契爾龜，用建冢社」，司馬昭封晉公時受「茅土九錫」，及劉裕受封宋公時亦受茅土。〔註39〕日後南北朝權臣進封爲公、王之時，茅土爲不可或缺之物，皆可證明

〔註34〕 渡邊信一郎，《天空の玉座——中國古代帝國の朝政と儀禮》（東京：柏書房，1996），頁117-118。
〔註35〕 《後漢書》，卷29，〈鮑永傳〉，頁1017。《後漢書》，卷37，〈丁鴻傳〉，頁1263。《後漢書》，卷54，〈楊震附賜傳〉，頁1785。《後漢書》，卷78，〈呂強傳〉，頁2528。《後漢書》，卷43，〈何敞傳〉，頁1483。
〔註36〕 《三國志》，卷2，〈魏書・文帝紀〉，頁80。
〔註37〕 《晉書》，卷24，〈職官志〉，頁745。《晉書》，卷48，〈段灼傳〉，頁1339。
〔註38〕 （晉）常璩撰，任乃強校注，《華陽國志校補圖注》（上海：上海古籍出版社，1987），卷11，〈後賢志〉，頁651。
〔註39〕 《三國志》，卷1，〈魏書・武帝紀〉，頁39。《晉書》，卷2，〈文帝紀〉，頁37。《宋書》，卷2，〈武帝紀中〉，頁40。

西晉五等爵已有受茅土之禮。但兩晉及十六國時人提及「茅土」，有時較似兩漢的引申之義，如荀伯子云「故太保衛瓘本爵菑陽縣公，既被橫害，乃進茅土，始贈蘭陵，又轉江夏」；〔註40〕桓溫亦建言應予王濬後代「追錄舊勳，纂錫茅土」，〔註41〕劉曜下書「班訪（崔）岳等子孫，授以茅土」等。〔註42〕綜上所述，西晉五等爵在分封之初，應有受茅土的儀式。

在經典當中，茅土是賜予「諸侯」之物。東漢尚無五等爵，唯諸侯王相當於古之諸侯，故只有諸侯王得受茅土；但在實際政治場合，「茅土」一詞亦可用於列侯，然無眞正受土之禮，僅爲抽象的代稱。西晉五等爵亦受茅土，一方面皇權可藉此與異姓諸侯（即士族）間建立更進一步的君臣關係，除了諸侯每年執贄外，皇帝也藉由授茅土來確認雙方的關係；另一方面茅土爲經典所記，乃儒家之理想象徵之一，而五等爵既爲「周禮」，亦爲經典所載，故五等諸侯授以茅土，乃是合理之事。至於西晉的列侯，亦無直接資料證明是否受茅土，但列侯不屬於五等爵範圍，不載於儒家經典，東漢又未受土，疑西晉列侯仍無受茅土之禮。

二、輿地圖

據《史記》、《漢書》、《後漢書》，多次提及輿地圖之記載：

1. 漢武帝封皇子爲王

在西漢時期，曾有兩次大臣建議封皇子爲王的記載。第一次爲漢武帝時，莊青翟、張湯等上疏云「請立皇子臣閎等爲諸侯王。……臣請令史官擇吉日，具禮儀上，御史奏輿地圖，他皆如前故事。」〔註43〕第二次仍爲武帝時，群臣公孫賀等又建言「可立諸侯王，臣昧死奏輿地圖，請所立國名。禮儀別奏。」〔註44〕由這兩次記載，皆可見封諸侯王前，需先參看輿地圖，決定所封之國位於何處。

2. 東漢光武帝封皇子爲王

在東漢光武帝時，大臣竇融、李通、賈復鄧禹等請立皇子爲諸侯王，並上

〔註40〕《晉書》，卷34，〈羊祜傳〉，頁1024。
〔註41〕《晉書》，卷52，〈王濬傳〉，頁1217。
〔註42〕《晉書》，卷103，〈劉曜載記〉，頁2688。
〔註43〕《史記》，卷60，〈三王世家〉，頁2110。
〔註44〕《史記》，卷60，〈三王世家〉，頁2110。

疏「請大司空上輿地圖，太常擇吉日，具禮儀。」〔註45〕西漢由御史奏輿地圖，至東漢則改由大司空上輿地圖，然而同樣要通過輿地圖來確認封爵之處。

3. 馬援上奏

東漢光武帝時，馬援上奏云「前披輿地圖，見天下郡國百有六所」，〔註46〕代表輿地圖乃記載所有郡縣及封國。

4. 劉羨以廣平王就國

東漢宗室劉羨封廣平王就國，其後章帝「案輿地圖，令諸國戶口皆等，租入歲各八千萬」，〔註47〕又《後漢書》注引《東觀漢記·明帝紀》云：「皇子之封，皆減舊制。嘗案輿地圖，皇后在傍，言鉅鹿、樂成、廣平各數縣，租穀百萬，帝令滿二千萬止」，則輿地圖尚記載戶口，並可知其租稅多少，皇帝即據此得知並調整諸侯王的戶口租稅。

5. 曹魏時期清河、平原邊界爭議

曹魏正始年間，清河、平原二國為了邊界的問題爭執不休，而孫禮認為「若欲使必也無訟，當以烈祖（魏明帝）初封平原時圖決之，何必推古問故，以益辭訟。……今圖藏在天府，便可於坐上斷也，豈待到州乎？」〔註48〕此處所指之圖，即輿地圖，可知在新封國之時，會在輿地圖上標示出範圍與國界，也會反映在實際之邊界上。

以上為漢魏時期關於輿地圖的記載，相當於今日之行政區劃圖，上面明確標示何處為郡縣，何處為封國。基本上見諸記載者皆為諸侯王，列侯方面則未知其詳，則需從另一角度觀察之。漢魏時期列侯雖無茅土之授，卻多見其與土相關之敘述，如「大鴻臚削爵土」、「受土分民」等；又東漢、曹魏時期「就國」之例甚多，既云「就國」，當有國可就。《後漢書·百官志》云列侯「每國置相一人」，則漢魏時期之列侯有國，〔註49〕然未受茅土，與「周禮」異。在既有「國」又有「土」的情形下，輿地圖中應有記載列侯之國。更明確的說，漢魏列侯無茅土，但有實際「國土」，與「周禮」（或云古典）相異。

〔註45〕《後漢書》，卷1，〈光武帝紀〉，頁64。
〔註46〕《後漢書》，卷24，〈馬援傳〉，頁833。
〔註47〕《後漢書》，卷50，〈陳敬王羨傳〉，頁1667。
〔註48〕《三國志》，卷24，〈魏書·孫禮傳〉，頁692。
〔註49〕此處之「列侯」主要是指縣侯，至於鄉、亭侯是否就國、是否有相（或其他國官），則需要進一步的研究。

至五等爵制建立，多稱其爲國，如前引《晉書·段灼傳》云「公侯伯子男五百餘國」；咸熙元年裴秀「以高苑縣濟川墟爲侯國」；〔註50〕惠帝時張華封壯武郡公，乃有壯武國臣竺道等即是。〔註51〕然此處之「國」似爲一較抽象概念，與「開國」似有些微差異，此容後再論。

三、國相〔註52〕

國相主一國之民，一縣若無國，則爲一般縣令長。如前所述，漢魏時期除諸侯王外，侯國有國相，《後漢書·百官志》云列侯「每國置相一人，其秩各如本縣」，本注曰：「主治民，如令長，不臣也，但納租於侯，以戶數爲限」。既云「其秩各如本縣」，且鄉亭並無可對應「相」之官吏，可知此時有國相者唯縣侯，不包含鄉亭侯。又此時軍功遺意尚存，得封縣侯者人數甚少，〔註53〕故封國佔全國比例似不甚大，國相亦同。然而魏晉之交，普授五等，若皆開國，則曹魏舊地（富庶之地、中央控制較強之地）幾皆爲封國，而縣級長官並爲國相，而無令長矣。〔註54〕然探諸史籍，似又不然：

1. 綜觀《晉書》，西晉時期諸縣之稱仍多爲縣令、長，稱相者甚少。

2. 以《晉書》、《宋書》互參，可見東晉、劉宋時期有開國、五等之別。晉宋之開國爵皆記載食邑數，而五等爵皆無之；且由進封的情形看來，開國要高於五等之爵。但到底開國爵與五等爵所對應官品爲何，則不甚清楚，這可能也是《宋書·百官志》未列公侯伯子男入官品表之一因。〔註55〕以此回

〔註50〕《晉書》，卷35，〈裴秀傳〉，頁1038。

〔註51〕《晉書》，卷36，〈張華傳〉，頁1077。又《晉書·五行志》亦記載「壯武國有桑化爲柏」，直云壯武國爲張華之封邑。

〔註52〕張興成將國相、內史及其屬吏稱爲政務官系統，但本文著重在相的問題上，故不討論屬吏。參張興成，〈西晉王國職官制度考述〉載《中國史研究》，4（北京，2001），頁53-54。

〔註53〕關於漢末建安年間縣侯甚少的問題，請參見第二章第一節所論。

〔註54〕楊光輝與張學鋒皆認爲五等縣侯與三品縣侯的差別，在於五等縣侯多稱「某某侯」，而三品縣侯則云「某某縣侯」，即「縣」字的有無是區分標準。然唐人對於西晉封爵的認識不足，在《晉書》行文中常有互用的情形；且楊、張二氏皆以平吳功臣作爲例證，而本文前節已論證平吳功臣應爲五等縣侯。故要判斷縣侯爲五等或三品，似應以個別的情況論之。

〔註55〕關於「開國」與「五等」的問題，錢大昕、周一良皆已注意到二者有所不同，周一良並認爲「五等」是劉裕集團封爵的管道，並非舊有制度，因而無食邑數記載。參錢大昕著，方詩銘、周殿潔校點，《廿二史考異》（上海：上海古籍出版社，2004），卷24，〈宋書二〉，頁409。周一良，《魏晉南北朝史札記》

溯，則疑西晉時期亦有所區別。

　　3. 據《晉書・地理志》，太康初年所記之國相，約五十餘國，與五等爵五百餘國相較，其數甚少。再進一步考察，可發現在所記之公國、侯國中，有曹魏時期之功臣，有平吳之將相，有降附之將，有曹魏宗室降封之後，尚有部分未知，參表 3204「《晉書・地理志》所載有國相者與魏晉封爵重合者表」。然而除了曹魏宗親外，在可見的資料中，有封國與國相者幾乎皆爲立軍功及降附者。這也說明在晉武帝時，實際可擁有國相者，唯有立軍功者、降附者及部分前朝後代，其餘因事功或普遍封爵而成爲五等爵者，除公侯與少數特例外，多不開國。惠帝即位後，政局漸亂，其變化則不可考。又二品之侯伯子男都未必有國相，則三品縣侯以下於此時恐亦無國相。

　　上述所論皆爲縣級五等封爵，至於封爲郡公、郡侯者，則需從他處論之。如晉武帝時「詔以泰山之南武陽、牟、南城、梁父、平陽五縣爲南城郡，封（羊）祜爲南城侯，置相，與郡公同」，而羊祜「固執不拜」。〔註 56〕羊祜原爲鉅平侯，鉅平爲泰山之一縣，則當爲縣侯，故晉武帝欲進封羊祜爲郡侯，而羊祜固辭。由上文可知，郡公必有相，故云「置相與郡公同」；又西晉封郡侯者甚少，未知是否必有國相。然而由《晉書・地理志》來看，泰始元年「罷五等之制」，將公侯以食邑數分爲大國、次國、小國。行文僅云「公侯」，當然也可也解釋成公侯爲公侯伯子男的簡稱；不過就後面的分析來看，「公侯」恐怕不包含伯子男，甚至只限於郡公、郡侯（或縣公）。

四、家　臣

　　此處主要所指乃主管諸侯家內事務之官。〔註 57〕可分以下數類討論之。

1. 家丞、庶子

　　家丞、庶子是屬於列侯之家臣，《後漢書・百官志》云：

　　　　（列侯）其家臣置家丞庶子各一人。

本注曰：

　　　　主侍侯，使理家事。列侯舊有行人洗馬門大夫，凡五官。中興以來，

　　　　　（北京：中華書局，2007 二版），〈《宋書》札記〉「五等爵無食邑」條，頁 157。
〔註 56〕《晉書》，卷 34，〈羊祜傳〉，頁 1019。
〔註 57〕張興成亦將三卿以下稱爲事務官系統，參張興成，〈西晉王國職官制度考述〉，頁 54-55。

> 食邑千戶以上，置家丞庶子各一人，不滿千戶，不置家丞，又悉省
> 行人洗馬門大夫。

也就是說，在東漢時期，列侯家臣唯家丞、庶子，無其他吏員。漢末曹魏制度不詳，可見者有平原侯家丞邢顒，平原侯庶子劉楨、應瑒，臨菑侯庶子任嘏，武德侯庶子吉茂等，未見家丞、庶子外之吏員，則此時應與東漢制度相同。西晉時期未記載列侯家臣，然東晉元帝時，其子司馬煥封顯義亭侯，而元帝爲其擇家臣時云「家丞、庶子，足以攝祠祭而已」；又梁制「諸列侯食邑千戶已上，置家丞、庶子員。不滿千戶，則但置庶子員」，〔註58〕與東漢相同。依照魏晉南朝制度相承之理，東漢、東晉及梁皆如此，則西晉亦然。此外，在魏晉南北朝五等爵之家臣中，從未見到有家丞、庶子者，故此二官自東漢以來乃爲列侯所特有，而五等爵無之。反過來說，列侯亦無五等爵之國相與國官，故並未開國。

2. 三　卿

三卿指的是郎中令、中尉、大農。據《後漢書・百官志》，東漢唯諸侯王有卿。漢末曹魏之時，則如《通典》所云，亦有郎中令等官，〔註59〕然而列侯唯有家丞、庶子，故唯諸侯王與異姓爲王公者有卿，列侯無之。〔註60〕即使在咸熙元年改制之時，五等爵唯相、諸署令，未有三卿之官。〔註61〕至西晉時期，五等爵亦得有三卿，〔註62〕但制度未詳，僅云「晉江右公侯以下置官屬，隨國小大，無定制也」，〔註63〕故先引東晉制度推論之。據《宋書》所記，東晉「公國則無中尉、常侍、三軍，侯國又無大農、侍郎，伯子男唯典書以下，又無學官令矣」，〔註64〕可參表3204；又「王郡公侯郎中令、大

〔註58〕《隋書》，卷26，〈百官志上〉，頁729。

〔註59〕《通典》，卷31，〈職官十三〉，頁859。

〔註60〕如曹操爲魏公、孫權爲吳王、公孫淵爲樂浪公，皆有郎中令等國官。參《三國志》，卷1，〈魏書・武帝紀〉，頁43。《三國志》，卷47，〈吳書・吳主權傳〉裴注引《吳書》，頁1132。《三國志》，卷8，〈魏書・公孫度附淵傳〉裴注引《魏略》，頁256。

〔註61〕詳參《太平御覽》，卷199，〈封建部二〉諸條。

〔註62〕張興成指出，西晉初期只有二卿，「從二卿到三卿有一個發展過程，這是西晉王國官制度逐步走向規範化的體現」，此處所云雖爲王國官，然郡公、縣公比小國，則亦適用之。參張興成，〈西晉王國職官制度考述〉，頁60。

〔註63〕《宋書》，卷40，〈百官志下〉，頁1260。

〔註64〕《宋書》，卷40，〈百官志下〉，頁1260。又《晉書・職官志》、《通典・職官十三》所記略同。

農，銅印，青綬‧朝服，進賢兩梁冠」，〔註65〕可知東晉郡公唯有郎中令、大農，郡侯唯郎中令，伯子男並無卿，然此與西晉制度有些許不同。在制度上，西晉郡公、縣公、郡侯各有一軍，以中尉領兵（詳下論）；在實際上，賈充爲魯公，有郎中令與中尉，〔註66〕即西晉時期郡公、郡侯皆有中尉，至東晉因王公侯不置軍，故裁撤之。且《通典》所載〈晉官品〉中，王郡公侯郎中令、中尉、大農爲六品，〔註67〕疑所記乃西晉制度，即王郡公侯皆有三卿。

至於縣公、縣侯以下是否有三卿，則需個別論之。如羊祜受封爲鉅平侯，「置郎中令，備九官之職」，此所謂「九官」，疑即包括三卿、諸署令在內；〔註68〕山陽公劉康至晉「增置山陽公國相、郎中令、陵令」等，〔註69〕而無中尉、大農，可能山陽公國原本已有中尉、大農，故不需增置，此增郎中令則備三卿之數。又晉武帝特下詔「壽光、朗陵、臨淮、博陵、鉅平國置郎中令」，〔註70〕則這些縣公侯國原本並無郎中令，至泰始六年始設之。以上述諸例論之，則縣公、縣侯在泰始之初並無三卿，同於咸熙改制，只有少數特例得置三卿。縣公、縣侯如此，則伯子男亦應無三卿之設。至於前述有相之國是否有三卿之設，則史料不足，無法判斷。

此外，張興成認爲郎中令負責宿衛及相關選舉工作，中尉爲典領兵馬、防備意外情況，大農職掌國租出入。〔註71〕上述工作，若諸侯不就國，則僅有大農需要保留。

3. 諸署令及其他

所謂諸署令，即典書、典祠、典衛、學官等令，此外尚有其他如左右常侍、侍郎、世子庶子、陵長、廟長、牧長、謁者、中大夫、舍人等官。這些同樣原爲諸侯王之官，至咸熙改制時，始在五等爵中見到，參表 3202。至於其設置情形，咸熙元年尚有記載，至西晉則同樣「隨國小大，無定制也」，只

〔註65〕《宋書》，卷18，〈禮志五〉，頁513。
〔註66〕《晉書》，卷40，〈賈充傳〉，頁1171。
〔註67〕《通典》，卷37，〈職官十九〉，頁1005。
〔註68〕《晉書》，卷34，〈羊祜傳〉，頁1014。
〔註69〕《晉書》，卷3，〈武帝紀〉，頁56。
〔註70〕《晉書》，卷33，〈鄭沖傳〉，頁992。又據《晉書‧羊祜傳》，祜於泰始元年已有郎中令，泰始六年又下詔於鉅平國置郎中令，未知孰是。
〔註71〕張興成，〈西晉王國職官制度考述〉，頁57-59。

能從其他方面觀察。如《通典》所載〈晉官品〉於第八品有王郡公侯諸侍郎、諸雜署令，第九品有王郡公侯諸署長，〔註72〕從行文來看，似只包含郡公、郡侯，而無縣公、縣侯以下。又如王祥致仕，詔書「以舍人六人爲睢陵公舍人」；密陵侯鄭袤、壽光公鄭沖遜位，亦置舍人；魏舒遜位，詔書「以舍人四人爲劇陽子舍人」等。〔註73〕舍人並非國官之高位，而縣公、縣侯以下皆無，需由皇帝特詔置之，也間接說明諸署令長及其他國官唯有郡公、郡侯有完備體制，縣公、縣侯以下則無定制。〔註74〕

此外，如《晉百官表注》云「侍郎，朝服、武官，掌徒贊相威儀、通傳教令，大國置四人，小國置二人」，〔註75〕又《晉起居注》云「成帝咸寧三年，制大國置左右常侍」，〔註76〕而西晉初年新設之國官中，典書令「掌國教令」，學官令「主典學考異」，〔註77〕雖不直接與行政、人事相關，但總與封地有所關連。因此縣公以上有此國官者，則應有封地；五等縣侯以下無此國官，則未必有實際的封地。

五、置 軍

東漢時期，諸王、列侯皆未有置軍之文；曹魏待諸王尤劣，諸國守士皆老弱殘兵，更無擁軍之理，而列侯亦無軍隊。至典午代魏，諸王皆有國軍，「邑二萬戶爲大國，置上中下三軍，兵五千人；邑萬戶爲次國，置上軍下軍，兵三千人；五千戶爲小國，置一軍，兵千五百人」，〔註78〕大者三軍，小者一至二軍；至咸寧三年，又有一次調整，除將大國、次國、小國的標準稍作調整外，在異姓部分「又爲郡公制度如小國王，亦中尉領兵，郡侯如不滿五千戶王，置一軍，一千一百人，亦中尉領之」，〔註79〕則最遲在咸寧三年，郡公、

〔註72〕《通典》，卷37，〈職官十九〉，頁1006。

〔註73〕《晉書》，卷33，〈王祥傳〉，頁989。《晉書》，卷33，〈鄭沖傳〉，頁993。《晉書》，卷44，〈鄭袤傳〉，頁1251。《晉書》，卷41，〈魏舒傳〉，頁1187。

〔註74〕程幸超亦云僅王、公、侯得設立國官體系，見程幸超，《中國地方行政制度史》（成都：四川人民出版社，1992），頁91。

〔註75〕《北堂書鈔》，卷71，〈設官部二十三〉引《晉百官表注》，頁313。

〔註76〕《北堂書鈔》，卷71，〈設官部二十三〉引《晉起居注》，頁312。按晉成帝之年號爲咸和、咸康，無咸寧年號；且東晉王國似無大中小國之分，故疑此爲晉武帝時期之事，「成」爲「武」之誤。

〔註77〕參《北堂書鈔》，卷71，〈設官部二十三〉引《晉起居注》，頁313。

〔註78〕《晉書》，卷14，〈地理志上〉，頁414。

〔註79〕《晉書》，卷24，〈職官志〉，頁744。

郡侯已有一軍。〔註80〕由於《晉書》所記相當明確，唯有郡公、郡侯有軍，縣公、縣侯以下無軍，〔註81〕參見表 3205「泰始元年大次小國制度比較表」、表 3206「咸寧三年大次小國及五等爵制度比較表」。

六、其 他

除上述諸項外，尚有其他部分亦可補充說明：

1.「縣」字之有無

在兩晉時期相關史料中，「某某公」（或侯伯子男）與「某某縣公」常互見，然是否「縣」字反映「開國」之情形，可細論之。又楊光輝以《晉書》所記「某某侯」者爲五等爵之侯，「某某縣侯」者爲三品之縣侯，以「縣」字作爲區隔之標準，此疑非也。之前已論及《晉書》成書年代較晚，再加上前述平吳功臣皆爲某某「縣侯」，而皆有國相，實不似三品縣侯。故以「縣」字來加以判斷，恐需再作斟酌。

2. 食邑數的多寡

如果按照五等爵的食邑數來看，一般縣公、縣侯與伯子男各有定數，不能超過三千戶以上，因此只有幾種特殊的封爵者可以達到三千戶以上。一種是立軍功者，即平吳功臣與惠帝時平定「國難」者，如杜預、王濬、張華等平吳功臣，其食邑數皆超過八千戶；〔註82〕何攀「以豫誅駿功，封西城侯，邑萬戶，賜絹萬匹，弟逢平鄉侯，兄子逢關中侯」，〔註83〕又傅祇「以討楊駿勳，當封郡公八千戶，固讓，減半，降封靈川縣公，千八百戶」，〔註84〕皆爲其例。一種是特殊身份者，如劉禪降魏，封安樂公，邑萬戶。〔註85〕重點在

〔註80〕 此外，如宮川尚志亦指出伯子男無置軍，參宮川尚志，《六朝史研究（政治‧社會篇）》，頁40。至於泰始元年郡公侯是否置軍，則無法由上文看出。

〔註81〕 上文所引爲異姓五等爵之置軍情形。在咸寧三年改制中，同姓五等爵與異姓五等爵之制度有所差別：「其公之制度如五千戶國，侯之制度如不滿五千戶國，亦置一軍千人，中尉領之，伯子男以下各有差而不置軍。」則伯子男以下同樣不置軍；而公置一軍一千五百人，似未分郡公、縣公；侯置一軍千人，異姓郡侯則爲一千一百人，有所不同。

〔註82〕 參《晉書》，卷34，〈杜預傳〉，頁1030。《晉書》，卷42，〈王濬傳〉，頁1215。《晉書》，卷36，〈張華傳〉，頁1070。

〔註83〕 《晉書》，卷45，〈何攀傳〉，頁1291。

〔註84〕 《晉書》，卷47，〈傅玄附祇傳〉，頁1331。

〔註85〕 《三國志》，卷4，〈魏書‧陳留王紀〉，頁150。

於食邑數超過三千者，其封爵皆爲郡公侯，無伯子男，即伯子男之食邑數相對固定，若要增封，則爵位似須同時進封至公侯。也就是由於伯子男食邑固定，而公侯可增加食邑數，似隱然存在公侯與伯子男之界線，亦增加公侯有國，伯子男無國的可能性。

3. 世子之制

《晉書‧輿服志》記載「王公之世子攝命理國者，安車，駕三，旗旒七旒，其封侯之世子五旒」，〔註86〕即公旗九旒，其世子七旒；侯旗七旒，其世子五旒。此處僅列出王公侯者，即只有王公侯開國，有國可就，故其世子方有「攝命理國」的可能；至於伯子男無成國之制，故其世子並無「攝命理國」的必要。〔註87〕

七、結 論

此處「開國」的概念，除了基本上有「國」的名稱外，同時也以同姓諸侯王爲參考，以茅土、國相、家臣、軍隊等方面加以探討，故有較嚴格的定義，參看表3208「西晉封爵相關開國制度對照表」。

在茅土部分，茅土爲封建諸侯的象徵，漢魏唯諸侯王受茅土，故列侯並無之；西晉之五等爵則已有受茅土之禮，在行文上與習慣上也常以茅土代稱，顯示皇帝與受五等爵者的關係較漢代天子與列侯的關係更加密切。至於西晉時期的列侯，似與東漢時期相同，仍無茅土之授。

在輿地圖部分，輿地圖記載了郡國縣邑名稱、邊界、戶口，乃爲國家掌握封爵數目與位置之參考。因此漢代封諸侯王時多參照輿地圖。至於漢代列侯與魏晉五等爵是否有列入輿地圖中，則未敢明言。然而此處所欲討論者爲另一概念，即至少在主管封爵的大鴻臚處，理應掌握全國封爵之位置，以免重複，故在本章第一節討論西晉五等爵的分布時，少有封爵重疊於一地的情形。〔註88〕此爲抽象概念之輿地圖，即在全國秩序中，五等爵的分佈情形爲何，可由國家掌握之，無論要增封減邑，才有參考依據，而列侯亦應包括在

〔註86〕《晉書》，卷25，〈輿服志〉，頁762。又《通典‧禮二十五》「公侯大夫等車輅」略同。

〔註87〕關於世子攝命理國部分，詳參第四章第一節之論述。

〔註88〕按魏晉時期常有封於同一縣或同一鄉亭的情形，但通常不在同一時期，而是有先後之分。如前述陳群於黃初元年封潁鄉侯，至太和元年辛毗亦封潁鄉侯，但陳群此時已進封潁陰侯，故並未重疊。

內。因此無論實際輿地圖中包含五等爵與否，在國家秩序中皆有一席之地。

在國相部分，東漢諸侯王與縣侯皆有國相，而鄉亭非爲縣級單位，應無國相。西晉時期雖未明言五等爵是否有國相，從旁證可知除郡公、郡侯、立軍功、降附者及曹魏宗室之外，其餘多無國相。

在家臣部分，漢魏列侯唯有家丞、庶子，開建五等之後，多設國官，然而後世記載僅云「隨國小大無定制」，故未得其詳。現今可見之資料中，僅郡公、郡侯得有三卿、諸署令長及其他國官，而少數縣公侯以下亦因晉武帝之特詔而有郎中令、舍人等官，其餘幾無國官。

在軍隊部分，漢魏時期諸侯王、列侯皆無軍隊，而西晉唯有王、郡公、郡侯得置一軍以上，縣公、縣侯以下皆不得置。以此反證前述國相、三卿、家臣等國官，唯郡公、郡侯有之，縣公、縣侯以下無之的現象，可能性頗高。〔註89〕

因此，在西晉封爵制度當中，即使公侯伯子男皆云開國，內容上則不盡相同。郡公、郡侯擁有國相、三卿、諸署令長、軍隊，在秩序安排與實際位階上與諸侯王接近。〔註90〕縣公、縣侯以下，除軍功封爵與降附者外，唯受茅土，有部分國官，而無國相、三卿、諸署令長、軍隊。〔註91〕也就是說，縣公、縣侯以下之「開國」，實際上只代表在國家秩序上的意義，國依然存在於輿地圖上，世子也依然就國，而無實際之管理者（國相），國官人數也不完全。若然，則五等爵所帶官僚之實際效用，乃爲取得官品一、二品的身份與一定數量之租秩，並在國家及經典秩序中佔一席之地，以取得政治與經濟的優勢，並達成其理想。至於實際統國與否，就不是那麼重要了。

第三節　食邑與財政制度

西晉五等爵是當時重要的制度之一，也是當時重要的財政支出項目，

〔註89〕魏僖認爲歷代封國「兵柄莫重於西晉」，此說甚是，然魏僖所指爲同姓諸王，並非異姓五等爵，唐長孺先生已深論之；且魏僖所述之情形應爲太康十年大封諸王後的情形，似不適用於泰始元年至太康初年的情形。參（清）魏僖著，胡守仁、姚品文、王能憲校點，《魏叔子文集》（北京：中華書局，2003），〈外篇〉卷3，「封建論一」，頁195。唐長孺，〈西晉分封與宗王出鎮〉，頁127-144。

〔註90〕在《晉官品》中未列郡侯之官品，楊光輝以爲應爲二品，而從上述特徵顯示，郡侯、郡公之位階及秩序安排較爲接近，疑爲一品。

〔註91〕至於在軍功封爵與降附者等部分，是否有三卿與諸署令長，則不可知。

但對於諸侯所得租秩總數佔全國收入的比例，似無學者專門對此進行討論，其中一個重要的原因，就在於資料不足，無法明確計算精確的數值。在東漢時期，仍以軍功爲封爵重心，由於每個人的軍功大小與立功次數各不相同，因此食邑數沒有一個相對客觀的標準，而是根據每人每次立功的情形個別決定戶邑多寡；而曹魏時期雖然擴大了封爵途徑，仍無固定的食邑比例；直到開建五等，才有固定的食邑制度。但歷來學界對於五等爵的食封比例，提出各種不同的意見，如三分食一、四分食一、九分食一、十分食一等，似無一定共識，這也增加了判斷上的困難。另一方面，西晉五等爵共五六百國，在食邑數相對固定的情形下，亦可試圖算出五等爵的食邑總數，進而探討諸侯奉秩在全國收入的比例爲何。而要計算西晉國家租調收入，又必須先釐清占田、課田與戶調制之概略，及西晉時期人口總數，方可獲得約略之租調總額。由於史料不足，前人又未有定見，故此處僅以現有資料爲基礎，另參考學者相關論述，試圖觀察西晉五等爵在國家財政所佔的比重。

一、占田課田與戶調的定義

要計算出西晉政府在田租方面的收入，就必須先釐清占田與課田的定義與計算方式。與此相關的史料，主要是《晉書‧食貨志》所云：

> （平吳之後）又制戶調之式，丁男之戶，歲輸絹三匹，綿三斤，女及次丁男爲戶者半輸。其諸邊郡或三分之二，遠者三分之一。夷人輸賨布，戶一匹，遠者或一丈。（甲）
>
> 男子一人占田七十畝，女子三十畝。其外丁男課田五十畝，丁女二十畝，次丁男半之，女則不課。男女年十六已上至六十爲正丁，十五已下至十三、六十一已上至六十五爲次丁，十二已下六十六已上爲老小，不事。遠夷不課田者輸義米，戶三斛，遠者五斗，極遠者輸算錢，人二十八文。（乙）〔註92〕

此外就是《初學記‧寶器部》引《晉故事》云：

> 凡民丁課田，夫五十畝，收租四斛，絹三疋，綿三斤。（丙）
>
> 凡屬諸侯，皆減租穀畝一斗，計所減以增諸侯絹戶一疋，以其絹爲諸侯秩。又分民租戶二斛，以爲諸侯奉。（丁）
>
> 其餘租及舊調絹，二戶三疋，綿三斤，書爲公賦，九品相通，皆輸

〔註92〕甲乙兩段並出《晉書‧食貨志》，頁790。

　　入於官，自如舊制。（戊）〔註93〕

下列論述主要所參考資料如上。甲、戊爲戶調之文，乙爲占田、課田之文，丙兼論田租與戶調，而丁爲諸侯奉秩之文。

　　在此先討論占田與課田。歷來學者對於占田與課田的說法不一，可分爲數種說法。高敏認爲西晉一戶可占田百畝，課田五十畝；〔註94〕吉田虎雄認爲西晉是繼承曹魏舊制，不論是占田民、課田民或諸侯民，都是一戶五十畝；〔註95〕越智重明認爲一戶占田七十畝；藤家禮之助整理共十二種不同的論述，認爲一戶包括一個丁男、一個丁女與一個次丁男，因此一戶的占田總數爲八十畝；〔註96〕鈴木俊認爲占田民一戶百畝，課田民爲五十畝的說法。〔註97〕宮崎市定認爲西晉的課田就是讓典農部民改編爲州郡民，其所耕種仍爲原來的屯田，〔註98〕西嶋定生、侯外廬、賀昌群、苑士興等人也認同此說，西嶋定生並指出西晉課田民的每畝田租額是一般州郡民的兩倍；〔註99〕唐長孺、黎虎則認爲西晉占田制是漢代限民名田的延續。〔註100〕何茲全以爲「男子一人可以占田七十畝，丁男一人又有五十畝的課田」，則一個丁男可有一百二十畝田。〔註101〕陳連慶以

〔註93〕丙丁戊三段並出（唐）徐堅等撰，《初學記》（北京：中華書局，1962），卷27，〈寶器部・絹第九〉引《晉故事》，頁657-658。

〔註94〕高敏，《魏晉南北朝經濟史》（上海：上海人民出版社，1996），頁331。

〔註95〕吉田虎雄，《魏晉南北朝租稅の研究》（東京：大安，1966二版），頁16。

〔註96〕藤家禮之助，〈西晉の田制と稅制〉，原載《史觀》73，1966；後收入藤家禮之助，《漢三國兩晉南北朝の田制と稅制》（東京：東海大學出版會，1989），頁163-190。

〔註97〕鈴木俊，《均田、租庸調制度の研究》（東京：刀水書房，1980），頁18-21。

〔註98〕宮崎市定著，夏日新譯，〈晉武帝戶調式研究〉，收入劉俊文主編，《日本學者研究中國史論著選譯（第四卷）》（北京：中華書局，1992），頁111-116。又高志辛亦認爲耕種課田者即過去之屯田民，而課田屬於公田，參高志辛，〈西晉課田考釋〉，收入中國社會科學院歷史研究所魏晉南北朝隋唐史研究室編，《魏晉隋唐史論集（第一輯）》（北京：中國社會科學出版社，1981），頁125-138。

〔註99〕西嶋定生，〈魏的屯田制——圍繞其廢除問題〉，收入西嶋定生著，馮佐哲、邱茂、黎潮合譯，《中國經濟史研究》（北京：農業出版社，1984），頁264-266。侯外廬，《中國封建社會史論》（北京：人民出版社，1979）。賀昌群，《漢唐間封建土地所有制形式研究》，收入賀昌群，《賀昌群史學論集（第二卷）》（北京：商務印書館，2003）。

〔註100〕唐長孺，〈西晉戶調式的意義〉，頁437-454。黎虎，〈西晉占田制的歷史淵源〉，原載《中國史研究》，3（北京，1985）；後收入黎虎，《魏晉南北朝史論》（北京：學苑出版社，1999），頁221-254。

〔註101〕參何茲全，《中國古代及中世紀史》，頁145。

為課田包含於占田中，因此一丁男占田七十畝，課其中五十畝田。〔註102〕又因學者對占田、課田的數量有不同的解釋，所以對當時每畝的田租量也有不同算法，如楊濤認為西晉每畝租率為八升。〔註103〕根據上述所討論的複雜情形來看，由於歷來學者對於西晉占田、課田的認識不一，筆者乃採多數學者之論，以為較可能的情形，是丁男占田七十畝，而課其中五十畝之稅；丁女占田三十畝，課其中二十畝之稅。在數額方面，根據上引史料「夫五十畝，收租四斛」來看，則一戶（占田百畝，課田七十畝）當收租五斛六斗。

至於在戶調方面，基本上則無太大爭議，即一戶絹三疋，綿三斤，而隨地區遠近加以調整。

但上云租調制度為太康元年平吳後才施行，而自咸熙、泰始元年至太康元年間所施行的制度為何，則有疑義。在東漢建安九年時，曹操即已下令云：

> 其收田租畝四升，戶出絹二匹、綿二斤而已。〔註104〕

曹操自施行戶調制後，經曹魏至西晉初年未聞有其他變化，因此咸熙元年與泰始年間租調額為漢魏舊制，或同於太康新制，則不得而知。〔註105〕

二、西晉每年租調的總收入計算

西晉財政收入中，最重要者即為租調，因此瞭解租調之數量，即可得知西晉財政輸入之大體情形。在每戶之租調額部分，前已有所論述，故不贅言。在人口的部分，太康元年平吳後，全國戶數為二百餘萬，而原魏、蜀、吳地之戶數亦可得知，故並無太大爭議；〔註106〕然而泰始元年之戶數，則有不同意見。據《通典》記載，景元四年（西元 263 年）曹魏平蜀之時，曹魏舊地共有六十六萬三千四百二十三戶，原蜀地共二十八萬戶，相加不過九十四萬

〔註102〕陳連慶，〈占田制的形成及存續問題〉，原載《魏晉南北朝史研究》（四川：四川省社會科學院出版社，1986）；後收入陳連慶，《中國古代史研究（上）》（長春，吉林文史出版社，1991），頁 519。

〔註103〕楊濤，《中國封建賦役制度研究》（昆明：雲南大學出版社，1998），頁 57。

〔註104〕《三國志》，卷1，〈魏書・武帝紀〉裴注引《魏書》，頁 26。

〔註105〕陳連慶根據《初學記》所載，認為在西晉初年已施行課田之制，參陳連慶，〈占田制的形成及存續問題〉，頁 520。

〔註106〕王育民認為西晉仍有許多不列入編戶齊民之人口，如佃客部曲、官私奴婢、兵戶吏戶、百工鼓吹、流散戶等，故西晉實際應有八百餘萬戶。參王育民，《中國人口史》（南京：江蘇人民出版社，1995），頁 137-142。王育民，〈西晉人口蠡測〉，載《中國史研究》，2（北京，1995），頁 43-49。

餘戶。然而至太康元年，原魏蜀二地共約一百九十萬戶，[註107] 自景元四年至太康元年，其間相差不過十七年，而戶數增加將近百萬，相當於增加四、五百萬口，多數學者已對此提出質疑，認為景元四年曹魏舊地之戶數應不止六十六萬；[註108] 至於到底有多少戶，則各有不同之計算結果，大體在於一百三十萬至一百四十五萬左右，在此暫以一百三十萬戶計算。而為何在戶數上的記載差距如此之大，則可能是在當時屯田之典農部民仍為獨立屬籍，歸典農校尉、中郎將管理，尚未歸入一般郡縣之管轄，故郡縣人口較少；至泰始二年「罷農官為郡縣」，[註109] 才是較完整之全國戶口數。[註110]

　　不過在計算泰始與太康之租調收入時，則各有不同考量。泰始元年時，剛平蜀不久，自不能用曹魏舊地之徵稅標準，故其稅率應該較低，至於稅額為何不得而知，暫以平吳後之標準來看。[註111] 也就是梁州、益州共約二十一萬戶，田租同「遠夷不課田者」一戶米三斛，戶調同「邊郡」一戶絹一丈；[註112] 寧州約七萬戶，田租同遠夷之「遠者」一戶米五斗，戶調同「夷人遠

[註107] 高敏認為太康元年魏蜀合計共 1936840 戶；而路遇、滕澤之以為太康三年魏地有 1594162 戶，蜀地有 318500 戶，相加共 1913112 戶。兩者計算皆近於一百九十萬戶，故以 1900000 戶計之。參高敏，《魏晉南北朝經濟史》（上海：上海人民出版社，1996），頁 85-92。路遇、滕澤之，《中國人口通史（上冊）》（濟南：山東人民出版社，2000）。

[註108] 梁方仲在《中國歷代戶口、田地、田賦統計》一書中，仍以史料記載的三國戶口數為準；而王育民認為，三國時期列入州縣戶籍者僅是全部人口中的一小部分，其他如世家豪族的蔭戶、屯田生產者、兵家吏家、少數民族等，大多不列於戶籍，因此三國末年中國的總人口數應在三千萬人以上，約六百八十萬戶左右，葛劍雄、姜濤亦持類似意見。參梁方仲，《中國歷代戶口、田地、田賦統計》（上海：上海人民出版社，1980），頁 38。王育民，《中國人口史》，頁 122-131。葛劍雄，《中國人口發展史》（福州：福建人民出版社，1991），頁 129-132。姜濤，《人口與歷史——中國傳統人口結構研究》（北京：人民出版社，1998），頁 47。

[註109] 《晉書》，卷 3，〈武帝紀〉，頁 55。

[註110] 參高敏，《魏晉南北朝經濟史》，頁 85-92。

[註111] 張學鋒認為西晉的租調制度「應該在晉王朝一建立時就開始實行了，不待平吳的太康元年」；而谷霽光則認為「西晉繼承曹魏舊制，田租畝米四升」。按西晉初期所採取的租調制度，是曹魏舊制抑或太康新制，目前無確切論證，暫以太康元年數額算之。見張學鋒，〈西晉諸侯分食制度考實〉，頁 38-39。谷霽光，〈論漢唐間賦稅制度的變化〉，原載《江西大學學報》，2（南昌，1964）；後收入谷霽光，《谷霽光文集（第二卷）》（南昌：江西人民出版社、江西教育出版社，1996），頁 180。

[註112] 《晉書‧食貨志》云：「（戶調之式）其諸邊郡或三分之二，遠者三分之一」，

者」一戶賓布一丈。〔註113〕

以此計算泰始元年之全國稅收，在田租部分，曹魏舊地約一百三十萬戶，每戶租四斛，共五百二十萬斛；梁、益二州約二十一萬戶，每戶租三斛，共六十三萬斛；寧州約七萬戶，每戶租五斗，共三萬五千斛；以上總計共五百八十六萬五千斛。在戶調部分，曹魏舊地每戶絹二疋，共二百六十萬疋；梁、益二州每戶絹一疋，共二十一萬疋；而寧州之調爲賓布，故不計之；以上總計共二百八十一萬疋。〔註114〕此乃泰始元年之情形，可參表3306「泰始元年全國租調收入表」。

在太康初年部分，平吳以後，全國歸於統一，西晉政府公佈了新的田租及戶調制度，即本節開頭所引之文。當中又全國依照地區遠近劃分爲數類，即內地（正常租調額）、邊郡與邊郡遠者、夷人（或遠夷）與夷人遠者等，各自有不同之租調額。至於何者爲邊郡，何者爲遠夷，則未有明確記載，試臆測之。戶調方面，「邊郡或三分之二，遠者三分之一」，則平、涼二州爲邊郡，每戶絹二疋；交、廣二州爲邊郡之遠者，每戶絹一疋。在夷人部分，則以梁、益州當之，每戶賓布一疋；寧州爲遠夷之遠者，每戶賓布一丈。〔註115〕田租方面，以秦、梁、益三州爲「遠夷不課田者」，每戶穀三斛；平、涼、寧、交、廣五州爲遠夷之遠者，每戶穀五斗。〔註116〕如此亦可得知太康初年租調之大體情形，可參表3307「太康元年全國租調收入表」。

接著便可計算太康初年之租調總數。在田租方面，曹魏舊地有二百一十三萬八千七百八十五戶，每戶納租五斛六斗，共一千一百三十二萬九千八百三十六斛；遠夷之秦、梁、益三州有二十六萬三千零二十戶，每戶納租三斛，共七

　　然而這是以太康平吳後之新制即戶三疋計算，故以三分之一、三分之二計之，仍爲整數；而此以曹魏舊制戶二疋計算，非三之倍數，故暫以其半一疋計之。

〔註113〕據《晉書·地理志》，梁州爲晉泰始三年所立，寧州爲泰始七年所立。不過蜀之益州區域廣大，不易區別其與曹魏舊地之距離遠近，故爲求分類之方便，仍先列出梁、寧之州名，以助理解。即以洛陽爲核心，梁州最近，益州次之，寧州最遠。

〔註114〕按戶調尚有綿，然而諸侯俸秩與官俸不包含綿，故暫不計之。

〔註115〕此外，西晉並非所有郡縣皆須納絹，許多地區可以布或他物代之。但絹帛在當時不但是日常生活用品，也具有貨幣功能，以布或他物折納者，其額仍同於應納絹之值，故仍假設所有編戶皆納絹，所得之值爲全國應納絹之額，而非實際所得之絹數。

〔註116〕《晉書·食貨志》尚有「極遠者輸算錢，人二十八文」之語，然目前暫不知如何界定「極遠者」，故暫不計之。

十八萬九千零六十斛；遠夷之遠者平、涼、寧、交、廣五州有十九萬九千九百二十戶，每戶納租五斗，共九萬九千九百六十斛；以上總計共一千二百二十一萬八千八百五十六斛。在戶調方面，曹魏舊地每戶納絹三疋，共六百零六萬九千五百五十五疋；邊郡之平、涼二州有四萬八千八百戶，每戶納絹二疋，共九萬七千六百疋；邊郡之遠者交、廣二州有六萬八千七百二十戶，每戶納絹一疋，共六萬八千七百二十疋；而秦、梁、益、寧四州所納爲賨布，故不計之；以上總計共六百二十三萬五千八百七十五疋。此爲太康初年之大體情況。

三、西晉諸侯奉秩的計算

對於西晉諸侯奉秩，學者亦有不同之看法。在食邑比例方面，谷霽光認爲西晉諸侯之租爲二分食一，秩爲三分食一。〔註117〕越智重明認爲，泰始元年至太康元年間，公侯爲三分食一，伯子男則少於三分食一；太康元年平吳後，則五等爵皆爲三分食一之制。〔註118〕藤家禮之助認爲，西晉江左封國是三分食一，至於江左以外之國，公爲九分食一，侯伯子男爲十分食一。〔註119〕伊藤敏雄認爲，在泰始六年以前，郡公侯爲三分食一，縣公侯以下小於三分食一；在泰始六年至太康元年之中，縣公侯以下的食邑比例也調成了三分食一。〔註120〕黃惠賢、陳鋒、楊光輝、張學鋒都認爲五等爵的食邑比例爲三分食一，而列侯則是十分食一。〔註121〕周國林則認爲除三分食一制外，尙有四分食一的情形。〔註122〕不過大部分的學者，如唐長孺、吉田虎雄等，多認爲

〔註117〕谷霽光，〈論漢唐間賦稅制度的變化〉，頁183-184。

〔註118〕越智重明，〈五等爵制〉，頁249-353。

〔註119〕藤家禮之助，〈西晉諸侯の秩奉——「初學記」所引「晉故事」の解釋をめぐって——〉，原載《東洋史研究》，27：2（東京，1968）；後收入藤家禮之助，《漢三國兩晉南朝の田制と稅制》（東京：東海大學出版會，1989），頁191-210。

〔註120〕伊藤敏雄，〈西晉諸侯の秩奉についての一試論〉，收入岡本敬二先生退官記念論集刊行會編，《アジア諸民族における社會と文化——岡本敬二先生退官記念論集》，頁77-88。

〔註121〕黃惠賢、陳鋒主編，《中國俸祿制度史》，頁151-152。楊光輝，〈西晉五等爵制的租秩〉，載《文史》，31（北京，1988），頁315-320。張學鋒，〈西晉諸侯分食制度考實〉，頁36。

〔註122〕周國林，〈西晉諸侯四分食一制考略〉，載《中國社會經濟史研究》，4（廈門，1991）；後與他文合併，名爲〈《初學記·寶器部》所引《晉故事》新解〉，收入周國林，《戰國迄唐田租制度研究》（武昌：華中師範大學出版社，1993），頁77-97。

西晉諸侯的食邑比例爲三分食一。〔註 123〕至於主要參考資料，仍爲上引《初
學記・寶器部》引《晉故事》所云：

> 凡屬諸侯，皆減租穀畝一斗，計所減以增諸侯絹戶一疋，以其絹爲
> 諸侯秩。又分民租戶二斛，以爲諸侯奉。〔註 124〕

關於上文討論較多者，一爲「畝一斗」的部分，大多學者以爲是「畝一升」
之誤，亦有少數學者認爲「斗」字無誤。〔註 125〕然而因畝一斗之計算結果太
過龐大，可能性較低，故在此亦假設「畝一斗」爲「畝一升」之誤。此外就
是如何理解「計所減以增諸侯絹戶一疋」這句話。部分學者讀爲「計所減以
增諸侯絹戶一疋」，部分學者則認爲是「計所減以增諸侯。絹戶一疋……」。
若按照後者之說法，則諸侯田租除了「戶二斛」外，尚有「畝一升」，以一戶
七十畝計，則有七十升，即七斗；兩者相加，即諸侯租每戶二斛七斗。然而
前述西晉一戶之田租爲五斛六斗，若諸侯租每戶二斛七斗，則幾爲總額之半，
與晉制「三分食一」不同。若照前者之說法，則諸侯每戶之奉爲二斛，秩爲
一疋，與西晉一戶租五畝六斗、調三疋相比，比例皆近三分之一，較合於西
晉制度。故前者之說法似較爲合理，即西晉諸侯之俸秩，每戶可得穀二斛爲
奉，絹一疋爲秩。〔註 126〕

四、西晉諸侯的奉秩總數

　　咸熙、泰始改制與太康元年平吳是西晉初年的兩件大事，因而以下對於
封爵與國家財政之關係，將以這兩個時段爲標準。西晉初期五等爵約有五、
六百國，再加上宗室王侯，應該更多，暫時總計爲六百國，而可見者約一百

〔註 123〕 參唐長孺，〈西晉田制試釋〉，收入唐長孺，《魏晉南北朝史論叢》（石家莊：
　　　　　 河北教育出版社，2000），頁 51-55。吉田虎雄，《魏晉南北朝租稅の研究》，
　　　　　 頁 14-49。

〔註 124〕 《初學記》，卷 27，〈寶器部・絹〉，頁 1478。

〔註 125〕 如周國林認爲前文應爲「凡民丁課田，夫五十畝，畝收租四升」，因此此處之
　　　　　 斗字無誤，張學鋒亦持相同意見。參周國林，〈曹魏畝收租四升辨誤〉，載《江
　　　　　 漢論壇》，1（武漢，1982），頁 67-70。周國林，〈曹魏西晉租調制度的考實
　　　　　 與評價〉，載《華中師院學報》，增刊號（武漢，1982），頁 100-131。張學鋒，
　　　　　 〈西晉諸侯分食制度考實〉，頁 39。

〔註 126〕 谷霽光認爲，西晉諸侯秩除了絹一匹之外，「尚應包括綿一斤」。不過在西晉
　　　　　 時期，隨著各地產物的不同，而所「調」之物也有所不同，並非全國各地皆
　　　　　 以絹爲調，故或有些地區以綿爲調，而封於當地之諸侯亦以綿爲秩，非絹一
　　　　　 匹、綿一斤同時並存。參谷霽光，〈論漢唐間賦稅制度的變化〉，頁 182。

餘國。至太康元年平吳，又新封許多功臣與降附者為五等爵，封爵人數又有所增加，暫時總計為六百五十國；可見者近二百國，見表 3304。又食邑數是包含諸侯王在內的，因此在計算時也一併將諸侯王列入。

　　在可見之封爵中，有部分記載食邑數之多寡，而許多未有明確記載，在未明確記載部分，則假設為咸熙改制時對五等爵食邑之規定數量，且皆以次國數量計之，即縣公一千八百戶、縣侯一千四百戶、伯一千戶、子六百戶、男二百戶；在諸侯王部分，則以區分大國、次國、小國之數為準，即大國二萬戶、次國一萬戶、小國五千戶。至於未有記載之爵，諸王由於地位重要，人數較少，漏記的可能較低，暫假設諸王無遺漏者；在五等爵部分，未記載者甚多，故假設泰始元年有四百個爵、太康元年有四百五十個爵未記載，而以五等爵食邑數之平均（即一千戶）加以計算。

　　在上述部分皆假設完畢後，即可計算西晉時期諸侯之俸秩總數。在泰始元年部分，由於未知當時徵收之租調額為何，理論上先假設為曹魏舊制。泰始元年可見之封爵食邑總數約為三十八萬戶；再加上未記載之爵約四百個，每個封爵以千戶計，則為四十萬戶。兩者相加，共七十八萬餘戶。因此在穀的部分，每戶二斛，乘以七十八萬餘戶，即為一百五十六萬餘斛；在絹的部分，每戶一疋，乘以七十八萬餘戶，則為七十八萬餘疋，參表 3301「泰始元年全國諸侯奉秩支出總數表」。而太康元年可見之封爵食邑總數約七十七萬餘戶，而未記載之爵約四百五十個，每個封爵以千戶計，則為四十五萬戶。兩者相加，共一百二十二萬餘戶。也就是在穀的部分，每戶二斛，乘以一百二十二萬餘戶，共二百四十四萬餘斛；在絹的部分，每戶一疋，乘以一百二十二萬餘戶，共一百二十二萬餘疋，參表 3302「太康元年全國諸侯奉秩支出總數表」。

五、西晉官俸的總額

　　西晉國家財政的支出，除給予封爵之俸秩外，有一部分是耗費在官俸的支出上。計算西晉官俸支出總額，一方面可更加明瞭西晉國家財政的支出分配情形，另一方面也可與諸侯俸秩對照。〔註127〕

〔註127〕其他關於官俸的討論，可參朱大渭，〈兩晉南北朝的官俸〉，原載《中國經濟史研究》，4（北京，1986）；後收入朱大渭，《六朝史論》（北京：中華書局，1998），頁 246-269。

　　根據《通典》所記，西晉九品以上官者，內官八百九十四人，外官五千九百四十二人。〔註128〕在內官部分，一品官「食奉日五斛」，則一個月為一百五十斛，一年為一千八百斛；而一品官地位甚高，除「八公」外唯開府位從公者，估計人數應不超過十五人，故以十五人計。二品官「食奉日四斛」，則一年為一千四百斛；而二品官人數較一品官稍多，姑以二十五人計。三品官「食奉日三斛」，則一年為一千零八十斛；而三品官人數較多，扣除尚書八座，暫計為六十人。在尚書部分，尚書令「食奉月五十斛」，而尚書僕射「服秩印綬與令同」，各部尚書亦不高於尚書令，故俸祿應與尚書令同，即年俸為六百斛；而尚書令僕諸曹共計八人，則無疑問。〔註129〕在四品官以下部分，由於資料不足，無法判定各品之俸祿數量，且品數越低之官人數應越多，故假設四品以下官平均年俸為二百斛；在人數部分，扣除三品官以上約一百餘人，共七百八十六人。

　　在外官方面，最高官為四品之刺史，〔註130〕即外官皆為四品至九品者，亦不知其俸祿為何，故仍以年俸二百斛計之；在人數方面，則如前引之五千九百四十二人。不過，由於泰始元年尚未統一，荊、楊、交、廣諸州未置官屬故外官人數應較太康元年為少；又〈晉官品〉未知是泰始初年所著，或是太康元年平吳後所撰，試考證之。據《晉書‧武帝紀》，泰始元年置中軍將軍；二年省右將軍；三年罷武衛將軍、都護將軍；四年罷中軍將軍、振威、揚威護軍，置北軍中候、左右積弩將軍；五年罷鎮軍將軍，復置左右將軍；六年復置鎮軍將軍；七年罷中領軍；八年置後將軍；九年罷五官左右中郎將；咸寧元年置太子詹事等。也就是說，泰始元年應有武衛將軍、都護將軍、中領軍、五官左右中郎將，無北軍中候、左右積弩將軍、後將軍、太子詹事；太康元年則剛好相反。以之對照《通典》所載〈晉官品〉，有北軍中候（五品）、左右積弩將軍（四品）、後將軍（三品）、太子詹事（三品）等，〔註131〕故〈晉官品〉似為太康初年之作，即外官近六千人乃太康初之數，則泰始元年之外

〔註128〕《通典》，卷37，〈職官十九〉，頁1006。至於不入九品之吏員，則暫不列入計算。

〔註129〕《晉書‧職官志》，頁726-730。

〔註130〕按都督諸軍事與持節等為加官，並非本官，故不列入官品員額中。至於刺史加都督諸軍事或持節等時，所領俸為本官俸、加官俸或領雙俸，則不得而知，暫假設僅領本官俸。

〔註131〕在〈晉官品〉中亦有武衛將軍（四品）、中領軍（三品），則或〈晉官品〉泛記所有西晉官名，然而絕對不是泰始元年之作品。

官數應較少，暫設爲四千人。

　　此外，在平吳之後，太康二年起又普遍給予官員每年另外的絹、綿。即一品官絹三百疋、綿二百斤，二品官絹二百疋、綿一百五十斤，三品官絹一百五十疋、綿百斤，尚書絹百疋、綿七十斤。〔註132〕四品以下官所給絹未詳其數，姑以絹五十疋爲平均值。因此泰始元年百官無絹帛之賜，至太康初年則有之，故計算時也有所不同。

　　將上述資料加以整理，則可得出如下數字：中央官部分，一品官年俸一千八百斛，共十五人，年俸總數爲二萬七千斛；二品官年俸一千四百四十斛，共二十五人，年俸總數爲三萬六千斛；三品官年俸一千零八十斛，共六十人，年俸總數爲六萬四千八百斛；尚書令僕及列曹尚書年俸六百斛，共八人，年俸總數爲四千八百斛；四品以下官假設平均年俸爲二百斛，共七百八十六人，年俸總數爲十五萬七千二百斛。總計中央官之年俸總數爲二十八萬九千八百斛。在外官部分，假設平均年俸爲二百斛，泰始元年共四千人，年俸總數爲八十萬斛；太康元年共五千九百四十二人，年俸總數爲一百一十八萬八千四百斛。另外太康元年賜絹部分，一品官年絹三百疋，共十五人，年絹總數爲四千五百疋；二品官年絹二百疋，共二十五人，年絹總數爲五千疋；三品官年絹一百五十疋，共六十人，年絹總數爲九千疋；尚書令僕及列曹尚書年絹一百疋，共八人，年絹總數爲八百疋；四品官以下假設平均年絹爲五十疋，中外官合計共六千七百二十八人，年絹總數爲三十三萬六千四百疋。將內外官相加，則泰始元年官俸總數爲一百零八萬九千八百斛；太康元年官俸總數爲一百四十七萬八千二百斛，年絹總數爲三十五萬五千七百疋，參表3303「泰始元年官員年俸支出總數表」、表 3304「太康元年官員年俸支出總數表」、表3305「泰始元年官員年絹支出總數表」。

六、西晉諸侯奉秩占全國之比例

　　在計算出西晉全國租調收入與諸侯俸秩收入後，便可進一步探究諸侯俸秩在全國租秩收入之大約比例。在泰始元年部分，全國田租收入爲五百八十六萬五千斛，諸侯食租約一百五十六萬零六百七十八斛，比例約百分之二十六點六；全國戶調收入爲二百八十一萬疋，諸侯俸秩約七十八萬零三百三十九疋，比例

〔註132〕《晉書》，卷24，〈職官志〉所記乃分春、秋二季賜予，不過此處所記爲一年總和，故不分春、秋。

約百分之二十七點八。在太康元年部分，全國田租收入爲一千二百二十一萬八千八百五十六斛，諸侯食租約二百四十二萬七千二百斛，比例約百分之二十；全國戶調收入爲六百二十三萬五千八百七十五疋，諸侯俸秩約一百二十一萬三千六百疋，比例約百分之十九點六。也就是說，泰始元年諸侯俸秩約佔全國租調收入四分之一，而太康初年則佔五分之一，比例可謂相當之高，參看表3308「泰始元年與太康元年諸侯占全國租調收入比例表」。

　　另一方面，亦可綜合官俸加以討論。泰始元年官俸佔全國田租比例約百分之十八點六；太康元年官俸約佔百分之十二點一，年絹約佔百分之五點七。若與諸侯食租結合，則泰始元年官爵食俸約佔全國收入百分之四十五點二；太康元年官爵食俸佔百分之三十二點一，年絹約佔百分之二十五點三。

七、未能計算與考慮之部分

1. 三品縣侯以下

　　當中包括縣侯、鄉侯、亭侯、關內名號侯、關外侯等。〔註133〕這些爵位雖然等級較低，仍有食邑，即如晉武帝詔云「皆食本戶十分之一」即是。〔註134〕但現有史料幾無記載三品縣侯以下之食邑數與封爵人數，故無法列入計算。

2. 公主、縣君、鄉君、太妃等湯沐邑

　　如扶風王司馬亮之母伏氏，咸寧初「以扶風池陽四千一百戶爲太妃伏氏湯沐邑」；〔註135〕又武帝之外曾祖母楊氏，泰始中封鄉君邑五百戶；〔註136〕其他公主、縣鄉君等亦有湯沐邑。不過同樣現有資料中對於女性封君的數量與食邑情形未有明確記載，無法得知其詳。又《晉書》記載：「有司奏依漢故事，皇后太子各食湯沐邑四十縣，而（晉武）帝以非古典，不許。」〔註137〕表示漢代皇后與太子各有四十縣的湯沐邑，至晉武帝時方取消之。但不知此

〔註133〕〈晉官品〉所載七品爲關外侯，然而翻諸晉書，唯見關中侯，未有關外侯之例，無從得知實際情況爲何。

〔註134〕《晉書》，卷3，〈武帝紀〉，頁53。又目前學界皆以此條說明西晉時期三品縣侯以下食邑比例爲十分之一，然而本條旨在給予「舊勳」更好的待遇，是否能代表所有縣侯以下（包括軍功與事功封爵者），則尚可商榷。不過此問題與本文無直接相關，故僅附記之，不另加以論證。

〔註135〕《晉書》，卷59，〈汝南王亮傳〉，頁1591。

〔註136〕《晉書》，卷31，〈文明王皇后傳〉，頁952。

〔註137〕《晉書》，卷31，〈武元楊皇后傳〉，頁952。

制之詳細內容爲何，及曹魏時期是否曾採行此制，甚爲可惜。

3. 宗室、官僚、士人之免稅問題

西晉可免稅之人，除了九品以上官可按官品高低「蔭其親屬」外，「宗室、國賓、先賢之後及士人子孫亦如之」，[註138] 也就是說，在西晉之人口資料中，應有一部份宗室、官僚、士人等戶不必納稅，不過到底比例爲何，無從查證，

4. 皇帝之用度及額外之賞賜

西晉時期，皇帝每逢國有慶典之時，常有賞賜群臣吏民之舉，如泰始四年「律令成，封爵賜帛各有差」，咸寧二年「賜諸散吏至於士卒絲各有差」等。[註139] 或大臣致仕、去世之時，亦有所賞賜，如王祥致仕時，賜「錢百萬，絹五百匹」，去世時則賜「錢三十萬，布帛百匹」；鄭沖致仕時賜「錢百萬，絹五百匹」，去世時則賜「錢三十萬，布百匹」等。[註140] 或臣下有功、有能之時，亦加賞賜，如泰始五年「以汲郡太守王宏有政績，賜穀千斛」，咸寧元年「已故鄴令夏護有清稱，賜穀百斛」等。[註141] 這些賞賜亦佔國家財政支出之一部分，但未有明確數字。

5. 中央與地方之比例分配問題

上述所假設者，爲依照標準租調額之全部收入，但這些收入有多少留在地方，多少送入中央，以及各地軍隊糧食衣裝之來源爲何，均無法考慮。

6. 西晉諸侯俸秩的取得

西晉諸侯之俸秩，是留在所封之郡縣，由諸侯或世子至當地取用；或是由國相將租秩運至中央，再轉與諸侯，則不得而知。[註142]

7. 諸侯俸秩是否皆給予實物

眾所周知，魏晉南北朝爲自然經濟時期。[註143] 然而西晉時期諸侯俸秩佔國家財政比例甚高，尤其泰始元年時，國家尚未統一，亟需糧食布帛以備

〔註138〕《晉書》，卷 26，〈食貨志〉，頁 790。
〔註139〕《晉書》，卷 3，〈武帝紀〉，頁 56、65。
〔註140〕《晉書》，卷 33，〈王祥傳〉，頁 989。《晉書》，卷 33，〈鄭沖傳〉，頁 993。
〔註141〕《晉書》，卷 3，〈武帝紀〉，頁 59、64。
〔註142〕趙翼以爲諸侯封地之食租應由受爵者自行往取，參（清）趙翼著，欒保群、呂宗力校點，《陔餘叢考》，卷 16，「漢、唐食封之制」條，頁 295-296
〔註143〕參全漢昇，〈中古自然經濟〉，收入全漢昇，《中國經濟史研究（一）》（臺北：稻香出版社，2003 再版），頁 1-141。

戰，故是否諸侯俸秩皆給予實物，則尚有疑慮。如武帝時「梁、趙二王，國之近屬，貴重當時，（裴）楷歲請二國租錢百萬，以散親族」，〔註144〕一方面梁、趙二國之租至少有一部份以錢方式給予，另一方面代表當時之錢（至少在洛陽一帶）具有貨幣功能，否則裴楷「散之親族」的只是一些廢鐵，無法達到「賑濟」的本意。因此西晉時期諸侯俸秩是否皆給予實物，可另討論之。

8. 西晉時常有全國性或地方性的租稅減免

如泰始元年「復天下租賦及官市之稅一年，逋債宿負皆勿收」，泰始六年「復隴右五郡遇寇害者租賦」，泰始七年「詔交趾三郡、南中諸郡，無出今年戶調」等。〔註145〕也就是說，事實上每年全國的實際財政收入未必能達到制度上所規定的數額。

綜上所述，若加上三品縣侯以下食邑與公主、縣鄉君之湯沐邑，之前所計西晉封（賜）爵之租秩支出比例應更加提高；再加上皇帝之額外賞賜，以及扣除可免稅之官僚、士人，西晉的國家財政光是支付官僚之祿（官）秩（爵），就已佔去相當大的比例。

八、小 結

1. 諸侯食邑比例與戶數的下降

兩漢時期，列侯食邑比例為全食或二分食一，〔註146〕且食邑數動輒數千，甚至上萬；而西晉時期五等爵食邑比例為三分食一，食邑數又各有上限，除特殊情形外，少有超過一千八百戶者。因此，由食邑比例與食邑數的差別來看，漢代列侯可得之租稅應較西晉為高。黃惠賢、陳鋒則針對漢魏的列侯與西晉五等爵的俸秩有約略的估算，認為即使擁有同樣的食邑數，在不同的封地可能會有不同額度的租秩收入；同時。〔註147〕不過東漢列侯人數較少，即使東漢光武

〔註144〕《晉書》，卷35，〈裴秀附楷傳〉，頁1048。又《世說新語·德行》所記略同。

〔註145〕《晉書》，卷3，〈武帝紀〉，頁51、60-61。

〔註146〕關於漢代封君的食租率，馮輝以為三十稅一，即全食；谷霽光、杜紹順以為是三十稅一之半，即二分食一。無論是全食或二分食一，皆較西晉三分食一為高。見馮輝，〈漢代封國食邑制度的本質〉，載《求是學刊》，6（哈爾濱，1983）。谷霽光，〈論漢唐間賦稅制度的變化〉，頁167-168。杜紹順，〈漢代封君「衣食租稅」辨〉，載《華南師範大學學報》，3（廣州，1989），頁87-91、100。

〔註147〕黃惠賢、陳鋒指出，漢代食封者經濟收入較多，西晉則對封邑收入作出限制，因此西晉每位受爵者的食邑總額遠低於漢代的列侯。參黃惠賢、陳鋒主編，《中

帝大封列侯，不過二百餘人；而魏晉之際只五等爵就五六百人，尚不包含列侯與關內侯以下。故純以封爵人數來說，西晉遠遠超過東漢。但漢代封爵以軍功為主，立軍功者其家未必富有，故經濟利益常成為成為這些人努力得爵的動力，而國家也藉此鼓勵臣民多立軍功；而西晉封五等爵者，多為家世較為富有的士族，且多同時擔任官職，又有占田、蔭戶等經濟優待，封爵的租稅對他們來說，並非主要的收入來源，他們所看重的其實是爵位背後的身份與地位。因此即使每個受爵者的食邑數與比例皆較過去有所下降，並無對此表達異議者。〔註148〕

2. 西晉奉秩佔國家財政比例

前文已算出西晉諸侯王與五等爵佔國家財政比例約百分之二十至百分之二十五間，看似超過東漢甚多；但東漢諸侯王與列侯食邑數甚多，食邑比例較高，而西晉初期天下尚未統一，諸王食邑數不高，五等爵也有食邑額的限制，加上食邑比僅三分食一，即使一併計算列侯（十分食一），其總數可能與東漢時期相差不多。不過東漢戶口尚繁，稅收較多即使王侯全食租稅，其佔國家比例不會太高；而西晉在歷經大亂後，戶口銳減，即使諸侯食邑總額較東漢稍低，在國家財政上仍為較高比例。

3. 國家支付龐大王侯租稅開銷之因

至於西晉政權為何要支付如此龐大的開銷，來維持爵制系統，可能是皇權為了穩定國家秩序而設。上述百分之二十至二十五的比例，是結合諸侯王與五等爵的計算結果，以泰始元年為例，可見的諸侯王食邑總數約二十萬戶，加上未載食邑數之王（以小國五千戶計），約二十三萬戶，佔王侯總食邑數四分之一強；扣除諸侯王，五等爵的食邑比例可能只有百分之十五左右。在泰始元年後，異姓諸侯只有在太康元年平吳時，有部分功臣獲得增封進爵的機會，其餘新封增邑者，多為同姓諸王。從國家角度而言，平吳之後，全國歸於統一，戶口增加，又廢除州郡兵，在財政方面來說，自有更大餘裕可給予受爵者。因此武帝在太康年間大封諸子弟，又多增封邑。如武帝諸子「封中土者皆五萬戶」，而司馬柬特封八萬戶；〔註149〕司馬穎在太康末受封為成都王，食邑十萬戶；

國俸祿制度史》，頁149。

〔註148〕 但黃惠賢、陳鋒認為，西晉五等諸侯的「封邑收入遠遠超過俸祿收入」，代表租秩收入對西晉高級官僚仍有一定的助益。黃惠賢、陳鋒主編，《中國俸祿制度史》，頁152。

〔註149〕《晉書》，卷64，〈秦王柬傳〉，頁1720。

其餘宗室封王侯者食邑亦有所增加。與泰始元年諸王大國二萬戶相較，太康年間同姓王侯所封之爵食邑數皆有大幅提升。異姓封爵也是如此，觀平吳功臣之食邑數，多爲六千戶以上，一方面是因爲他們以軍功封爵，故食邑數較多；另一方面，當時新領土、新戶口的增加，也使得西晉政府有更多籌碼增加封爵的食邑數。到了太康末年時，諸侯王的食邑總額可能已佔王侯總數的一半。泰始到太康年間諸侯王與五等爵食邑比例變化的原因，可能是泰始之初政權剛輪替，南方尚有孫吳有待解決，在軍國大局皆未穩定之際，皇權必須多倚賴士族的力量，以保持政治秩序的穩定；至太康平吳後，全國統一，司馬氏在北方的統治也趨於安定，在內情勢較爲穩固的前提下，皇權有意識的加強諸侯王的勢力，間接提升皇權的實力。〔註151〕因此西晉皇室作爲士族的領導者，皇帝是以「第一家族」的代表君臨天下，「因而其家族成員有資格也有必要取得更大權勢以保持其優越地位」，〔註152〕雖然西晉諸侯奉秩佔國家財政比例甚高，但西晉皇權與宗室力量並未因而衰弱，反而日趨強大。

表3101　曹魏西晉時期受爵者封地分佈表〔註153〕

封國	建安年間	黃初元年	太和元年	甘露三年	咸熙元年	泰始元年	咸寧三年	太康十年
司州	9	4	2	2	5	13	8	13
兗州	2	3	2	3	7	14	15	18
豫州	4	5	6	8	10	21	16	27
冀州	3	2	4	11	12	17	21	28
幽州	2	2	3	3	4	6	6	9
平州	——	——	——	——	——	——	1	0
并州	2	1	1	5	6	7	9	9
雍州	——	2	2	3	7	8	8	7
秦州	——	——	——	——	——	——	1	3
涼州	1	0	0	1	0	0	0	1

〔註150〕《晉書》，卷59，〈成都王穎傳〉，頁1615。

〔註151〕本田濟認爲，西晉異姓功臣原燻封爵的食邑數遠低於同姓之皇子皇弟，代表異姓功臣的政治經濟實力遠低於皇子皇弟。參本田濟，〈魏晉における封建論〉，頁44。

〔註152〕唐長孺，〈西晉分封與宗王出鎮〉，收入唐長孺，《魏晉南北朝史論拾遺》（北京：中華書局，1983），頁144。

〔註153〕本表是根據本文所附「漢末魏晉封爵總表」製成。

梁　州	——	1	1	1	1	1	1	2
益　州	1	0	0	0	0	0	2	1
寧　州	——	——	——	——	——	——	0	0
青　州	2	2	0	2	10	14	10	20
徐　州	0	1	3	4	12	9	14	14
荊　州	0	3	2	4	9	13	14	24
揚　州	2	1	0	1	1	1	6	11
交　州	0	0	0	0	1	0	0	0
未　知	3	2	2	2	10	6	9	12
總　計	31	29	28	50	95	130	141	199

表 3102　曹魏西晉時期受爵者本籍分佈表 〔註 154〕

本　　籍	建安年間	黃初元年	太和元年	甘露三年	咸熙元年	泰始元年	太康十年
司　州	5	1	2	3	8	10	11
兗　州	1	1	3	4	8	9	8
豫　州	4	1	7	7	14	15	18
冀　州	0	2	3	6	10	10	10
幽　州	2	4	5	5	8	8	8
平　州	——	——	——	——	——	——	1
并　州	2	1	1	4	7	11	13
雍　州	0	1	1	1	4	4	6
涼　州	4	0	0	1	1	1	1
梁　州	——	0	1	1	1	0	2
益　州	0	0	0	0	0	1	0
青　州	0	0	0	1	1	4	5
徐　州	1	0	2	4	6	7	6
荊　州	2	0	1	2	2	4	4
揚　州	2	0	0	2	3	4	10
未　知	2	1	2	4	5	4	8
小　計	25	12	28	45	78	92	111
曹　氏	4	17	21	25	25	29	26
司馬氏	——	——	——	5	18	30	49
總　計	29	29	49	75	121	151	186

〔註 154〕本表是根據本文所附「漢末魏晉封爵總表」製成。

表 3103　曹魏西晉時期受爵者封國與本籍對照表〔註155〕

封爵者	黃初元年	太和元年	正始元年	嘉平元年	甘露三年	咸熙元年	泰始元年	太康十年
同　縣	3	3	5	5	7	2	2	2
同　郡	3	6	11	11	18	9	9	12
同　州	2	5	4	5	7	15	24	26
異　州	3	6	6	6	14	15	23	38
未　知	3	4	6	6	6	12	5	10
舊　爵	0	0	0	0	0	18	30	29
小　計	14	24	32	33	52	71	93	117
曹　氏	15	1	0	0	0	7	29	20
司馬氏	——	——	——	——	——	——	1	8
總　計	29	25	36	37	55	78	123	145

表 3104　泰始元年封國占州郡行政單位比例表〔註156〕

	郡	國	百分比	縣	國	百分比
司　州	8	0	0	99	13	13%
兗　州	8	4	50%	56	12	21%
豫　州	11	6	55%	85	20	23%
冀　州	13	9	69%	83	15	18%
幽　州	6	2	33%	34	6	17.6%
平　州	5	0	0	26	0	0
并　州	5	1	20%	45	7	15.6%
雍　州	6	1	16.7%	39	6	15%
涼　州	8	0	0	46	0	0
秦　州	5	1	2%	24	2	8%
梁　州	7	0	0	44	1	2.3%
益　州	8	0	0	44	0	0
寧　州	4	0	0	45	0	0

〔註155〕本表是根據表3101「曹魏西晉時期受爵者封地分佈表」、表3102「曹魏西晉時期受爵者本籍分佈表」所製成。

〔註156〕本表是參考《晉書·地理志》與本文所附「漢末魏晉封爵總表」所製成。又本表僅得根據目前可見之一百餘國分析，並非西晉泰始元年的完整資料，故此處之百分比僅供參考。

青　州	6	4	66%	37	14	38%
徐　州	6	4	66%	61	9	14.8%
荊　州	8	1	12.5%	74	13	17.6%
揚　州	2	0	0	11	1	9%
交　州	7	0	0	53	0	0
廣　州	10	0	0	68	0	0
加　　總	116	33		853	119	

表 3105　太康元年封國占州郡行政單位比例表〔註157〕

	郡	國	百分比	縣	國	百分比
司　州	12	0	0%	99	13	13.1%
兗　州	8	5	62.5%	56	13	23%
豫　州	10	5	50%	85	22	25.9%
冀　州	13	13	100%	83	17	20.5%
幽　州	7	3	42.9%	34	6	17.6%
平　州	5	0	0	26	0	0
并　州	6	1	16.7%	45	8	17.8%
雍　州	7	1	14.3%	39	6	15.4%
涼　州	8	0	0	46	1	2.2%
秦　州	6	1	16.7%	24	2	8.3%
梁　州	8	1	12.5%	44	1	2.3%
益　州	8	1	12.5%	44	0	0
寧　州	4	0	0	45	0	0
青　州	7	4	57%	37	16	43.2%
徐　州	7	4	57%	61	10	16.4%
荊　州	23	4	17.4%	169	20	11.8%
揚　州	19	4	21%	173	7	4%
交　州	7	0	0	53	0	0
廣　州	10	0	0	68	0	0
加　　總	175	45	——	1231	142	——

〔註157〕本表是參考《晉書・地理志》與本文所附「漢末魏晉封爵總表」所製成。又本表僅得根據目前可見之一百餘國分析，並非西晉泰始元年的完整資料，故此處之百分比僅供參考。

表 3201　曹魏時期諸侯王、公主、王太妃家臣表〔註 158〕

王　國	公　主	王太妃
保	家　令	家　令
傅	僕	僕
相	丞	丞
常　侍	行夜督郵	
侍　郎		
郎中令		
中　尉		
大　農		
文　學		
友		
謁者大夫		
諸雜署令		
丞		

〔註 158〕本表主要是參考《通典・職官十三》「歷代王侯封爵」所載而製。

表3202　西晉諸侯王與五等爵國官表

大國王	員	品	次國王	員	品	小國王	員	品	郡公國	員	品	郡侯國	員	品
內　史	1	五	內　史	1	五	內　史	1	五	相	1	五	相	1	五
郎中令	1	六	郎中令	1	六	郎中令	1	六	郎中令	1	六	郎中令	1	六
中　尉	1	六	中　尉	1	六	中　尉	1	六	中　尉	1	六	中　尉	1	六
大　農	1	六	大　農	1	六	大　農	1	六	大　農	1	六	大　農		六
左常侍〔註159〕	3		左常侍	3		左常侍	3							
右常侍	3		右常侍	3		右常侍	3							
典書令	1	八	典書令	1	八	典書令	1	八	典書令	1	八	典書令	1	八
侍　郎	2	八	侍　郎	2	八	侍　郎	2	八	侍　郎	2	八			
上軍將軍〔註160〕	1	六	上軍將軍	1	六	上軍將軍	1	六	上軍將軍	1	六	上軍將軍	1	六
中軍將軍	1	六												
下軍將軍	1	六	下軍將軍	1	六									
典祠令	1	八	典祠令	1	八	典祠令	1	八	典祠令	1	八	典祠令	1	八
典衛令	1	八	典衛令	1	八	典衛令	1	八	典衛令	1	八	典衛令	1	八
學官令	1	八	學官令	1	八	學官令	1	八	學官令	1	八	學官令	1	八
典書令丞	1		典書令丞	1		典書令丞	1		典書令丞	1		典書令丞	1	
治　書	4		治　書	4		治　書	4		治　書	4		治　書	4	
中尉司馬	1		中尉司馬	1		中尉司馬	1							
世子庶子	1		世子庶子	1		世子庶子	1		世子庶子	1		世子庶子	1	
陵　長	1	九	陵　長	1	九	陵　長	1	九	陵　長	1	九	陵　長	1	九
廟　長	1	九	廟　長	1	九	廟　長	1	九	廟　長	1	九	廟　長	1	九
牧　長	1	九	牧　長	1	九	牧　長	1	九	牧　長	1	九	牧　長	1	九
謁　者	4	九	謁　者	4	九	謁　者	4	九	謁　者	4	九	謁　者	4	九
中大夫	6	九	中大夫	6	九	中大夫	6	九	中大夫	6	九	中大夫	6	九
舍　人	10		舍　人	10		舍　人	10		舍　人	10		舍　人	10	
典醫丞	1	九	典醫丞	1	九	典醫丞	1	九	典醫丞	1	九	典醫丞	1	九
典府丞	1	九	典府丞	1	九	典府丞	1	九	典府丞	1	九	典府丞	1	九
師	1	六	師	1	六	師	1	六						
友	1	六	友	1	六	友	1	六						
文　學〔註161〕	1	六	文　學	1	六	文　學	1	六						

〔註159〕張興成指出，「從《宋書》記載來看，只有大國置左右常侍，次國和小國並未設置此職」，參張興成，〈西晉王國職官制度考述〉，頁55。

〔註160〕張興成認為「《通典・晉官品》定王國將軍為第六品頗成問題」，參張興成，〈西晉王國職官制度考述〉，頁55。

〔註161〕張興成認為由曹魏與劉宋友、文學皆為六品來看，西晉之友、文學也是第六品，參張興成，〈西晉王國職官制度考述〉，頁55。

大國王	員	品	縣公國	員	品	縣侯國	員	品	伯子男國	員	品			
內　史	1	五	相	1	八	相	1	八	內　史	1	八			
郎中令	1	六	郎中令	1		郎中令	1							
中　尉	1	六												
大　農	1	六	大　農	1										
左常侍	3													
右常侍	3													
典書令	1	八	典書令	1	八	典書令	1	八	典書令	1	八			
侍　郎	2	八	侍　郎	2	八									
上軍將軍	1	六												
中軍將軍	1	六												
下軍將軍	1	六												
典祠令	1	八	典祠令	1		典祠令	1		典祠令	1				
曲衛令	1	八	曲衛令	1		曲衛令	1		曲衛令	1				
學官令	1	八	學官令	1		學官令	1							
典書令丞	1		典書令丞	1		典書令丞	1		典書令丞	1				
治　書	4		治　書	4		治　書	4		治　書	4				
中尉司馬	1													
世子庶子	1		世子庶子	1		世子庶子	1		世子庶子	1				
陵　長	1	九	陵　長	1		陵　長	1		陵　長	1				
廟　長	1	九	廟　長	1		廟　長	1		廟　長	1				
牧　長	1	九	牧　長	1		牧　長	1		牧　長	1				
謁　者	4	九	謁　者	4	九	謁　者	4	九	謁　者	4	九			
中大夫	6	九	中大夫	6	九	中大夫	6	九	中大夫	6	九			
舍　人	10		舍　人	10		舍　人	10		舍　人	10				
典醫丞	1	九	典醫丞	1	九	典醫丞	1	九	典醫丞	1	九			
典府丞	1	九	典府丞	1	九	典府丞	1	九	典府丞	1	九			
師	1	六												
友	1	六												
文　學	1	六												

表 3203　東晉諸侯王與五等爵國官表〔註162〕

大國王	員	次國王	員	小國王	員	公　國	員	侯　國	員	伯子男國	員
內　史	1	內　史	1	內　史	1	相	1	相	1	相	1
郎中令	1	郎中令	1	郎中令	1	郎中令	1	郎中令	1		
中　尉	1	中　尉	1	中　尉	1						
大　農	1	大　農	1	大　農	1	大　農	1				
左常侍	3	左常侍	3	左常侍	3						
右常侍	3	右常侍	3	右常侍	3						
侍　郎	2	侍　郎	2	侍　郎	2	侍　郎	2				
上軍將軍	1	上軍將軍	1	上軍將軍	1						
中軍將軍	1										
下軍將軍	1	下軍將軍	1								
典書令	1	典書令	1	典書令	1	典書令	1	典書令	1	典書令	1
典祠令	1	典祠令	1	典祠令	1	典祠令	1	典祠令	1	典祠令	1
典衛令	1	典衛令	1	典衛令	1	典衛令	1	典衛令	1	典衛令	1
學官令	1	學官令	1	學官令	1	學官令	1	學官令	1		
典書令丞	1	典書令丞	1	典書令丞	1	典書令丞	1	典書令丞	1	典書令丞	1
治　書	4	治　書	4	治　書	4	治　書	4	治　書	4	治　書	4
中尉司馬	1	中尉司馬	1	中尉司馬	1						
世子庶子	1	世子庶子	1	世子庶子	1	世子庶子	1	世子庶子	1	世子庶子	1
陵　長	1	陵　長	1	陵　長	1	陵　長	1	陵　長	1	陵　長	1
廟　長	1	廟　長	1	廟　長	1	廟　長	1	廟　長	1	廟　長	1
牧　長	1	牧　長	1	牧　長	1	牧　長	1	牧　長	1	牧　長	1
謁　者	4	謁　者	4	謁　者	4	謁　者	4	謁　者	4	謁　者	4
中大夫	6	中大夫	6	中大夫	6	中大夫	6	中大夫	6	中大夫	6
舍　人	10	舍　人	10	舍　人	10	舍　人	10	舍　人	10	舍　人	10
典醫丞	1	典醫丞	1	典醫丞	1	典醫丞	1	典醫丞	1	典醫丞	1
典府丞	1	典府丞	1	典府丞	1	典府丞	1	典府丞	1	典府丞	1
師	1	師	1	師	1						
友	1	友	1	友	1						
文　學	1	文　學	1	文　學	1						

〔註162〕本表是參照《宋書・百官下》與《通典・職官十三》「歷代王侯封爵」、《通典・職官十九》所載《晉官品》製成。

表 3204　《晉書·地理志》所載有國相者與魏晉封爵重合者表〔註163〕

	國　名	始封者	封爵原因	備　註
程　■	廣年侯國	程　喜	從鄧艾伐蜀	
滿　瑋	昌邑侯國	滿　寵	曹魏功臣	
鍾　駿	定陵侯國	鍾　繇	曹魏功臣	
曹　馥	樂城侯國	曹　洪	曹魏功臣	
張　■	鄚侯國	張　郃	曹魏功臣	
張　統	晉陽侯國	張　遼	曹魏功臣	
臧　■	良成侯國	臧　霸	曹魏功臣	
文　■	新野侯國	文　聘	曹魏功臣	
盧　藩	容城侯國	盧　毓	曹魏舊臣	
邢　■	高平侯國	邢　貞	曹魏舊臣	疑爲出使之功
王　濬	襄陽侯國	王　濬	平吳功臣	
王　戎	安豐侯國	王　戎	平吳功臣	
唐　彬	上庸侯國	唐　彬	平吳功臣	
黃　邕	淯陽侯國	黃　權	降　魏	原爲蜀將
羅　■	西鄂侯國	羅　憲	守城拒吳	原爲蜀將
滕　脩	武當侯國	滕　脩	吳滅降晉	原爲吳將
陶　璜	宛陵侯國	陶　璜	吳滅降晉	原爲吳將
曹　翕	廩丘公國	曹　翕	曹魏宗室	
曹　志	鄄城公國	曹　志	曹魏宗室	
曹　嘉	高邑公國	曹　嘉	曹魏宗室	
卞　■	開陽侯國	卞　秉	曹魏姻親	
郭　釗	觀津侯國	郭　釗	曹魏姻親	
■　■	宋侯國	■　■	三恪之後	
劉　康	山陽公國	劉　協	漢朝之後	《晉書·武帝紀》

〔註163〕本表是根據《晉書·地理志》與《三國志》、《晉書》諸列傳、（清）胡聘之《山
　　　　右石刻叢編》（太原：山西人民出版社，1988）所製。

表 3205 泰始元年大次小國制度比較表 〔註 164〕

王	戶邑數			公 侯	戶邑數
		泰 始 元 年			
大 國	20000	三軍	5000	大 國	≧10000
次 國	10000	二軍	3000	次 國	≧5000
小 國	5000	一軍	1500	小 國	＜5000

表 3206 咸寧三年大次小國及五等爵制度比較表 〔註 165〕

爵	戶 邑 數	咸寧三年	軍隊人數	守 土
大國王		三 軍	5000	100
次國王		二 軍	3000	80
小國王	五千戶以上	一 軍	1500	60
小國王	不滿五千戶	一 軍	1100	60
縣 王	三千戶	一 軍	1100	60
推恩公	如五千戶國	一 軍	1500	60
推恩侯	如不滿五千戶國	一 軍	1000	60
郡 公	如小國王	中尉領之	1500	60
郡 侯	如不滿五千戶王	中尉領之	1100	60
縣 公			1500	60
縣 侯				
伯子男以下		不置軍		

表 3207 咸寧三年所行同姓推恩制度表 〔註 166〕

同姓支子	始 封 王 子		承 封 王 子		繼承封王子	
大 國	公	如五千戶國	侯	如不滿五千戶國	伯	
次 國	公	如五千戶國	侯	如不滿五千戶國	伯	
五千戶以上小國	子					
五千戶以下小國	男					
公 侯	男					

〔註 164〕本表是根據《晉書‧地理志》與《晉書‧職官志》所製。
〔註 165〕本表是根據《晉書‧地理志》與《晉書‧職官志》、《晉書‧職官十九》引《晉官品》所製。
〔註 166〕本表是根據《晉書‧地理志》與《晉書‧職官志》所製。

表 3208 　西晉爵制開國相關制度對照表〔註167〕

爵　位	茅　土	輿地圖	內史國相	三　卿	諸署令長	軍　隊	家丞庶子
王	○	○	○	○	○	○	×
郡　公	△	○	○	○	○	○	×
郡　侯	△	○	△	○	○	○	×
縣　公	△	○	△	△	△	×	×
縣　侯	△	○	△	△	△	×	×
軍功公侯	△	○	○	△	△	×	×
伯	△	○	△	×	△	×	×
子	△	○	△	×	△	×	×
男	△	○	△	×	△	×	×
三品縣侯	×	△	△	×	×	×	○
鄉　侯	×	△	×	×	×	×	○
亭　侯	×	△	×	×	×	×	○
關內侯	×	×	×	×	×	×	×
關外侯	×	×	×	×	×	×	×

表 3301 　泰始元年全國諸侯俸秩支出總數表〔註168〕

泰始元年	穀			絹		
	可見諸侯	未知諸侯	總　計	可見諸侯	未知諸侯	總　計
封戶總數	380339	400000	780339	380339	400000	780339
每戶租調	2	2	——	1	1	——
總　計	760678	800000	1560678	380339	400000	780339

〔註167〕本表是根據本章第二節所論各項諸侯開國制度整理而成。本表中標示○者，
　　　　表示此爵位有相應的開國制度；標示×者，表示此爵位無相應的開國制度；
　　　　標示△者，表示資料不夠充足，無法判斷此爵位是否有相應的開國制度。
〔註168〕本表是根據《晉書·地理志》、《晉書·食貨志》與本章第三節諸學者對西晉
　　　　租調的解釋綜合而成。

表 3302　太康元年全國諸侯俸秩支出總數表〔註169〕

太康元年	穀			絹		
	可見諸侯	未知諸侯	總　計	可見諸侯	未知諸侯	總　計
封戶總數	773600	450000	1223600	773600	450000	1223600
每戶租調	2	2	———	1	1	———
總　計	1547200	900000	2447200	773600	450000	1223600

表 3303　泰始元年官員年俸支出總數表〔註170〕

泰始元年	中　　期　　官					外　官	總　計
	一　品	二　品	三　品	尚　書	四品以下		
年　俸	1800	1440	1080	600	200	200	———
人　數	15	25	60	8	786	4000	4894
總　計	27000	36000	64800	4800	157200	800000	1089800

表 3304　太康元年官員年俸支出總數表〔註171〕

太康元年	中　　期　　官					外　官	總　計
	一　品	二　品	三　品	尚　書	四品以下		
年　俸	1800	1440	1080	600	200	200	———
人　數	15	25	60	8	786	5942	6836
總　計	27000	36000	64800	4800	157200	1188400	1478200

〔註169〕本表是根據《晉書‧地理志》、《晉書‧食貨志》與本章第三節諸學者對西晉
　　　　租調的解釋綜合而成。
〔註170〕本表是根據《晉書‧地理志》、《晉書‧職官志》、《晉書‧食貨志》與《通典‧
　　　　職官十九》引《晉官品》綜合而成。
〔註171〕本表是根據《晉書‧地理志》、《晉書‧職官志》、《晉書‧食貨志》與《通典‧
　　　　職官十九》引《晉官品》綜合而成。

表 3305　泰始元年官員年絹支出總數表 〔註 172〕

太康元年	中　　期　　官					外　官	總　　計
	一　品	二　品	三　品	尚　書	四品以下		
年　絹	300	200	150	100	50	50	——
人　數	15	25	60	8	786	5942	6836
總　計	4500	5000	9000	800	39300	297100	355700

表 3306　泰始元年全國租調收入表 〔註 173〕

租	曹魏舊地	梁州益州	寧州	總計
穀	4 斛	3 斛	0.5 斛	——
戶數	1300000	210000	70000	1580000
總計	5200000	630000	35000	5865000
調	曹魏舊地	梁州益州	寧州	總計
絹	2 疋	1 疋	——	——
戶數	1300000	210000		1510000
總計	2600000	210000		2810000

表 3307　太康元年全國租調收入表 〔註 174〕

租	曹魏舊地	秦梁益	平涼寧交廣	總　計		
穀	5.6 斛	3 斛	0.5 斛	——		
戶　數	2023185	263020	199920	2486125		
總　計	11329836	789060	99960	12218856		
調	曹魏舊地	平　涼	交　廣	秦梁益	寧　州	總　計
絹	3 疋	2 疋	1 疋	——	——	——
戶　數	2023185	48800	68720			2140705
總　計	6069555	97600	68720			6235875

〔註 172〕 本表是根據《晉書‧地理志》、《晉書‧職官志》、《晉書‧食貨志》與《通典‧職官十九》引《晉官品》綜合而成。

〔註 173〕 本表是根據《晉書‧地理志》、《晉書‧食貨志》與本章第三節諸學者對西晉租調、人口的解釋綜合而成。

〔註 174〕 本表是根據《晉書‧地理志》、《晉書‧食貨志》與本章第三節諸學者對西晉租調、人口的解釋綜合而成。

表 3308　泰始元年與太康元年諸侯占全國租調收入比例表〔註 175〕

穀（斛）	全國收入	諸侯食租	比例	中央官俸	比例	地方官俸	比例
泰始元年	5865000	1560678	26.6%	289800	5%	800000	13.6%
太康元年	12218856	2447200	20%	289800	2.4%	1188400	9.7%
絹（疋）	全國收入	諸侯俸秩	比例	中央年絹	比例	地方年絹	比例
泰始元年	2810000	780339	27.8%	——	——	——	——
太康元年	6235875	1223600	19.6%	58600	0.9%	297100	4.8%

〔註 175〕本表是綜合本章第三節對諸侯奉秩的計算、官員年俸年絹總支出與全國租調
　　　　收入整理而成。

第四章　西晉禮法秩序與官僚體系下的五等爵制

　　在前兩章中，已針對五等爵的歷史脈絡與爵制運作提出初步的說明。至於本章所討論的重點，是爵位在禮法與官僚秩序中的地位，及制度參考的來源背景。

　　首先，在官僚體系方面，漢代官爵仍呈現分離狀態，制度上兩者亦無法直接對應；魏晉之際所推行的官品制度，將爵納入官品秩序中，使官職與爵位在制度上可相互援引比附。但因爵制與官制剛開始磨合，在對應上並不明確，如同為二品，驃騎將軍、車騎將軍金印紫綬，侯伯子男則為金章朱綬；同為三品，散騎常侍、光祿大夫銀印青綬，縣侯金印紫綬等，皆為其例。經過南北朝的磨合調整，至唐代官爵之間的對應才趨於健全。加上士族對周制的嚮往，使得爵制在官品秩序中，時常超越同品之官，而比擬於周代諸侯；但在某些方面，西晉時期五等爵的規定未必以周制為參考，而是依照漢魏故事或配合當時政治局勢來進行安排。

　　在禮制方面，開建五等是「恢復」周制的成果之一，雖然沒有實際的分土與分民，至少制度中士族已擁有「諸侯」的身份。因此士族可以諸侯的身份，來實踐儒家經典中的各項制度，如立廟、朝覲等，這是漢代士人、儒生無法達到的。由於這些制度過去只存在於經典之中，在士人實踐諸侯禮時，常發生經典記載與現實情況衝突之例；為了化解理想與現實的衝突，魏晉南北朝的世人對諸侯禮的討論相當熱烈。

　　在法制方面，西晉律令已有專門的〈諸侯律〉與〈王公侯令〉，顯示西晉君臣相當重視對諸侯的規範；而在法制上對諸侯的特殊待遇，諸如八議、贖

刑等，也是恢復周制的表現之一。但諸侯犯法在制度上仍須加以處罰，爵位只是減刑或抵罪之用，不能因擁有爵位而無罪，所謂「禮不下庶人，刑不上大夫」的儒家理想，在現實中並未真正實踐；另一方面，皇權推翻朝議的情形時常出現，其干涉的結果常使有罪者大罪化小、小罪化無，無罪者有時反遭受懲罰，這也是兩漢以來皇權凌駕於法律之上的延續，也象徵當時皇權仍有一定勢力。

　　整體來看，西晉五等爵在禮法官制中的安排，所參考者包含儒家經典、漢魏故事，以及配合當時政治環境而制定，但在不同的情況，則有不同的依循原則。如果是攸關皇權威望的大事，甚至牽涉到「封建」與「郡縣」的問題，基本上會採取漢魏故事或另設新制；至於一般朝覲、元會之禮，或八議、贖爵之法，則多援引周制。所以西晉的五等爵，與周制、漢制皆不相類，似為折衷二者的創新體系，其背後原因為何，則是個可以討論的課題。本章企圖從皇權與士族間的利害衝突與彼此調整來解釋西晉的官僚體系與禮法秩序。

第一節　五等爵在爵制秩序中的安排

　　在許多儒家經典中，都記載著周人之五等爵制，不論這些制度是否確實在周代施行過，已成為後世士人所仰望的典範，歷來許多改制多以復周制為名而展開，也成為漢儒提倡改制的依據。但在王莽改制失敗後，東漢的儒生不敢再大聲疾呼復五等爵，只能從其他方面體現其支持的一面，直到漢末曹魏時期，才再次出現公開呼籲恢復五等爵的聲音。漢魏士人對五等爵抱持高度的興趣與嚮往，其表現方式有兩種，一是在奏議或論述中提到五等爵，宣揚五等爵制的優點，其中以《白虎通》最具代表性。《白虎通》綜合經典對五等爵的解釋，可以發現這些儒者不只是在讚揚過去的制度，同時也希望這個制度能落實於當代，這也反映出漢魏士人對「恢復」五等爵的期待。另一種情形，就是以當時爵制比附五等爵。漢代士人儒生在理解周爵時，是同時包含「內爵」與「外爵」的，即《白虎通》云「公卿大夫何謂也？內爵稱也。內爵稱公卿大夫何？爵者，盡也。各量其職，盡其才也」，〔註1〕鄭玄亦云「爵謂公侯伯子男卿大夫士也」，〔註2〕代表漢儒視官（卿大夫士）為爵制的一環，

〔註1〕《白虎通疏證》，卷1，〈爵〉，頁16-17。
〔註2〕《周禮》，卷2，〈天官大宰〉，頁22。

似藉此彌補漢代無五等爵及漢儒無爵之情形。而魏明帝時，高堂隆將大司馬、大將軍、山陽公、衛公、郡王、縣王比擬爲公侯伯子男之命，〔註3〕同樣是以當代制度來比擬周制，亦爲其例。可知在西晉開建五等之前，已有許多公開或私下期望復五等爵的聲浪，故西晉五等爵在制度上是創新，但在理念上則是完成漢魏士人的期望。

在現實層面，兩漢的高爵爲列侯、關內侯，在制度上的規定僅金印紫綬、執璧，以及在朝會典禮之位次，〔註4〕與五等爵無直接關係；在現有資料中，曹魏時期列侯制度的史料亦不多。至曹魏後期司馬氏掌權後，由於復五等爵是司馬氏家傳的政治理想之一，〔註5〕因此在禪代之際，便「革魏餘弊，遵周舊典」，〔註6〕除恢復五等爵外，也作了許多制度上的安排與調整，使爵制秩序更加完整。以下將針對西晉時期之爵制秩序進行考察，並對照經典及漢魏故事，試圖釐清西晉改制在爵制方面的走向。

一、五等爵之等級與禮儀秩序

1. 置妾（附車前司馬、旅賁）

在漢代已見王侯置妾的規定，如「諸侯王得置姬八子、孺子、良人，徹侯得置孺子、良人」，〔註7〕即爲其例。西晉對置妾的規定，似只是對漢制加以調整，而非創新；至於置妾的多寡，則取決於身份的高低。《魏書》云：

> （元孝友嘗奏表曰）《晉令》：諸王置妾八人，郡公、侯妾六人。《官品令》：第一、第二品有四妾，第三、第四有三妾，第五、第六有二妾，第七、第八有一妾。〔註8〕

又根據《太平御覽・封建部》，公妾六人，侯妾五人，伯妾四人，子妾三人，男妾二人。〔註9〕由上可知，縣級公侯伯子男之妾數呈等差遞減，而郡公、郡侯與縣公同，皆有妾六人。

《太平御覽》又舉出了公侯伯子男可擁有之車前司馬與旅賁數，同樣是

〔註3〕　《通典》，卷75，〈禮三十五〉「天子上公及諸侯卿大夫士等贄」，頁2049-2050。
〔註4〕　《後漢書》，志28，〈百官五〉，頁1610-1611。
〔註5〕　參陳寅恪，〈崔浩與寇謙之〉，頁143。
〔註6〕　《晉書》，卷37，〈宗室傳序〉，頁1114。
〔註7〕　參張家山二四七號漢墓整理小組，《張家山漢墓竹簡：二四七號墓》（北京：文物出版社，2001），〈二年律令・置吏律〉，頁163。
〔註8〕　《魏書》，卷18，〈臨淮王譚附彧傳〉，頁423。
〔註9〕　《太平御覽》，卷199，〈封建部二〉，頁958-959。

按照等級而遞減，參表4101「西晉五等爵制度規範表」。由此可見，西晉諸侯制度在置妾與司馬、旅賁人數方面是以爵等高低作為考量。又公為一品，侯伯子男為二品，其妾數與卻與第一、二品之官不同，也代表即使「爵入官品」，官與爵在部分制度規定上仍為不同系統。

2. 宮　城

兩漢王侯雖就國，似無王侯宮城高度大小的相關規定。至西晉時期，博士孫毓、段暢等人曾經對諸侯之宮城提出意見：

> 公之城蓋方九里，宮方九百步；侯伯之城方七里，宮方七百步；子男之城方五里，宮方五百步。……又如禮，諸侯之城隅高七丈，門阿皆五丈。又禮，諸侯以為殷屋。今諸王封國，雖有大小，而所理舊城，不如古制，皆宜仍舊。其造立宮室，當有大小之差。然周典奢大，異於今儀，步數之限，宜隨時制。〔註10〕

換言之，即諸侯的宮城大小與高低，應依照古禮加以施行。但一方面諸侯多未就國，如此措施在耗費人力物力之餘，諸侯實際上少能入居其中；另一方面若皇權給予諸侯一定程度的宮城，相當於培植諸侯在封地的勢力，可能會造成類似春秋時期魯三桓的情形。因此在現實因素的考量下，這項制度未被採用。

3. 墳高與樹種

在經典中，可見對於墳高與所種樹之規定，《禮系》云「天子墳高三雉，諸侯半之，卿大夫八尺，士四尺。天子樹松，諸侯樹柏，卿大夫樹楊，士樹榆，尊卑差也」，〔註11〕即明確規定身份不同者之差異。又《周禮》云「以爵等為丘封之度，與其樹數」，鄭玄引《漢律》云「列侯墳高四丈，關內侯以下至庶人各有差」，〔註12〕也就是說，在漢代根據身份（爵位）的高低，墳高亦有所不同。西晉則缺乏史料加以比較，可能有此制度而不見記載。

4. 諸侯之國官

《周禮》規定公侯伯之卿三命，大夫再命，士一命；而子男之卿再命，大夫一命，士不命。〔註13〕根據《晉官品》，王郡公侯的三卿、國將軍為六品，

〔註10〕　《通典》，七十一，〈禮三十一〉「諸王公城國宮室服章車旗議」，頁1957。
〔註11〕　《太平御覽》，卷557，〈禮儀部三六〉引《禮系》，頁2520。
〔註12〕　《周禮》，卷22，〈春官冢人〉，頁139。
〔註13〕　《周禮》，卷21，〈春官典命〉，頁135。又《左傳》僖公二十九年云「在禮，卿不會公侯，會伯子男可也」，杜預的解釋是「大國之卿，當小國之君，故可

諸侍郎、諸雜署令為八品，諸署長為九品，〔註14〕並未因王、公、侯的差異，而有等級的區隔；且《周禮》三命相當於《晉官品》之七品，與王郡公侯之卿六品亦不合；再加上伯子男似未有卿，〔註15〕故西晉時期之卿在品位排序上與《周禮》所記有所不同。要到蕭梁與北魏之時，對於五等爵之卿在品位上的排序，才作了明顯的區隔。〔註16〕至於西晉國官制度與漢魏不同之處，在於漢魏列侯唯有家丞、庶子，而西晉之郡公侯雖為異姓，亦有三卿及國官，故西晉較之漢魏，可謂更接近經典所記周制。

5. 世 子

漢魏似無以列侯之子為世子之制，亦無世子監國及相關禮儀之規範，其襲爵者要在繼承爵位後，才有列侯的身份。至西晉開建五等後，方有與經典相近的世子制度。晉博士孫毓等曾對世子之制有所討論，試引如下：

> 按《周禮典命職》:「凡諸侯之嫡子，誓於天子，攝其君，則下其君一等。」謂公之子如侯伯而執珪，侯伯之子如子男而執璧。……周制，諸侯以功德入為王卿士，則上卿理其國事。今諸王公侯受任天朝，而嫡子攝其君事，車服禮數，國封大小，領兵軍數，自當如本制，而王公侯遣上卿及軍將掌其事，合於古義。今之車服，與古禮不同，依禮應下其君一等。其嫡子皆以有爵命，印綬冠服佩玉之制，宜如本令。〔註17〕

又《晉書·輿服志》記載「王公之世子攝命理國者，安車，駕三，旗旄七旒，其封侯之世子五旒」，〔註18〕即如前所述「下其君一等」，公旗九旒，其世子七旒；侯旗七旒，其世子五旒。故世子之制與周禮可謂相近。

6. 封地大小與食邑數

在封地大小與食邑比例上，漢魏似未見明確規定，至西晉方有固定之數。《晉書·地理志》云：

以會伯子男」，然而公侯伯之卿為三命，子男為五命，並不相當，未知其所指為何。參《春秋經傳集解》，卷7，〈僖公下〉，頁129。

〔註14〕《通典》，卷37，〈職官十九〉，頁1005-1006。

〔註15〕其論證請參照第三章第二節。

〔註16〕參《隋書》，卷26，〈百官志上〉，頁728-729；（北齊）魏收撰，《魏書》（北京：中華書局，1974），卷113，〈官氏志〉，頁2971-2976。

〔註17〕《通典》，卷71，〈禮三十一〉「諸王公侯留輔朝政嫡子監國議」，頁1961。

〔註18〕《晉書》，卷15，〈輿服志〉，頁762。又《通典·禮二十五》略同。

> 晉文帝爲晉王，命裴秀等建立五等之制，惟安平郡公孚邑萬户，制
> 度如魏諸王，其餘縣公邑千八百户，地方七十五里，大國侯邑千六
> 百户，地方七十里，次國侯邑千四百户，地方六十五里，大國伯邑
> 千二百户，地方六十里，次國伯邑千户，地方五十五里，大國子邑
> 八百户，地方五十里，次國子邑六百户，地方四十五里，男邑四百
> 户，地方四十里。〔註19〕

再加上《太平御覽》所載，次國男邑二百户，地方三十五里，西晉之封地與
食邑制度大致如此。〔註20〕先論封地。根據上述史料，則縣級公侯伯子男
之封地，自七十五里至三十五里不等，而《周禮》規定公侯伯子男的範圍自
五百里至一百里不等，〔註21〕《禮記》則謂「公侯田方百里，伯七十里，
子男五十里」。〔註22〕在這當中，西晉制度與《周禮》、《禮記》制度皆不相
同，可能因爲咸熙改制時，司馬昭尚爲晉王，並非皇帝；又當時尚未平吳，
荊、揚、徐等州仍爲前線，又需要許多軍事物資；且當時封五等爵者有六百
餘人，若按照經典記載分配，則封地明顯不足。因此在領地的部分，可謂配
合當時需求而設計，與經典有所差距；然而相較於漢魏，在等級上仍有一定
的秩序。〔註23〕

在食邑方面，晉制縣級五等爵自一千八百户至二百户不等，食邑比例則
爲三分食一；〔註24〕《周禮》規定「凡頒賞地，參之一食」，鄭玄的解釋是「賞
地之稅，參分司稅，王食其一也，二全入於臣」，〔註25〕也就是諸侯所食爲三
分之二，而國家（天子）爲三分之一。而西晉時期，則爲諸侯食三分之一，
國家有三分之二。《周禮》又云公之食邑比例爲二分之一、侯伯三分之一、子
男四分之一，共三等，〔註26〕與前述之差別，則爲前云「賞地」，後云「邦國」，
似後者方爲周爵食邑之制，然西晉未採取此類等差比例之制，統一以三分食

〔註19〕《晉書》，卷14，〈地理志上〉，頁414。
〔註20〕參《太平御覽》，卷199，〈封建部二〉，頁958-959。
〔註21〕《周禮》，卷10，〈地官大司徒〉，頁70。
〔註22〕鄭玄爲調和二說，即云《禮記》所記乃殷制，《周禮》所記則爲周制，故兩者
　　　 並不衝突。見《禮記》，卷4，〈王制〉，頁41。
〔註23〕當然，也有封地超過此數者，如桓溫死後追「增七千五百户，進地方三百里」，
　　　 然而此乃東晉之事，西晉則未見其例。參《晉書》，卷98，〈桓溫傳〉，頁2580。
〔註24〕《晉書》，卷14，〈地理志上〉，頁415。
〔註25〕《周禮》，卷30，〈夏官司勳〉，頁187。
〔註26〕《周禮》，卷10，〈地官大司徒〉，頁70。

一為制。而等差食邑比例之制，要到北魏才得以實現。〔註27〕另外，漢代已出現「分民」的型態，即《晉書・地理志》所云「古者有分土而無分民，若乃跨州連郡，小則十有餘城，以戶口為差降，略封疆之遠近，所謂分民，自漢始也」，因此西晉的食邑制可謂繼承漢代而來，與古「分土」不同。總之，在封地或食邑數上，除「分民」的概念一脈相承之外，晉制多與漢制不同，更加制度化、等級化，而又與經典有所差異。

7. 近郊田

在經典中，諸侯在王畿內亦有采田，而兩漢無載。到了西晉，王侯在京師附近占田的情形相當嚴重，故有司提出依等級限田之建議：

> 詔書「王公以國為家，京城不宜復有田宅。今未暇作諸國邸，當使城中有往來處，近郊有芻藁之田」。今可限之，國王公侯，京城得有一宅之處。近郊田，大國田十五頃，次國十頃，小國七頃。城內無宅城外有者，皆聽留之。〔註28〕

在這當中所提及者，唯王公侯，未及伯子男，且大國、次國、小國之分，亦只適用於公侯，未知伯子男是否有近郊田。但相較於改制前王侯任意占田的情形，這次改制至少在名義上對官僚占田的數量作出現至。

8. 明　堂

明堂是儒家經典中的周制之一，而《禮記》在記載明堂位時，亦云「明堂也者，明諸侯之尊卑也」，且詳細記載三公與侯伯子男之位：

> 三公，中階之前，北面東上。諸侯之位，阼階之東，西面北上。諸伯之國，西階之西，東面北上。諸子之國，門東，北面東上。諸男之國，門西，北面東上。〔註29〕

而東漢亦行明堂，如漢明帝時「初祀五帝於明堂，光武帝配」，〔註30〕未提及諸侯是否陪位。不過《通典》記載東漢公卿諸侯之冠冕時，又云「助天子郊祀天地、明堂則冠之。魏因漢故事。……晉因之」，〔註31〕可知東漢皇帝行明堂禮時，公卿諸侯應參與助祭，唯不知諸侯所立之位是否與《禮記》所載有

〔註27〕參《魏書》，卷113，〈官氏志〉，頁2971-2976。

〔註28〕《晉書》，卷26，〈食貨志〉，頁790。

〔註29〕《禮記》，卷9，〈明堂位〉，頁115。

〔註30〕《後漢書》，志8，〈祭祀中〉，頁3181。

〔註31〕《通典》，卷57，〈禮十七〉，頁1602。

所差異。魏晉亦行明堂，制度與東漢相近，公卿亦參與陪祭。可知在明堂制度中，東漢已依古禮行之，晉承漢制，亦與古禮相近。

9. 贄

執贄亦爲古禮之一，是每年再次確認君臣關係的重要禮儀，〔註32〕《周禮》即載公執桓圭九寸，侯執信圭七寸，伯執躬圭七寸，子執穀璧五寸，男執蒲璧五寸；〔註33〕又云「卿執羔，大夫執雁，士執贄」，〔註34〕按照不同身份，所獻之物也不同。東漢亦有獻贄之禮，後漢書即載每年正月「及贄，公侯璧，中二千石、二千石羔，千石、六百石雁，四百石以下雉」，〔註35〕與周禮大體相合。西晉執贄制度仍繼承東漢，〈咸寧注〉所記獻贄之物與《後漢書》全同。〔註36〕然而漢晉之制唯言公侯執璧，未知五等爵施行後，諸侯所執之璧是否如《周禮》所載，有九寸、七寸、五寸之別，以及圭、璧之分。

10. 封爵季節

在封爵的季節上，《禮記》云在立夏之日「行賞，封諸侯，慶賜遂行」，而孟秋之月「毋以封諸侯」。東漢曹魏士人亦主張此說，故鄭玄曰「今封諸侯則違古」，而王肅〈聖證論〉亦云「孟夏之月，天子行賞，封諸侯，慶賜，無不忻悅，故《左傳》賞以春夏是也。」〔註37〕仍以春夏作爲封爵時節。到了西晉，則有不同看法。如張融云「按〈洛誥〉，成王命周公後，封伯禽以周之正。《易屯卦》云『宜建侯』。據二經，周人封諸侯，不以秋夏也。」束皙則云「〈月令〉所記，非一王之制，凡稱古者，無遠近之限，未知夏封諸侯，何代之典。秋祭田邑，夏乎？殷乎？而王據〈月令〉以非〈祭統〉，鄭宗〈祭統〉而疑〈月令〉，無乃俱未通哉！莫若通以三代說兩氏而不俱一也。」〔註38〕簡析兩人意見，張融認爲根據《書》、《易》所記，周人封爵應在春（正月）而不在夏秋；束皙則以爲夏秋之封乃三代通制，未必爲西周之定制。再從魏末晉初幾次較大規模來看，咸熙元年七月建五等爵，泰始元年十二月百官增封進爵，咸寧三年八月徙封諸

〔註32〕關於每年元會委贄與君臣關係的討論，參渡邊信一郎，《天空の玉座——中國古代帝國の朝政と儀禮》，頁116-118。

〔註33〕《周禮》，卷37，〈秋官大行人〉，頁240。又《周禮・春官大宗伯》略同。

〔註34〕《周禮》，卷18，「春官大宗伯」，頁120。

〔註35〕《後漢書》，志五，〈禮儀中〉，頁3130。

〔註36〕《晉書》，卷21，〈禮志下〉，頁652。

〔註37〕《通典》，卷71，〈禮三十一〉「春夏封諸侯議」，頁1954。

〔註38〕《通典》，卷71，〈禮三十一〉「春夏封諸侯議」，頁1954-1955。

王，太康元年五月封平吳功臣，太康元年十一月徙封諸王出鎮。〔註39〕在上述諸例中，四季皆有封爵情事，看不出有集中於某季的情形，故張融、束皙之言，也可以說是爲「封爵不時」的情形，作出較合理的解釋。

11. 就　國

在儒家經典中，除了爲王卿士者外，封諸侯者皆需就國。東漢時期諸王、列侯無官者仍須就國；至曹魏時期，由於受爵者身份結構的改變，同時具有官爵身份者甚多，故「以侯就第」的情形屢見不鮮。〔註40〕西晉時期，諸王公侯多聚集於洛陽，直到咸寧三年，調整封國制度，遣諸王公侯就國，故「諸公皆戀京師，涕泣而去」；〔註41〕到了太康十年，又改封諸王，「並假節之國，各統方州軍事」。〔註42〕雖然遣諸侯之國，並加以方任，會產生一些問題，故荀勗云「諸王公已爲都督，而使之國，則廢方任，又分割郡縣，人心戀本，必用嗷嗷，國皆置軍，官兵還當給國，而闕邊守」，〔註43〕似已預見此舉將導致諸侯割據的局面。不過就國委方任者唯有諸侯王與公侯，似未包含伯子男以下爵；至太康元年平吳後，方面都督幾以同姓宗室爲主，少以異姓出鎮，應爲晉武帝有心的安排。〔註44〕除此之外，西晉制度之本意爲「其仕在天朝者，與之國同，皆自選其文武官，諸入作卿士，而其世子年已壯者，皆遣蒞國」，〔註45〕而強制就國制度是在武帝中後期所推行，並非改定禮儀時之原意。因此，在現實因素考量下，西晉初期的王侯多未就國，與儒家經典、漢魏故事皆異。

12. 朝　覲

所謂「朝覲」，《禮記》解釋爲「天子當依而立，諸侯北面而見天子，曰覲；天子當宁而立，諸公東面，諸侯西面，曰朝。」〔註46〕《周禮》釋爲「春朝諸侯而圖天下之事，秋覲以比邦國之功，夏宗以陳天下之謨，冬遇以協諸侯之慮」，〔註47〕在實際運作方面，《周禮》云「凡諸侯之邦交，歲相問也，

〔註39〕以上並見《晉書・武帝紀》。
〔註40〕關於就國的討論，請參第三章第一節。
〔註41〕《晉書》，卷24，〈職官志〉，頁745。
〔註42〕《晉書》，卷3，〈武帝紀〉，頁79。
〔註43〕《晉書》，卷39，〈荀勗傳〉，頁1154。
〔註44〕參唐長孺，〈西晉分封與宗王出鎮〉，頁127-137。
〔註45〕《晉書》，卷24，〈職官志〉，頁745。
〔註46〕《禮記》，卷1，〈曲禮下〉，頁13。
〔註47〕《周禮》，卷37，「秋官大行人」，頁239。

殷相聘也，世相朝也」，又云「令諸侯春入貢，秋獻功，王親受之，以其國之籍禮之」，〔註48〕《禮記》則云「諸侯之於天子也，比年一小聘，三年一大聘，五年一朝」。綜合二書所記，可知諸侯應定時面見天子。而曹魏之時因猜忌諸王，使「藩王不得朝覲」；〔註49〕至西晉泰始年間，方制定朝覲之法：

> 諸侯之國，其王公以下入朝者，四方各為二番，三歲而周，周則更始。
> 若臨時有故，卻在明年。明年來朝之後，更滿三歲乃復朝，不得違本
> 數。朝裡皆親執璧，如舊朝之制。不朝覲之歲，各遣卿奉聘。〔註50〕

此處云三年一朝，與《禮記》「五年一朝」有異，然至少朝覲體系已重新建立。不過要行朝覲之禮，最重要的前提是諸侯必須就國，然後從封國至首都朝覲。然而在咸熙、泰始之初，諸侯多未就國，而是留在中央或至地方任官，因此直至咸寧三年定就國之論後，朝覲制度才較為完備，在咸寧三年以前，大抵以世子或三卿代為獻禮。在咸寧三年以王公侯就國後，朝覲之制應有一定的實際效用，如王浚「太康初，與諸王侯俱就國，三年來朝」，〔註51〕便符合三年一朝的規定，又是受爵者本人前來朝覲，即為其例。總之，朝覲制度至西晉日趨完備，與經典相近。

13. 傳　封

所謂傳封，即除了自身之爵傳與嫡子（世子）外，將舊爵（進封前之爵）留給次子；及因功或皇帝賜與而另有一爵，可將其爵傳給次子或兄弟、兄弟之子。將舊爵留給次子者，即如泰始二年詔「五等之封，皆錄舊勳。本為縣侯者傳封次子為亭侯，鄉侯為關內侯，亭侯為關中侯，皆食本戶十分之一」。〔註52〕以功另封爵者，如劉弘「論平張昌功，應封次子一人縣侯，弘上疏固讓，許之」，紀瞻「論討王含功，追封華容子，降先爵二等，封次子一人亭侯」等。〔註53〕此制乃漢魏時期所無，經典亦未記載，應是當時環境背景下之新產物。

14. 立　社

在封地立社方面，《禮記‧祭法》云「諸侯為百姓立社，曰國社；諸侯自

〔註48〕《周禮‧秋官》之大行人、小行人，頁 242。
〔註49〕《晉書》，卷 21，〈禮志下〉，頁 651。
〔註50〕《晉書》，卷 21，〈禮志下〉，頁 651-652。
〔註51〕《晉書》，卷 39，〈王沈附浚傳〉，頁 1146。
〔註52〕《晉書》，卷 3，〈武帝紀〉，頁 53。
〔註53〕《晉書》，卷 66，〈劉弘傳〉，頁 1766。《晉書》，卷 68，〈紀瞻傳〉，頁 1823。

爲立社，日侯社」，又云「諸侯爲國立五祀，日司命、日中霤、日國門、日國行、日公厲；諸侯自爲立五祀」。但西晉時期少有提及諸侯立社者，而從晉惠帝策封何攀文有「錫茲玄社，苴以白茅」之語，疑西晉有諸侯立「社」之制，然不知所立者爲「國社」或「侯社」。

二、五等爵的輿服制度

1. 車　飾

後漢制度，「公侯乘安車，朱班輪，飛軨，倚鹿較，伏熊軾，皂繪蓋，黑轓，右騑，旂九斿，鏤錫叉䯱，朱鑣朱鹿，朱文，絳扇汗，青翅鷖尾。」〔註54〕而晉制「郡縣公侯，安車駕二，右騑。皆朱班輪，倚鹿較，伏熊軾，黑轓，皂繪蓋。」〔註55〕由上文來看，晉制與漢制相當接近，大體爲沿襲而來。不過上文所記爲郡縣公侯，伯子男是否與公侯同，暫無法得知其詳。

2. 駕

關於西晉車駕之制，可由以下兩段文字略知一二。據《通典》所載：

（安車）晉制因之。天子所御則駕六，其餘並駕四。三公下至九卿，各一乘，公駕三，特進駕二，卿駕一。〔註56〕

同書又云：

（晉制）諸公給朝車駕駟、安車黑耳駕三。自祭酒掾下及令史，皆皂零。特進以下，諸將軍非持節都督者，給安車黑耳駕二。三公、九卿、二千石，皆大車立乘，駕四。去位致仕告老，賜安車駕四。……中二千石、二千石，皆皂蓋，朱兩轓，銅五末，駕二。千石、六百石，朱左轓。王公之元子攝命理國者，安車，駕三。〔註57〕

由上引兩段文字看來，西晉車輿制度表面上似無法整理出明確的區別。不過在後段文字（暫稱「乙文」，後同）中三公、九卿、二千石部分爲「大車」駕四，並非安車。若將前段文字（暫稱「甲文」，後同）「其餘並駕四」句移除，加上甲文又云郡縣公侯安車駕二，重新將甲乙兩文加以排比，則可約略看出晉制排序，參見表4101「西晉五等爵制度規範表」。也就是天子駕六，去位致

〔註54〕《通典》，卷65，〈禮二十五〉「公侯大夫等車輅」，頁1824。
〔註55〕《晉書》，卷25，〈輿服志〉，頁762。又《通典・禮二十五》略同。
〔註56〕《通典》，卷64，〈禮二十四〉「安車」，頁1803。
〔註57〕《通典》，卷65，〈禮二十五〉「公侯大夫等車輅」，頁1824。

仕告老者駕四，諸公、王公元子攝命理國者駕三，郡縣公侯、特進、諸將軍非持節都督、中二千石、二千石駕二，卿駕一。當中須注意者有二，一為卿秩數為中二千石，然中二千石駕二，而卿駕一，其因未詳；一為郡縣公侯駕二，而王公元子攝命理國者駕三，公之元子（世子）駕數較其父（諸侯）為高，與《周禮》規定「凡諸侯之適子，誓於天子，攝其君，則下其君之禮一等」不同，〔註58〕也因此孫毓等人才會提出「今（嫡子）之車服，與古禮不同，依禮應下其君一等」之語。〔註59〕

3. 旗　物

　　東漢時期，對公侯的規定是「旒九旌」，〔註60〕大概只要是列侯，不論縣鄉亭侯，皆為九旒，無等級之區別。至晉則有所改變，《晉書》即云：

　　　公旗旒八旒，侯七旒，卿五旒，皆畫降龍。〔註61〕

又晉博士孫毓、段暢等議，云「今制從簡除之餘，諸王從公者出就封，朝祀之車，宜路車駟馬，建大旂九旒，畫交龍」，〔註62〕則當時公侯卿各有等差。而《周禮》將旗物分為數類，其中「日月為常，交龍為旂」，又云公之車旗以九為節，侯伯以七為節，子男以五為節；又云公建常九旒，侯伯七旒，子男五旒。〔註63〕而《儀禮》云「公侯伯子男皆就其旂而立」，〔註64〕《博雅》亦云「天子旗高九仞，諸侯七仞，大夫五仞，士三仞」。〔註65〕也就是儒家經典規定的旗物數為為公九、侯伯七、子男五，與晉制略同，因此西晉旗物之制應是參照儒家經典所定。至於伯子男是否有旗物之制則不確定，至少上文中似未包含伯子男在內。然而在實際上，這個制度在西晉似乎並未實踐：

　　　（新禮）諸侯之覲者，賓及執贄皆如朝儀，而不建旗。摯虞以為：「覲
　　　禮，諸侯覲天子，各建其旗。旗章所以殊爵命，示等威。《詩》稱『君

〔註58〕《周禮》，卷21，「春官典命」，頁135。
〔註59〕《通典》，卷71，〈禮三十一〉「諸王公侯留輔朝政嫡子監國議」，頁1961。
〔註60〕《通典》，卷65，〈禮二十五〉「公侯大夫等車輅」，頁1824。
〔註61〕《晉書》，卷25，〈輿服志〉，頁762。又《通典·禮二十六》略同。
〔註62〕《晉書》，卷61，〈禮三十一〉「諸王公城國宮室服章車旗議」，頁1957。
〔註63〕《周禮》，卷27，〈春官司常〉，頁172。《周禮》，卷21，〈春官典命〉，頁135。
　　　　《周禮》，卷37，〈秋官大行人〉，頁240。
〔註64〕《儀禮》，卷10，〈覲禮〉，頁154。又杜預云「諸侯建大旂，杠七仞，旂至地」，
　　　　則可能是引《禮緯》之說。參《通典》，卷84，〈禮四十四〉「設銘」，頁2274。
〔註65〕《北堂書鈔》，卷120，〈武功部八〉引《博雅》，頁529。

子至止，言觀其旂』。宜定新禮，建旗如舊禮。」詔可其議。然終晉
代，其禮不行。〔註66〕

這在表在西晉制度規範中，諸侯朝覲之時應備旗物，然而在現實因素的考量
下，「其禮不行」，制度與現實間仍有差別。

4. 服　飾

　　古代對綬帶、章、冕等的規定，主要作用是區分等級與地位的高低。〔註67〕
在東漢時期，對官爵服飾有等級上的限制，如《漢官儀》即對皇帝、王、侯將
軍、九卿、二千石等不同的官僚層級，有相應的服色及長度規定；〔註68〕在列
侯部分，基本上是金印、紫綬。〔註69〕而至漢末曹魏之時，在服色方面並無明
確的等級區分，故夏侯玄對當時的服制有所批評：

> 今科制自公列侯以下，位從大將軍以上，皆得服綾錦羅綺紈素、金
> 銀飾鏤之物，自是以下，雜綵之服，通於賤人，雖上下等級，各示
> 有差，然朝臣之制，已得侔至尊矣，玄黃之采，已得通於下矣。……
> 是故宜大理其本，準度古法文質之宜，取其中則，以爲禮度，車輿
> 服章，皆從質樸，盡除末俗華麗之事，使幹朝之家、有位之室，不
> 復有錦綺之飾，無兼采之服、纖巧之物。自上以下，至於樸素之差，
> 示有等級而已，勿使過一二之覺。〔註70〕

因此在咸熙改制之際，司馬氏集團便針對許多服制上的規定加以調整，使服
制秩序更加完備。由於西晉服飾的相關資料相當分散，在此先引數段較重要
之史料，並列表整理，再分類討論之。另外可單獨討論者，則獨立論之。

(1) 五等諸公，周官。金章、朱綬，朱質四采玄文，織百四十首。廣尺四寸，
　　長一丈六尺。朝服，進賢三梁冠。官品第二。地方七十五里，位視三公
　　班次，邑三千八百戶，國秩絹千八百匹。妾六人，車前司馬十四人，旅

〔註66〕《晉書》，卷21，〈禮志下〉，頁653。又《通典・禮十三》略同。
〔註67〕朱和平指出，漢代綬除了用作裝飾外，主要作用是用來區分等級與地位高下，
　　　　而此功用似仍爲後代所繼承。參朱和平，《中國服飾史稿》（鄭州：中州古籍
　　　　出版社，2001），頁156。
〔註68〕《北堂書鈔》引《漢官儀》對漢代官僚的綬色有清楚的描述，如諸王綬四采
　　　　絳地黃羽青黃綠，侯綬三采絳地縹紺等，參《北堂書鈔》，卷131，〈儀飾部・
　　　　綬〉引《漢官儀》，頁596-597。
〔註69〕栗原朋信認爲，兩漢的列侯是金印紫綬，而關內侯則無確切資料顯示其印綬。
　　　　參栗原朋信，《秦漢史の研究》（東京：吉川弘文館，1960），頁172-173。
〔註70〕《三國志》，卷9，〈魏書・夏侯尚附玄傳〉，頁139-140。

賁五十人。〔註71〕

（2）（後漢）孝明帝永平初，詔有司採《周官》、《禮記》、《尚書皋陶篇》夏侯氏說，冕皆廣七寸，長尺二寸，前圓後方，朱綠裏，玄上，前垂四寸，後垂三寸，繫白玉珠爲十二旒，以其綬采色爲組纓。三公諸侯七旒，青玉珠；卿大夫五旒，黑玉珠。皆有前無後，各以其色綬爲組纓，旁垂黈纊。助天子郊祀天地、明堂則冠之。魏因漢故事。……晉因之。〔註72〕

（3）晉制，（天子）盛服則雜寶爲佩，金銀校飾綬，黃赤縹紺四采。太子、諸王纁朱綬，赤黃縹紺。相國綠綟綬，三采，綠紫紺。郡公玄朱，侯伯青朱，子男素朱，皆三采。公嗣子紫，侯嗣子青，鄉、亭、關內侯紫綬，皆二采。郡國太守、內史青；尚書令僕射、中書監令、祕書監皆黑；丞皆黃，諸府丞亦然。〔註73〕

（4）（晉博士孫毓、段暢等議曰）禮，公之服自袞冕而下，侯伯自鷩冕而下，皆如王之服。祭服宜玄冕朱裏，玼玉三采九旒，繅三色九就，丹組纓，玄衣纁裳，畫九章，以事宗廟。其祀社稷山川，及其群臣助祭者，皆長冠玄衣。其位不從公者，皆以七爲節，其他則同諸王。朝服依漢魏故事，皆遠遊冠，五時服，佩山玄玉，不復以國大小爲差。其群臣侍從冠服，皆宜如服制令也。〔註74〕

綜合上述，可略分爲以下數類：

A. 綬色：分爲三等，公玄朱，侯、伯青朱，子、男素朱。

B. 章：五等爵皆爲金章。

C. 采：五等爵皆爲綠、紫、紺三采。

D. 冕：五等爵皆爲七旒。

E. 朝服：五等爵皆遠遊冠、五時（朝）服、山玄玉。

透過以上整理可知，在服飾印綬之別上，除綬色外，五等爵皆爲同一階層，無內部分別。在綬色部分特別作出區分，亦有實例，如山濤卒後，贈「新沓伯蜜印青朱綬」，〔註75〕可知當時制度確實如此，參見表4101「西晉五等爵

〔註71〕（唐）歐陽詢撰，《藝文類聚》（上海：上海古籍出版社，1999 新二版），卷51，〈封爵部・總載封爵〉引《晉百官表注》，頁 915-916。

〔註72〕《通典》，卷 57，〈禮十七〉「冕」，頁 1602。

〔註73〕《通典》，卷 63，〈禮二十三〉「天子諸侯玉佩劍綬璽印」，頁 1755。

〔註74〕《通典》，卷 71，〈禮三十一〉「諸王公城國宮室服章車旗議」，頁 1957-1958。

〔註75〕《晉書》，卷 43，〈山濤傳〉，頁 1227。

制度規範表」。

5. 祭祀服章

所謂祭祀的範圍，包含祭祀天地、明堂等。據《晉書》記載：

> 及中興後，（漢）明帝乃始採《周官》、《禮記》、《尚書》及諸儒記說，還備袞冕之服。……（晉制）天子備十二章，三公諸侯用山龍九章，九卿以下用華蟲七章，皆具五采。〔註76〕

可知東漢已備「袞冕之服」。至西晉時，諸侯王與五等爵助祭郊廟皆爲九章，〔註77〕仍繼承漢制。

6. 皮　弁

據《晉書》所記，「皮弁，以鹿皮淺毛黃白色者爲之。……纂，結也。天子五采，諸侯三采。天子則縫有十二，公九，侯伯七，子男五，孤四，卿大夫三。」〔註78〕當中公侯伯子男內部分爲三等，分別爲九、七、五，合於《周禮》所記之數。而諸侯之纂則皆爲三采，未有內部區別，即西晉皮弁制度乃繼承《周禮》而來。

7. 進賢冠

據《晉書》記載：

> 進賢冠，古緇布遺象也，斯蓋文儒者之服。前高七寸，後高三寸，長八寸，有五梁、三梁、二梁、一梁。人主元服，始加緇布，則冠五梁進賢。三公及封郡公、縣公、郡侯、縣侯、鄉亭侯，則冠三梁。卿、大夫、八座尚書、關中內侯、二千石及千石以上，則冠兩梁。〔註79〕

又《通典》云：

> （晉制）天子元服，始加則冠五梁進賢冠。三公及封郡公、縣侯、鄉亭侯則三梁。卿大夫下至千石則兩梁。中書門下至門郎小吏，並一梁。〔註80〕

綜合上述兩段文字，可知當中三公、五等諸侯及縣鄉亭侯皆爲三梁，卿大夫、

〔註76〕　《晉書》，卷25，〈輿服志〉，頁765。又《通典‧禮二十一》「君臣服章制度」略同。

〔註77〕　《晉書》，卷25，〈輿服志〉，頁765。

〔註78〕　《晉書》，卷25，〈輿服志〉，頁770。

〔註79〕　《晉書》，卷25，〈輿服志〉，頁767。

〔註80〕　《通典》，卷57，〈禮十七〉「緇布冠」，頁1606。

關內侯兩梁。三公與縣鄉亭侯在漢代已爲三梁，〔註81〕至晉雖品數不同，然仍維持三梁不變。而五等諸侯亦爲三梁，已是人臣中梁數最高者，與三公列侯同，故制度雖爲新設，大體仍承襲漢制。

上述西晉服飾的相關規定，大體較漢魏時期更爲詳細，諸侯與公卿大夫士之等級區別亦更加明確。然而五等爵內部秩序並無定制，有制度皆同者，有分三等者，亦有分五等者，未詳其中原因爲何。或許是在這些制度中，有些是復周朝舊典，有些是襲漢魏制度，才造成如此結果。

三、其　他

1. 總國數

在總國數方面，據《禮記・王制》所記，西周諸侯共一千七百七十三國，魏晉之際五等爵只有五、六百國；即使到了太康元年平吳，新封許多五等爵，似仍未至一千七百之數。至惠帝時期，政局漸亂，封爵大幅增加，雖然總數可能達到甚至超越此數，並非出於皇權主觀意志封爵，多爲掌權者濫封，因此不能相提並論。

2. 縣內縣外之分

根據《禮記》所載，「天子之縣內諸侯，祿也；外諸侯，嗣也」，鄭玄認爲即給予賢德之人內爵之卿大夫或關內侯爵號，俸祿如諸侯，然而不能世襲；有功之人才能獲得封爵，並傳於後代。孔穎達則釋爲縣內諸侯之子可繼承「故國采邑」，而不能繼承公卿大夫之位。〔註82〕也就是說，在漢末鄭玄認爲賢德之人爵號無法世襲，而唐初孔穎達則以爲縣內諸侯可以繼承采邑。當中的差異，就在於鄭玄並未解釋內外之分，所謂縣內、縣外，指的應是天子之縣（即王畿）內外的區別，孔穎達即以畿內、畿外加以區分。以鄭義而論，鄭玄是東漢末年人，未及見漢魏禪代，因此尚不知日後會出現普遍封爵之情形，〔註83〕其言論乃是主張賢德之人應有爵號。曹魏西晉時期，以事功或普遍封爵者日益增多，又可世襲，〔註84〕雖與鄭玄之論不同，從另一角度

〔註81〕《後漢書》，志30，〈輿服下〉，頁3666。
〔註82〕參（清）朱彬撰，饒欽農點校，《禮記訓纂》（北京：中華書局，1996），卷5，〈王制〉，頁171。
〔註83〕其論請參第二章第二節。
〔註84〕漢代關內侯不得襲爵，近於鄭玄所論。但至魏晉時期，關內侯似亦可襲爵，如邢友、羊嘉、楊豹等，皆繼承其父關內侯之爵；不能世襲爵位者，幾爲女

而言，亦可說是實踐鄭玄士人應有爵祿之議。就孔義而言，漢魏時期，王畿之內（司隸）已多有列侯之封；到了西晉，又由於現實因素的關係，〔註85〕西晉之司州（相當於王畿）仍有相當數量之封爵，且封司州者可襲爵，與孔穎達義相異。故《禮記》之文無論以鄭義或孔義來解，都與西晉之制不同，晉制可說是繼承漢魏制度，並配合當時的情形加以施行。

前述縣內諸侯之祿似可用《禮記・王制》之文「方伯爲朝天子，皆有湯沐之邑於天子之縣內，視元士」加以詮釋，諸侯在天子縣內爲湯沐邑，爲祿而不得傳封，亦符合西晉制度。《晉書・食貨志》即云國王公侯「近郊田，大國田十五頃，次國十頃，小國七頃」，其田相當於湯沐邑。若然，則晉制之意近於禮也。

3. 貢　士

《禮記・射儀》云「古者天子之制，諸侯歲獻貢士於天子，天子試之於射宮」，在儒家經典中，貢士爲諸侯的任務之一，且未確實執行貢士職責之諸侯尙會遭到處分。然而自東漢以來，諸王列侯並無地方人事實權，在地方進行貢舉者爲國相，而非受爵者本人。西晉時期亦然，一方面就國比例較東漢爲低，一方面封地之人事權仍爲國相、內史所掌握，故諸侯仍無貢士之責，與漢魏略同，而與經典相異。

四、小　結

現將上文所論簡短作成以下結論：

1. 西晉爵制秩序所參考的標的

在西晉爵制秩序參考背景部分，主要以儒家經典（周制）與漢魏故事（漢制）爲主，亦有配合當時政治需求而調整的部分。在「恢復」周制部分，包含立世子、近郊田、明堂、獻贄、朝覲、皮弁等；在繼承漢制方面，包括置妾、車飾、車駕、服章、進賢冠等；至於現實考量，則包含國官、食邑數與封地、封爵季節、就國與否、傳封、服飾等。大體看來，參照周制部分較多屬於朝廷之禮，參考漢制部分多爲諸侯本身的輿服等級，而在封爵的實際運作上，則以

性封君，這些人並非因賢而得爵。參《三國志》，卷12，〈魏書・邢顒傳〉，頁383。《三國志》，卷26，〈魏書・牽招傳〉，頁733。《三國志》，卷25，〈魏書・楊阜傳〉，頁708。
〔註85〕其論請參第三章第一節。

現實考量爲主。〔註86〕此外尚有部分制度是由朝臣提出，欲比附經典而遭擱置者，如立宮城之議、封地籍田之制、旗物設置等。這些制度都可能會影響國家秩序與皇權威嚴，因此皇權未直接否定朝臣之議，實際上並未加以推行。此外尚有許多儒家經典所載之制，如射儀、封疆等，由於資料不足，不知在西晉時期是否施行，參表 4102「儒家經典所載五等爵相關制度表」。因此，西晉改制雖號稱恢復周禮，〔註87〕實際上與儒家經典仍有相當落差。

綜合來看，西晉五等爵的制度來源，雖出於多門，但有依稀可辨的區別，就是非涉及實際爵制運作者，包括諸侯在朝之禮及輿服等級等，主要參考經典或漢魏故事；攸關諸侯制度在地方運作的部分，則多以現實考量爲主。就士人角度而言，復五等爵爲其長期以來的理想，其目的之一是在於以德爲封爵原則，以及士人得受五等之爵，以制定諸侯禮法。開建五等後，中高級士人官僚多得爵位，在典禮與輿服上又達到區分等級的目的，已基本滿足士人的需求。就皇權角度而言，只要不影響國家運作與皇權威嚴，大體上皆可依照士族期望恢復周制或參考漢制；另外有些可能會影響國家整體運作的制度，皇權多以現實因素爲考量，盡量降低個別諸侯在地方上的勢力。因此，在皇權與士人各有所需的情形下，西晉五等爵制便如同傅玄〈元會賦〉所云「考夏后之遺訓，綜殷周之典藝，採秦漢之舊儀，定元正之嘉會」，〔註88〕呈現多樣的特徵。

2. 五等爵等級區分的不同

五等爵的等級區分，可分爲外部與內部兩類。外部區別，即五等爵與其他官爵規定有所差距，或僅針對五等爵的規定者，如籍田推數、立明堂之位、朝覲之制、車駕、服章、皮弁、進賢冠等。內部區別，即公侯伯子男本身亦有三等或五等之差，如置妾、食邑數與封地、執璧長短、旗物等，公侯伯子男內部各有差別。但在某些部分，未必依照經典或漢魏故事，同樣是依照現實考量加以制定，如侯伯子男皆列二品、國官、世子就國之制、近郊田、車

〔註86〕陳寅恪指出，「所謂周禮者乃託附於封建之制度也，其最要在行封國制，而不用郡縣制，又其軍隊必略依周禮夏官大司馬之文即大國三軍、次國二軍、小國一軍之制。」實際上西晉、北周都只是用其皮毛，施行部分《周禮》所載制度，而未實踐其封國制之精神。參陳寅恪，《隋唐制度淵源略論稿》（石家莊：河北教育出版社，2002），頁 96。

〔註87〕參陳寅恪，〈崔浩與寇謙之〉，頁 145。

〔註88〕《晉書》，卷 21，〈禮志下〉，頁 649。

飾、服飾等。上述五等爵制外部與內部的區分，也代表當時制定爵制的過程中，似未有一貫體系，而是各依不同需求而定制。

3. 五等爵在等級秩序中的定位

如同《禮記・中庸》所云「序爵所以辨貴賤也」，對爵制秩序作各種規定的目的，就是要清楚界定等級的區分，不同的爵位應有各自的規定，如此國家秩序方能更加健全。然而西晉五等爵所恢復周制部分，多為禮儀與服制度，而於食邑、封國、行政等相關方面則仍舊繼承漢魏故事；也就是說，西晉改制致力於禮制與官僚秩序的建立，而未實行所謂的「封建」制度。因此荀勗云「其五等體國經遠，實不成制度，然但虛名，其於實事，略與舊郡縣鄉亭無異。」〔註89〕而劉頌亦云「今諸王裂土，皆兼於古之諸侯，而君賤其爵，臣恥其位，莫有安志，其故何也，法同郡縣，無成國之制故也。今之建置，宜使率由舊章，一如古典。」〔註90〕雖然西晉政權在制度上作了許多安排，讓爵制秩序更加健全，然而當時諸侯僅在禮制、身份及食邑等方面較漢代有進一步的擴大，仍無實際上的權力。在制度依循來源多門的情形下，五等爵的等級區分也呈現相對混亂的狀況。

第二節　西晉禮儀中對五等爵的規定

禮儀一直是儒家經典及學者所關注焦點之一，尤其在魏晉南北朝時期，對禮更加重視。〔註91〕在先秦的經典中，已有許多對禮的闡述，如《禮記・曲禮》云「夫禮者，所以定親疏、決嫌疑、別同異、明是非也」，而《荀子》理想中的國家型態為「貴賤有等，長幼有差，貧富輕重皆有稱者也」，〔註92〕可發現在儒家理念中，相當重視「禮」的地位，並以為禮是區分身份與責任的重要標準。

〔註89〕《晉書》，卷39，〈荀勗傳〉，頁1154。

〔註90〕《晉書》，卷46，〈劉頌傳〉，頁1299。

〔註91〕此點前輩學者多有論及，如藤川正數整理清人所輯之藝文志，指出西晉（及整個魏晉南北朝時期）對禮學的研究相當豐富，遠超過其他諸經。甘懷眞認為，魏晉南北朝的朝廷與士大夫階層各自擁有部分對禮經的解釋權，並以此建構政治秩序，或作為政治抗爭的手段。參藤川正數，《魏晉時代における喪服禮の研究》（東京：敬文社，1960），頁63。甘懷眞，〈漢唐間的喪服禮與政治秩序〉，收入甘懷眞，《皇權、禮儀與經典詮釋——中國古代政治史研究》（臺北：臺大出版中心，2004），頁397-399。

〔註92〕王先謙撰，《荀子集解》（北京：中華書局，1988），卷13，〈禮論〉，頁347。

禮作爲維護貴賤、尊卑、長幼等社會差異的工具，可達到儒家所期望的社會秩序，所以儒家相當重視禮，欲以禮作爲治世的手段。〔註93〕漢魏時期，由於儒生、士人在對於禮制的討論日趨頻繁，而鄭玄、王肅爲集大成者。然而漢魏時期在國家典制上，僅視需要作部分調整，並未作大幅的變動。至魏末晉初，士族集團掌權，針對禮制作整體的更動。《晉書・禮志》記載：

> 魏氏承漢末大亂，舊章殄滅，命侍中王粲、尚書衛覬草創朝儀。及晉
> 國建，文帝又命荀顗因魏代前事，撰爲新禮，參考今古，更其節文，
> 羊祜、任愷、庾峻、應貞並共刊定，成百六十五篇，奏之。〔註94〕

也就是西晉士族參考了儒家經典及漢魏故事，並配合現實需求來加以改制。但從長遠來看，魏晉之際的改制是中國儒家禮法體系建構的初步階段，制度中尚有許多模糊不清或窒礙難行之處。因此到了太康年間，摯虞便提出了異議：

> 鄭（玄）王（肅）祖經宗傳，而各有異同，天下並疑，莫知所定。
> 而（荀）顗直書古經文而已，盡除子夏傳及先儒注說，其事不可得
> 行。〔註95〕

由於西晉初年所制定的禮制尚未完備，摯虞便針對新禮中有疑問之處加以討論，「以元康元年上之，所陳惟明堂五帝二社六宗及吉凶王公制度，凡十五篇，有詔可其議。後虞與傅咸續續其事，竟未成功。中原覆沒，虞之〈決疑注〉，是其遺事也。」〔註96〕在魏末晉初所定之禮中，往往就是照抄經文，再加上鄭玄、王肅對經典的解釋有許多不同，因此在西晉，甚至延伸到東晉時期，摯虞、束晳等人提出許多意見，朝議對禮文也有多次討論，可知當時對禮的重視，及其內容之不確定性。

　　另外需提出說明者，上節所論強調的是等級與秩序的安排，本節則對於禮的內容及實質意義進行討論。漢魏原無五等爵，至魏末晉初方置，與新禮同時實施，因而在初創的過程中，產生許多新禮、漢魏故事與經典間的衝突。本節即以吉凶軍賓嘉五禮爲分類，針對西晉新禮中關於五等爵之部分及其來源、發展加以討論，並附論東晉、劉宋之議，試圖明瞭當時諸侯之禮及其可能意義。

〔註93〕瞿同祖，《中國法律與中國社會》，收入瞿同祖，《瞿同祖法學論著集》（北京：中國政法大學出版社，1998），頁308-309。

〔註94〕《晉書》，卷19，〈禮志上〉，頁581。又《晉書・荀顗傳》亦略記之，而共刪改者多孔顥一人。

〔註95〕《晉書》，卷19，〈禮志上〉，頁582。

〔註96〕《晉書》，卷19，〈禮志上〉，頁582。

一、吉　禮

1. 籍田先蠶

籍田是天子親自率百官耕作，先蠶是皇后率官僚之夫人世婦蠶桑，皆是象徵爲民表率的儀式，即華嶠所云「先王之制，天子諸侯親耕籍田千畝，后夫人躬蠶桑」。〔註97〕在籍田儀式中，天子、諸侯、公卿大夫各有推數，即「天子三推，三公五推，卿諸侯九推」，〔註98〕也就是朝廷籍田禮中，是包含諸侯的。儒家經典已有關於籍田的記載，《禮記·月令》云「天子三推，三公五推，卿諸侯九推」，〔註99〕之後蔡邕、杜佑等人皆采此說。〔註100〕東漢亦有籍田之儀，「天子、三公、九卿、諸侯、百官以次耕，推數如周法」，〔註101〕可知東漢籍田儀乃參照周制而來。到了曹魏，「雖天子耕籍，藩鎮闕諸侯百畝之禮」，〔註102〕天子仍有籍田禮，而諸侯遭受禁錮，無籍田之制。到了西晉，晉武帝在泰始四年正月親耕籍田，並下詔云「今修千畝之制，當與群公卿士躬稼穡之艱難，以率先天下」，而「自惠帝之後，其事便廢」。〔註103〕不過在晉武帝的詔書中僅云公卿士，未知是否包含諸侯。〔註104〕到了武帝末年，有司建議「今諸王臨國，宜依修耕籍之義」，但「竟未施行」。〔註105〕可知籍田制度原本包含在中央的籍田千畝之禮，及各地諸侯百畝之禮。在中央部分，天子親率王公卿士籍田，東漢之制包含諸侯，而西晉則不知是否仍有此禮。在地方部分，漢晉皆未聞其詳，疑無諸侯籍田之禮。也就是說，魏晉籍田制度基本上是依照舊典，但當中諸侯之角色甚爲模糊，與經典「諸侯九推」及「諸侯籍田百畝」似有所不同。此外，從皇后先蠶之禮亦能看出天子、諸侯、公卿大夫之排序。《晉書》云：

〔註97〕《晉書》，卷19，〈禮志上〉，頁590。

〔註98〕《蔡中郎集·外集》，卷4，〈獨斷〉，頁15。

〔註99〕《白虎通·耕桑》引〈祭義〉云卿大夫七推，未知孰是。

〔註100〕參《蔡中郎集·外集》，卷4，〈獨斷〉，頁10。《通典》，卷46，〈禮六〉「籍田」，頁1284。

〔註101〕《通典》，卷46，〈禮六〉「籍田」，頁1285。又《後漢書·禮儀志》略同，而無「推數如周法」句。

〔註102〕《通典》，卷46，〈禮六〉「籍田」，頁1285。

〔註103〕《晉書》，卷19，〈禮志上〉，頁589。

〔註104〕又《晉書·武帝紀》，泰始四年正月詔書云「朕親率王公卿士耕籍田千畝」，仍未見五等諸侯。

〔註105〕《晉書》，卷19，〈禮志上〉，頁589。

> 取列侯妻六人爲蠶母。……公主、三夫人、九嬪、世婦、諸太妃、
> 太夫人及縣鄉君、郡公侯特進夫人、外世婦、命婦皆步搖，衣青，
> 各載筐鉤從蠶。〔註106〕

也就是說，諸侯（與諸侯妻）在籍田與先蠶禮中，是佔有一席之地（諸侯九推），與公卿大夫分庭抗禮。但魏晉時期諸侯在朝廷籍田之制不明，〔註107〕在地方上「諸侯百畝」之制似亦不見施行，表示諸侯在封地上仍無自主性。

2. 立 廟

按照經典記載，諸侯可自置家廟，如《禮記・王制》即云「諸侯五廟，二昭二穆，與大祖之廟而五」。因此在魏晉時期，對於立廟問題亦多有討論。〔註108〕

（1）諸侯廟議

在西晉禮典施行後，對諸侯相關制度的討論相對較多，立廟即爲一例：

> 或問諸侯廟，博士孫毓議曰：「按禮，諸侯五廟，二昭二穆及太祖也。
> 今之諸王，實古之諸侯也。諸侯不得祖天子，當以始封之君爲太祖，
> 百代不遷，或謂之祧。其非始封，親盡則遷。其沖幼紹位未踰年而
> 薨者，依漢舊制不列於宗廟，四時祭祀於寢而已。」〔註109〕

由上文可知，孫毓以諸侯王比古之諸侯，因此不得祖天子，而以始封君爲太祖，世世祭祀；其餘二昭二穆之廟，親盡則毀；而漢制規定，若年幼者繼諸侯（王侯）位不滿一年即去世，則不入宗廟，只能祭祀於寢，因此孫毓認爲可參考漢制而行。孫毓所論雖爲諸侯王，封五等爵者身份亦爲諸侯，在這部分應比照諸侯王而行。

（2）祭祀廟數（代數）

根據《禮記・王制》所載，諸侯應立五廟；蔡邕亦云「天子三昭三穆，與太祖之廟七。諸侯二昭二穆，與太祖之廟五」，〔註110〕可知在經典記載中，諸侯可立五廟。故漢獻帝建安十八年，曹操封魏公，「始建宗廟于鄴，自以諸

〔註106〕《晉書》，卷19，〈禮志上〉，頁590。
〔註107〕請參本章第一節對籍田之制的討論。
〔註108〕甘懷眞指出，諸侯五廟制在晉代業已施行；從現存的史料來看，晉代禮官討論廟制時，多引用儒家經典，顯示儒家經典在此時具有國法的性質。參甘懷眞，《唐代家廟禮制研究》（臺北：臺灣商務印書館，1991），頁16-23。
〔註109〕《通典》，卷48，〈禮八〉「諸侯大夫士宗廟」，頁1341-1342。
〔註110〕《蔡中郎集・外集》，卷4，〈獨斷〉，頁8。

侯禮立五廟也，後雖進爵爲王，無所改易」，〔註111〕即爲其例；又《通典》記東晉王氏問謝沈語，亦云立五廟。〔註112〕一般情況下，立五廟則應祭五代，如車胤言「封國之君廢五廟之重」即是。〔註113〕然而當時亦見諸侯非祭五代者。如《通典》云「晉安昌公荀氏進封大國，祭六代」，〔註114〕又引晉安昌公荀氏〈祠制〉云：「荀氏進封大國，今祭六代，暫以廳事爲祭室，須立廟如制備物」，〔註115〕爲祭六代之例。又有立四廟之例，如邵戩議桓宣武公立廟云：「禮，父爲士，子爲諸侯，祭以諸侯，則宜立親廟四。」〔註116〕按現有史料記載，兩晉唯潘尼在隨齊王冏起義後封安昌公，〔註117〕未見有荀氏封安昌公者。而前兩段文字皆云荀氏封大國，祭六代，多於儒家經典所載諸侯五廟，又非天子七廟。若僅荀氏〈祠制〉如此記載，或爲誤記，然東晉邵戩論桓溫立廟亦云四廟，經典中未見立廟有二、四、六之數，而兩晉有立四廟、祭六代之制，應有其他原因。《禮緯》云「諸侯五廟，親四，始祖一」，〔註118〕簡言之，即〈王制〉雖言五廟，然在始封君入太祖廟之前，皆只能立四廟，以空出始封君之位，至五世以後方得立五廟，故邵戩議立桓溫親廟四，應即扣除桓溫本人。《禮緯》又云「夏四廟，至子孫五；殷五廟，至子孫六；周六廟，至子孫七」，〔註119〕然而此所規定者爲天子而非諸侯，在其他經典中似亦無諸侯六廟之論，實不知荀氏立六廟之因爲何。

（3）自置家廟

按照經典，諸侯應可自置家廟，然實際之例甚少。前引荀氏〈祠制〉僅云「暫以廳事爲祭室」，未置家廟；而殷仲堪亦祭其祖於廳事，亦未立廟；

〔註111〕《晉書》，卷19，〈禮志上〉，頁601。又《通典・禮八》「諸侯大夫士宗廟」略同。

〔註112〕《通典》，卷48，〈禮八〉「諸侯大夫士宗廟」，頁1342。詳細討論請參後述。

〔註113〕《晉書》，卷20，〈禮志中〉，頁629。

〔註114〕《通典》，卷48，〈禮八〉「諸侯大夫士宗廟」，頁1340。

〔註115〕《通典》，卷52，〈禮十二〉「未立廟祭議」，頁1445。又《通典・禮八》「諸侯大夫士宗廟」引荀氏《祠制》云：「今祭六代，未立廟，暫以廳事爲祭室。須立廟，如制備。」，其旨略同。

〔註116〕《通典》，卷48，〈禮八〉「諸侯大夫士宗廟」，頁1342。

〔註117〕《晉書》，卷55，〈潘岳附尼傳〉，頁1515。又《晉書・惠帝紀》云元康四年「安昌公石鑒薨」，〈校勘記〉據《晉書斠注》云「以石尠、石定二墓碣證之，『安昌』當作『昌安』。」故石鑒爲昌安公，非安昌公。

〔註118〕《魏書》，卷108之2，〈禮志二〉，頁2770。

〔註119〕《魏書》，卷108之2，〈禮志二〉，頁2769。

〔註120〕東晉更有自置家廟而違禮者：

> 江州刺史王凝之上言曰：「……臣伏尋宗廟之設，各有品秩，而（范）
> 甯自置家廟。……願出臣表下太常，議之禮典。」……（范甯）以
> 此抵罪。〔註121〕

按范甯前封陽遂鄉侯，並非無爵之人。王凝之云設廟「各有品秩」，則《晉令》
中當有相關規定。〔註122〕然而王凝之後言范甯「自置家廟」，不知是范甯未向
朝廷申報便設家廟，還是所設廟數超過規定，或是有其他原因，則不甚清楚。
總之在制度上諸官爵可依品秩設置家廟，應無疑義。此外，王凝之云此事應
下太常，而非廷尉（管刑法）或大鴻臚（管諸侯事），表示這個事件是與禮相
關，范甯所違背的是禮的規範，范甯所違者是「自置家廟」而受罰，或是立
廟超過規定數目，則不得而知。

（4）異姓立廟

異姓立廟之制，東漢似未見施行，至漢獻帝時「封曹操為魏公，依諸侯
禮立五廟於鄴」，〔註123〕才有異姓立廟之明確記載。日後劉裕封為宋王，「建
宗廟於彭城，依魏、晉故事，立一廟。初祠高祖開封府君、曾祖武原府君、
皇祖東安府君、皇考處士府君、武敬臧后，從諸侯五廟之禮也」；〔註124〕又蕭
道成封為齊王，「依舊立五廟」，〔註125〕皆為其例。但除了改朝換代前之權臣
外，魏晉時期似未見實際立家廟之例，如荀氏「以廳事為祭室」，或殷仲堪「常
以廳事為烝嘗之所」，本應立廟，實以廳事作為祭祀之所。不知魏晉時期除權
臣外，一般異姓五等爵者是否得立家廟。

（5）非嫡子立廟之議

晉武帝時，曾有針對非嫡子立祖廟的問題進行討論：

> （司馬）睦自表，乞依六蓼祀皋陶、鄶杞祀相立廟，事下太常，依禮

〔註120〕《通典》，卷52，〈禮十二〉「未立廟祭議」，頁1445。詳論見後。
〔註121〕《晉書》，卷75，〈范汪附甯傳〉，頁1988。
〔註122〕張鵬一將本文歸為《晉令》中之〈祠令〉，並云此「是晉各官有家廟，依品秩
定也」。見張鵬一編著，徐清廉校補，《晉令輯存》（西安：三秦出版社，1989），
頁132。
〔註123〕《通典》，卷48，〈禮八〉「諸侯大夫士宗廟」，頁1340。
〔註124〕《宋書》，卷16，〈禮志三〉，頁449。
〔註125〕（梁）蕭子顯撰，《南齊書》（北京：中華書局，1972），卷9，〈禮志上〉，頁
130。

典平議。博士祭酒劉憙等議：「《禮記・王制》，諸侯五廟，二昭二穆，與太祖而五，是則立始祖之廟，謂嫡統承重，一人得立耳。假令支弟並爲諸侯，始封之君不得立廟也。今睦非爲正統，若立祖廟，中山不得並也，後世中山乃得爲睦立廟，爲後世子孫之始祖耳。」詔曰：「禮文不明，此度大事，宜令詳審，可下禮官博議，乃處當之。」〔註126〕按司馬睦當時封爲中山王，其兄司馬遜爲譙王。理論上兄弟爵位相等，應由司馬遜祭祀其父司馬進（司馬懿之弟）於譙王祖廟中；而司馬睦則爲中山國之始祖，其後代世世祭祀之。而司馬睦以六蓼祀皋陶、鄫杞祀相爲例，請求立廟祭祀其父祖，所引應出於《左傳》文公五年「臧文仲聞六與蓼滅，曰：『皋陶庭堅不祀，忽諸，德之不建，民之無援，哀哉。』」杜預注云「蓼與六，皆皋陶後也」。〔註127〕又《左傳》僖公三十一年「衛成公夢康叔曰：『相奪予享。』公命祀相，甯武子不可，曰：『……杞鄫何事，相之不享於此久矣，非衛之罪也，不可以閒成王周公之命祀，請改祀命。』」杜預注云「諸侯受命，各有常祀」。〔註128〕也就是說，六蓼同以皋陶爲祀，杞鄫同以相爲祀，乃是儒家經典所記之例，因此譙國與中山國應可同以其父爲祀。議者以爲若使中山國立祖廟，則司馬睦將不爲中山國始祖，而中山國亦無始封之君（百世不毀）可祭，因此主張不應立廟。然而晉武帝卻下詔云「禮文不明」，要求禮官詳議，荀顗以爲「宜各得立廟」，而詔書從其意見。〔註129〕由此亦可看出禮制運作在理想與現實之間仍有部分落差。

　　關於非嫡子可否立廟的問題，當時亦有另外的意見，如徐禪云「若列國秩同，則祭歸嫡子，所以明宗也；嫡輕庶重，禮有兼享，所以致孝也。」〔註130〕即非嫡子之爵較庶子爲高時，應該兩者皆可立祖廟；而刁協則謂「漢梅福云『諸侯奪宗』。此謂父爲士，庶子封爲諸侯，則庶子奪宗嫡，主祭祀也。」〔註131〕反映出直至東晉，對這個問題仍未有定見。

（6）立廟之相關問題

　　東晉之時，尚有對於諸侯立廟之問答：

〔註126〕《晉書》，卷37，〈高陽王睦傳〉，頁1112-1113。
〔註127〕《春秋經傳集解》，卷8，〈文公上〉，頁311。
〔註128〕《春秋經傳集解》，卷7，〈僖公下〉，頁287。
〔註129〕《通典》，卷51，〈禮十一〉「兄弟俱封各得立禰廟議」，頁1428。
〔註130〕《通典》，卷51，〈禮十一〉「兄弟俱封各得立禰廟議」，頁1429。
〔註131〕《通典》，卷52，〈禮十二〉「奪宗議」，頁1442。

王氏問謝沈云：「祖父特進、衛將軍海陵亭恭侯應立五廟不？」沈答：

「亭侯雖小，然特進位高，似諸侯也。」又問：「曾祖父侍御史，得

入特進恭侯廟不？」答：「父爲士，子爲諸侯，尸以士服，祭以諸侯

之禮。御史雖爲士，應自入恭侯廟也。」〔註132〕

王氏問謝沈其祖父是否可以立廟，〔註133〕謝沈云特進似諸侯，則特進並非諸
侯，而可比照諸侯立五廟；謝沈又云「亭侯雖小」，則亭侯之位不如諸侯（五
等爵），其意似爲若僅有亭侯而無特進身份，則不得立五廟。

另外就是王氏之曾祖父是否可入廟的問題。既然是王氏之曾祖父，就是
海陵亭恭侯之父，曾爲侍御史者。其時王氏尚未有爵，至其子始受封海陵亭
侯，故有是否應以父入廟之問。謝沈的解釋是葬從死，祭從生，應可入廟。
然而魏晉時期多有子有爵而父無爵之情形，當時之解決方式應爲無爵之父祖
立廟，如前述荀氏祭六代即是；在此可能是因爲海陵亭恭侯王氏並非以五等
諸侯身份立廟，因此有此疑問。

（7）諸侯立別室而祭

在東晉之時，尚有對於未除服是否須祭於別室提出疑問：

殷仲堪問庾叡：「綱紀有承重之身，身服已除，其應祭，吾尚有服，

當得於廳事上祭不？」按殷宗有五等封。庾叡等答曰：「宜在別室。」

又問曰：「依禮，祭皆於宗子之家，支子每往助祭耳。又如吾家五等

封，乃應有廟。今既無廟，而共家常以廳事爲烝嘗之所。今一朝忽

移別室，意殊不安。」〔註134〕

此處所云「綱紀」，可能是指殷仲堪之僚佐，制度規定葬畢即除，較早除服，
而殷仲堪尚未除服，故不知是否要移於別室上祭。「綱紀」亦可能指其兄或從
兄，身爲宗子，又有五等爵，在宗子服喪完畢後，殷仲堪另有喪服，因此不
知是否可以喪服之身於廳事上祭。由前後文意看來，似乎其從兄的可能性較

〔註132〕《通典》，卷48，〈禮八〉「諸侯大夫士宗廟」，頁1342。

〔註133〕就目前可見之資料，未見有王氏封海陵亭侯者，而謝沈在晉康帝初年因「朝
議疑七廟迭毀」而被徵，不久即卒，則王氏提問大約不出成帝、康帝之時。
又在東晉初年王氏爲（或贈）特進、衛將軍，可見者唯王彬。不過王彬在生
前「以營創勳勞，賜爵關內侯」，卒後「諡曰肅」，爵非亭侯，諡亦非恭，不
知王氏之祖父是否爲王彬。故此處王氏可能爲琅邪王氏、太原王氏或其他郡
望之王氏。參《晉書》，卷82，〈謝沈傳〉，頁2152。《晉書》，卷76，〈王廙
附彬傳〉，頁2006。

〔註134〕《通典》，卷52，〈禮十二〉「未立廟祭議」，頁1445。

大。至於庾叡等云殷仲堪應於別室上祭，即認爲服喪之身不宜於廳事（代替祖廟）祭祀，應移至別室。另外殷仲堪之父殷師封沙陽男，〔註135〕殷仲堪或其兄應有襲爵，故云「吾家五等封」；殷仲堪之家並未立廟，與宗子共以廳事作爲「烝嘗之所」，對於不得與宗子共祭於廳事，而要移至別室之議，似乎不甚願意。也就是說，在兩晉時期對於身有五等爵而未除服者，是否得入家廟或廳事祭祀，未有定論，因此殷仲堪才會對此提出疑問。

（8）祠　制

晉朝既有諸侯祭祀之制，應具備相關之實體內容，然今所留存資料不多，試列舉如下：

A. 安昌公荀氏《祠制》：「神板皆正長尺一寸，博四寸五分，厚五寸八分。大書某祖考某封之神座，夫人某氏之神座，以下皆然。書訖，蠟油炙，令入理，刮拭之。」〔註136〕

B. 安昌公荀氏《祠制》：神板藏以帛囊，白縑裹盛，如婚禮囊板。板與囊合於竹箱中，以帛緘之，檢封曰「祭板」。〔註137〕

C. 賀循《祭儀》云：「祭以首時及臘，歲凡五祭。」〔註138〕

由上述資料可知，在實際的層面，包含神板、神座及祭祀時間等，雖未見官方之解釋，亦不見朝臣針對這方面的制度有所爭議。因此只要具有封爵（未知是否包含列侯），得「立廟」祭祖，在技術面並無太大問題。

二、凶　禮

凶禮乃是與喪葬相關之禮。雖然「古者天子諸侯喪禮粗備，漢世又多變革；魏晉以下世有改變，大體同漢之制」，〔註139〕然而漢魏時期並未全面「以禮入法」，故西晉時期「禮——律——令」體系建立後，產生許多過去不曾發生的問題與疑惑，故當時對禮（尤其是喪禮）之討論甚多，其目的即在於處理諸侯實踐禮制時的問題。以下便針對兩晉時期對於諸侯凶禮之議論，來觀察兩晉士人對凶禮的實踐歷程，及其所遭遇的困境。

〔註135〕見《晉書》，卷84，〈殷仲堪傳〉，頁2192。
〔註136〕《通典》，卷48，〈禮八〉「卿大夫士神主及題板」，頁1346。
〔註137〕《通典》，卷48，〈禮八〉「諸藏神主及題板制」，頁1348-1849。
〔註138〕《通典》，卷48，〈禮八〉「諸侯大夫士宗廟」，頁1340。
〔註139〕《晉書》，卷20，〈禮志中〉，頁632。

1. 諸侯薨

五等爵的身份為諸侯，死時稱薨；而儒家經典對於諸侯之凶禮記載甚詳，如《禮記・曲禮》云「天子崩，巷市七日；諸侯薨，巷市三日」，又《禮記・王制》云「諸侯五廟，二昭二穆，與大祖之廟而五」，又云「諸侯五日而殯，五月而葬」等，皆為其例。而王之親屬與嗣王所服為何，在不同的情形下，亦有不同的意見。

（1）弟紹兄爵之服

在晉武帝時期，曾對於弟紹兄爵應服何服展開討論：

> 咸寧二年，安平穆王薨，無嗣，以母弟敦上繼獻王後，移太常問應何服。博士張靖答，宜依魯僖服閔三年例。尚書符詰靖：「穆王不臣敦，敦不繼穆，與閔僖不同。」孫毓、宋昌議，以穆王不之國，敦不事諸侯，不應三年。以義處之，敦宜服本服，一舉而除，主穆王喪祭三年畢，乃吉祭獻王。毓云：「禮，君之子孫所以臣諸兄者，以臨國故也。禮又與諸侯為兄弟服斬者，謂鄰國之臣於鄰國之君，有猶君之義故也。今穆王既不之國，不臣兄弟，敦不仕諸侯，無鄰臣之義，異於閔僖，如符旨也。但喪無主，敦既奉詔紹國，受重主喪，典其祭祀。」〔註140〕

安平穆王司馬隆為安平獻王司馬孚之孫，在咸寧二年死後，無子，以隆母弟司馬敦為繼。〔註141〕不過按照慣例，諸王之子孫多都有爵位，〔註142〕故司馬隆、司馬敦二人皆應有爵，只是等級不同，司馬敦並非安平國之吏民。而張靖以魯僖公服其兄閔公喪三年為例，認為司馬敦應為其兄隆服三年喪；而孫毓、宋昌認為，司馬隆並未就國，而司馬敦不為諸侯之臣，兄弟間無君臣之義，與魯僖公服其兄閔公三年之例不同。故敦應為其兄隆服一年喪，但必須主持司馬隆三年之喪祭，一年後除服；等到三年喪祭結束，才能對開國始祖

〔註140〕《晉書》，卷20，〈禮志中〉，頁627。

〔註141〕按《晉書・安平獻王孚附衡傳》云司馬衡死於泰始二年，以司馬敦為嗣。而〈校勘記〉引周家祿《晉書校勘記》云繼司馬衡者為司馬殷，非司馬敦，見頁1116。又同書同卷云司馬隆於泰始九年為安平王，死於咸寧二年，「無子國絕」，而此云以其弟司馬敦為繼，並不衝突，故安平國在咸寧二年後仍然存在。

〔註142〕以諸王之子為五等爵之制雖定於咸寧三年，然在泰始之初即已有封諸王子孫為王侯之例，只是並未制度化。如司馬隆在泰始九年襲爵安平王之前為平陽亭侯，司馬寔在繼廣漢王（後改封北海王）爵前為長樂亭侯，皆為其例。

司馬孚（獻王）行吉禮。由此可知，兄弟之服雖有記載，然若弟紹兄爵，則又要視情形的不同來決定喪服與喪祭的時間。

（2）嗣王與國妃之服

> 穆帝時，東海國言，哀王薨踰年，嗣王乃來繼，不復追服，群臣皆已反吉，國妃亦宜同除。詔曰：「朝廷所以從權制者，以王事奪之，非爲變禮也。婦人傳重義大，若從權制，義將安託！」於是國妃終三年之禮。孫盛以爲：「廢三年之禮，開偷薄之源，漢魏失之大者也。今若以大夫宜奪以王事，婦人可終本服，是吉凶之儀雜陳於宮寢，綷素之制乖易於內外，無乃情禮俱違，哀樂失所乎！」〔註143〕

東海哀王司馬沖爲晉元帝之子，死於咸康七年，隔年晉成帝以其子司馬奕紹封。由於司馬奕紹封時已超過一年，按照前述司馬敦之「故事」，司馬奕只須爲司馬沖主喪祭，不必服喪。又群臣已在葬畢後除服，故亦無服。而國妃卻以「傳重義大」爲由，服喪三年。首先要瞭解的是「國妃」是司馬沖之妃還是司馬奕之妃。司馬沖卒於咸康七年，時年三十一，雖無子，有妃則爲合理之事；司馬奕卒於太元十一年（西元386年），時年四十五，則司馬奕生於咸康七年（西元341年），咸康八年紹封東海王時，年僅一（或二）歲，無娶妃之理。可知此處之國妃是司馬沖之妃，而非司馬奕之妃。其次是婦人服三年喪的問題，孫盛以爲國臣（大夫）以王事爲由而不必爲國主（諸侯）服三年喪，是「開偷薄之源」；而婦人爲其君服三年喪，則是「吉凶之儀雜陳於宮寢」；且孫盛說這是漢魏之失，則漢晉以來皆是如此。也就是說，西晉時期諸侯死時，國臣不必服三年喪，「葬畢即除」；而婦人須爲國君服滿三年。

2. 天子喪禮

在天子喪禮之時，如同元會、朝覲，諸宗室、官僚皆有其位次，各依其位而立。後漢已有此一制度，略引如下：

> （後漢）畫漏上水，大鴻臚設九賓，隨立殿下。謁者引諸侯王立殿下，西面北上：宗室諸侯、四姓小侯在後，西面北上。治禮引三公就位殿下，北面；特進次中二千石；列侯次二千石，六百石、博士在後；群臣陪位者皆重行，西上。位定，大鴻臚言具，謁者以聞。皇后東向，貴人、公主、宗室婦人以次立後；皇太子、皇子在東，西向；皇子少

〔註143〕《晉書》，卷20，〈禮志中〉，頁627-628。

退在南，北面，皆伏哭。大鴻臚傳哭，群臣皆哭。〔註144〕

又後漢對於就國之宗室、列侯與關內侯則另有規定：

> 部刺史、二千石、列侯在國者及關內侯、宗室長史及因郵奉奏，諸
>
> 侯王遣大夫一人奉奏，弔臣請驛馬露布，奏可。〔註145〕

即列侯在朝者須參加喪禮，而就國者則遣吏奉奏，不必奔赴京師。而魏晉對於喪禮並無明確記載，或許與東漢相近，故《晉書》、《通典》等書並未提及。

> 大鴻臚設九賓，隨立陵南羨門道東，北面；諸侯、王公、特進道西，北面東上；中二千石、二千石、列侯直九賓東，北面西上。〔註146〕

3. 天子為諸侯（大臣）發哀

在經典中，已有君為臣服喪之語，《周禮》即云「王為三公六卿錫衰，為諸侯緦衰，為大夫士疑衰」，〔註147〕不過漢代似無天子為臣制服之制，只有在少數情形，如漢明帝時，「東海恭王薨，帝出幸津門亭發哀」，〔註148〕是為其例。至晉武帝時，則對於發哀作了制度化的規定：

> 咸寧二年十一月，詔「諸王公大臣薨，應三朝發哀者，踰月舉樂，
>
> 其一朝發哀者，三日不舉樂也。」〔註149〕

當中雖云「王公大臣」，然而可稱「薨」者，除諸侯王、諸公（第一品之官，非爵）外，唯有封爵者（包含五等爵與縣鄉亭侯）；即使被發哀者僅限二品以上官爵，亦應包括五等之爵。〔註150〕而發哀三朝、一朝之別，大概是大臣與皇帝關係遠近及其對國家貢獻大小而有所差異。總之，天子為諸侯（大臣）發哀的制度化，至少在表面上君臣關係又更加的密切。

〔註144〕《通典》，卷79，〈禮三十九〉「大喪初崩及山陵制」，頁2135-2136。

〔註145〕《通典》，卷79，〈禮三十九〉「大喪初崩及山陵制」，頁2137。

〔註146〕《通典》，卷79，〈禮三十九〉「大喪初崩及山陵制」，頁2138。

〔註147〕《周禮》，卷21，〈春官司服〉，頁136。

〔註148〕《晉書》，卷20，〈禮志中〉，頁629-630。

〔註149〕《晉書》，卷20，〈禮志中〉，頁629-630。

〔註150〕就《晉書》所載，西晉天子所發哀之異姓臣子甚多，如王祥（太保、睢陵公）、何曾（太宰、朗陵公）、鄭沖（太傅、壽光公）、石苞（司徒、樂陵郡公）、王沈（驃騎將軍、博陵縣公）、荀顗（太尉、臨淮公）、鄭袤（光祿大夫、密陵侯）等，而上述諸人皆為二品以上之官，又為公侯之爵。又如〈賈充傳〉雖未言武帝發哀，然以賈充之重要性，又武帝「為之慟」，疑武帝亦為賈充發哀，而〈賈充傳〉未載。其他如魏舒（帝甚傷悼）、盧欽（朕甚悼之）等，亦為其例。疑在大臣死後有賜東園祕器、朝服一具、衣一襲及錢絹者，皇帝（武帝）亦為其發哀。

4. 寄公為所寓（諸侯）服

〈喪服記〉，〔寄〕公爲所寓，齊衰三月。新禮以今無此事，除此一章。摯虞以爲：「曩者王司徒失守播越，自稱寄公。是時天下又多此比，皆禮之所及。宜定新禮自如舊經。」詔從之。〔註151〕

這是根據《儀禮‧喪服》所云：「傳曰：寄公者何也，失地之君也。何以爲所寓，服齊衰三月也，言與民同也。」而摯虞所引王朗之例，《三國志‧王朗傳》未直接言及寄公之事，但有提到王朗於漢獻帝初年爲會稽太守，後孫策敗之，遂暫歸孫策，不久便徵入朝廷（許昌）。而在暫歸孫策的期間，「流移窮困，朝不謀夕」，〔註152〕自稱寄公之事，大約就發生於此時。不過當時王朗身無列侯爵位，大概是由於漢末尚無五等爵，故以太守比擬之，即如卞推所云「今之牧守，皆古諸侯，以禮相況，輕重宜矣」，〔註153〕並非諸侯失地之實例。而摯虞以此爲例，或許是爲了與經典更加貼近，又或是預防將來有類似事件發生，〔註154〕因此主張保留寄公爲所寓之君服喪三月之制，而朝廷也表示同意。這也表示在西晉禮制中，有部分制度雖有明文規定，但無實際執行之情形（前節引諸侯建旗之制亦是）。

5. 諸侯服其親

在漢魏之時，無五等爵制，因此官員爲其親人服喪，與親人爲官員服喪，都是依照親疏遠近來制服。至西晉則出現轉折：

漢魏故事無五等諸侯之制，公卿朝士服喪，親疏各如其親。新禮王公五等諸侯成國置卿者，及朝廷公孤之爵，皆傍親絕朞，而傍親爲之服斬衰，卿校位從大夫者皆絕緦。摯虞以爲：「古者諸侯君臨其國，臣諸父兄，今之諸侯未同于古。未同于古，則其尊未全，不宜便從絕朞之制，而令傍親服斬衰之重也。諸侯既然，則公孤之爵亦宜如舊。昔魏武帝建安中已曾表上，漢朝依古爲制，事與古異，皆不施行，施行者著在魏科。大晉采以著令，宜定新禮皆如舊。」詔從之。〔註155〕

〔註151〕《晉書》，卷20，〈禮志中〉，頁631。
〔註152〕《三國志》，卷13，〈魏書‧王朗傳〉，頁407。
〔註153〕《通典》，卷188，〈禮四十八〉「斬緦三年」，頁2418。
〔註154〕東晉亦有許多人流寓至江東，然東晉政府之解決方式爲置僑州郡，故鮮少「寄公」之問題。
〔註155〕《晉書》，卷20，〈禮志中〉，頁631。又《通典‧禮五十三》「三公諸侯大夫

與漢魏之制不同的是，晉之新禮規定王、（諸）公與五等爵皆為其傍親服一年喪，而傍親則為王公與五等爵服斬衰。因此摰虞認為古今諸侯不同，不應令彼此所服因爵位而異，故主張恢復漢魏舊制，即以親疏遠近來決定服喪等級，而朝廷也同意。〔註156〕姜輯以為：

> 昔秦滅五等，更封列侯，以存舊制。稱列侯者，若云列國之侯也，故策命稱國，終沒稱薨。漢魏相承，未之或改。大晉又建五等，憲章舊物，雖國有大小，輕重不侔，通同大體，其義一也。故詔書亭侯以上與王公同。又以為列侯以上策命建國者，皆宜依古諸侯，使絕周服。〔註157〕

不過至東晉時，雖有許穆依據經典提出「凡諸侯之禮，服斷旁親，以國內臣妾並卑故也」，〔註158〕然而據虞潭上表云「今之諸侯服其親，皆與士同，無復降殺」，〔註159〕表示東晉仍依照摰虞所議而行。另一方面，至少在荀顗等人制定新禮之初，的確打算將王公諸侯之地位加以凸顯，以增加其特殊性。不過如藤川正數氏所云，當時一方面因為諸侯多未就國，與周制不同；另一方面，兩漢以來並無諸侯諸侯「服斷旁親」的習俗，故此制無法施行。〔註160〕另外，由於時人認為「君臨其國」的諸侯才符合服斷旁親的規定，也就是只有「成國置卿」的公侯才有可能「君臨其國」，即使服斷旁親之制確實施行，朝議亦將針對未開國者是否適用而有爭論，間接說明當時五等爵成國與未成國之差別。

6. 為庶母服

在正常的情形下，士庶皆應為母服喪三年。然而在某些情形下，雖然是生母，仍須降服。如東晉汝南王司馬統、江夏公衛崇並為庶母制服三年，顧和便上疏云：「案汝南王統為庶母居廬服重，江夏公衛崇本由疏屬，開國之緒，近喪所生，復行重制，違冒禮度，肆其私情。……皆可下太常奪服。若不祇王命，應加貶黜。」〔註161〕由於司馬統以庶子的身份襲爵，而衛崇則是由疏

降服議」略同。

〔註156〕關於本例，藤川正數亦有相關討論，見藤川正數，《魏晉時代における喪服禮の研究》，頁84-85。

〔註157〕《通典》，卷93，〈禮五十三〉「三公諸侯大夫降服議」，頁2529。

〔註158〕《通典》，卷82，〈禮四十二〉「諸王出後降本父母及所生母服議」，頁2229。

〔註159〕《通典》，卷52，〈禮十二〉「公除祭議」，頁1445。

〔註160〕參藤川正數，《魏晉時代における喪服禮の研究》，頁352-357。

〔註161〕《晉書》，卷83，〈顧和傳〉，頁2165-2166。

屬過繼，因此兩人應爲嫡母（即所嗣王之妃）服三年喪，而爲庶母（即生母）降服。然而兩人仍行三年之喪，因此顧和才會提出降服之議，而朝廷也遵從之。又東晉「咸和中，琅琊王（司馬）昱母鄭氏薨，王服重朝。以出繼，宜降。國相諸葛頤坐不正諫，被彈。」〔註162〕由於司馬昱是出繼琅邪，按制度不得爲生母服三年喪，然而司馬昱並未降服，因此國相諸葛頤受到彈劾。不過到了太元十七年，車胤上言「自頃開國公侯，至于卿士，庶子爲後，各肆私情，服其庶母，同之於嫡。此末俗之弊，溺情傷教，縱而不革，則流遁忘返矣」，〔註163〕隔年車胤又重申一次這個觀點，代表即使到了東晉中期，仍有諸侯爲庶母服三年喪之情形，可知爲庶母服三年喪雖經朝議加以否定，實際上仍無法明確落實。〔註164〕總之，庶子繼位或疏屬紹封的情形，在西晉甚多，至東晉方對於不得爲庶母服三年喪有較嚴格的要求，似代表西晉對於爲庶母服喪降服與否的問題，可按照規定而行，及當時違禮者較少。此外，如神矢法子所言，因王公侯有繼位襲爵的問題，因此「庶子爲後，爲母緦麻三月」的執行必須更加嚴格，才能鞏固「嫡子相續制」的推行。〔註165〕

7. 國臣為其君服

由於五等諸侯在其國爲君，與其國臣有君臣之義，因此當諸侯亡故時，其國臣亦須爲諸侯服喪。曹魏未有五等之爵，故〈魏令〉僅云「官長卒官者，吏皆齊縗，葬訖而除之」，〔註166〕而無國相、家丞、庶子爲列侯服喪之文，不知列侯國官是否要爲國君服喪。至於曹魏諸王地位雖低，然亦有表面的「君臣之義」。如「魏尚書左丞王暖除陳相，未到國而王薨。議者或以爲宜齊縗，或以爲宜無服」，最後皇帝下詔認爲應有服。〔註167〕既然未到國就官都須服喪，則已到國任官者亦須服喪。晉行五等爵後，自然對於五等諸侯君臣之禮有較明確的規定。晉〈喪葬令〉云：

〔註162〕《通典》，卷82，〈禮四十二〉「諸王出後降本父母及所生母服議」，頁2230。
〔註163〕《晉書》，卷20，〈禮志中〉，頁629。
〔註164〕神矢法子認爲，在經典與禮制皆有所規範的情形下，東晉庶子爲母服喪三年的情形依然普遍，顯示了西晉「庶子爲後，爲母緦麻三月」的規定，在東晉不具備約束力。參神矢法子，〈晉時代における王法と家禮〉，載《東洋學報》，60：1‧2（東京，1978），頁41-43。
〔註165〕神矢法子，〈晉時代における王法と家禮〉，頁44。
〔註166〕《通典》，卷99，〈禮五十九〉「郡縣吏爲守令服議」，頁2646。
〔註167〕《通典》，卷88，〈禮四十八〉「斬縗三年」，頁2418-2420。

王及郡公侯之國者薨，其國相官屬長史及内史下令長丞尉，皆服斬縗，居倚廬。妃夫人服齊縗，朝晡詣喪庭臨。以喪服視事，葬訖除服。其非國下令長丞尉及不之國者相内史即令長丞尉，其相内史吏，皆素服三日哭臨。其雖非近官而親在喪庭執事者，亦宜制服。其相、内史及以列侯爲吏令長者無服，皆發哀三日。〔註168〕

在〈喪葬令〉中，針對王及郡公侯之國臣，列出數項不同之服：

A. 若爲國相官屬（如三卿、諸署令等），以及屬於國内管轄之縣令長丞尉（如樂陵國下之厭次、陽信等縣），皆服斬縗，葬畢除服。

B. 所謂「非國下令長丞尉」，未詳所云爲何，可能是指王公侯封國之下之縣級封國，或僅有名號而無國相的伯子男國令長。又未之國之諸侯國臣及國下令長丞尉，與非國下令長丞尉，皆素服三日。

C. 若是國相（内史）本人及國官、國下令長爲列侯者，則不必著喪服，只發哀三日。

也就是說，諸侯就國代表「君臨」其土，與其臣民建立君臣之義，因此國臣須服斬縗；如未就國，則僅爲名義上的臣屬關係，其國臣不必服斬。〔註169〕若國臣具有列侯身份，則與諸侯同爲金印紫綬，兩者與天子之關係亦近，故不必著喪服。由此可知，西晉對於諸侯國臣之服，有明確且層次分明的規定。不過在實際執行之時，有時仍會受到一些干擾。如晉武帝時，李含爲秦國郎中令，後秦王司馬柬卒，李含「依臺儀，葬訖除喪」，卻因與尚書趙浚有隙，而被劾不應除喪，傅咸便上表云：

天王之朝，既葬不除，藩國之喪，既葬而除，藩國欲同不除，乃當責引尊準卑，非所宜言耳。……國制，既葬而除，既除而祔，爰自漢魏，迄於聖晉，文皇升遐，武帝崩殂，世祖過哀，陛下毀頓，銜疾諒闇，以終三年，率土臣妾，豈無攀慕遂服之心，實以國制不可而踰，故於既葬，不敢不除。〔註170〕

李含依制葬畢除服，卻因違背當道，而遭貶抑。雖有傅咸提出異議，李含之鄉品還是被「割爲五品」。這一方面反映了當時禮志規定雖較漢魏明確，施行

〔註168〕《通典》，卷88，〈禮四十八〉「斬縗三年」，頁2420。
〔註169〕越智重明亦認爲在封王與五等諸侯就國之時，内史、相方爲天子之陪臣、封君之直臣。參越智重明，《魏晉南朝の貴族制》（東京：研文出版，1982），頁145。
〔註170〕《晉書》，卷60，〈李含傳〉，頁1641-1643。

之時仍易受到現實政治影響；一方面也代表在一般狀況下，諸侯國官通常會依照〈喪葬令〉之規定，葬畢除服。

　　到了東晉，仍有國官為諸侯服喪的討論。晉元帝時，丁潭為琅邪王郎中令，不久琅邪王司馬裒卒，丁潭上表希望能行三年之喪，而賀循議以為：

> 今法令，諸侯卿相官屬為君斬衰，既葬而除。以令文言之，明諸侯不以三年之喪與天子同可知也。……苟謂諸侯與天子同制，國有嗣王，自不全服，而人主居喪，素服主祭，三年不攝吉事，以尊令制。若當遠跡三代，令復舊典，不依法令者，則侯之服貴賤一例，亦不得唯一人論。」於是詔使除服，心喪三年。〔註171〕

由於法令明定葬訖除服，加上賀循認為不宜因一人之請而使國官皆服三年喪，因此元帝下詔命丁潭葬畢除服，僅服心喪三年。又孫文以為「新主出廟，國官拜送」，〔註172〕則東晉對於諸侯與國臣之關係仍有討論。

8. 諡　號

　　諡號是給予已死的受爵者名稱，所謂「高位以酬明德，厚爵以答茂勳；至乎闔棺標跡，莫尚號諡，風流百代，於是乎在」，〔註173〕正可作為諡號的解釋。由於漢代重視軍功，封爵者多以軍功，因此「自漢魏以來，賜諡多由封爵，雖位通德重，先無爵者，例不加諡」。〔註174〕至魏末由荀顗等人制定禮典，便針對賜諡的範圍進行討論：

> 魏劉輔等啟論賜諡云：「古者存有號則沒有諡，必考行跡、論功業而為之制。漢不修古禮，大臣有寵乃賜之諡。今國家因用未革。臣以為今諸侯薨於位者可有諡，主者宜作得諡者秩品之限。」尚書衛覬奏：「舊制，諸王及列侯薨，無少長皆賜諡。古之有諡，隨行美惡，非所以優之。又次以明識昭穆，使不錯亂也。臣以為諸侯王及王子諸公侯薨，可隨行跡賜諡；其列侯始有功勞，可一切賜諡；至於襲封者則不賜諡。」尚書趙咨又奏云：「其諸襲爵守嗣無殊才異勳於國及未冠成人，皆不應賜諡。」黃門侍郎荀俁議以為：「古之諡，紀功懲惡也，故有桓文靈厲之諡。今侯始封，其以功美受爵土者，雖無

〔註171〕《晉書》，卷78，〈丁潭傳〉，頁2063-2064。
〔註172〕《通典》，卷48，〈禮八〉「諸藏神主及題板制」，頁1348。
〔註173〕《晉書》，卷65，〈王導傳〉，頁1753。
〔註174〕《晉書》，卷65，〈王導傳〉，頁1750。

官位，宜皆賜謚以紀其功，且旌奉法能全爵祿者也。其斬將搴旗，以功受爵，而身在本位，類皆比列侯。自關內侯以下及名號賜爵附庸，非謚所及，皆可闕之。若列侯襲有官位，比大夫以上：其不蒞官理事，則當宿衛忠勤，或身死王事，皆宜加謚。其襲餘爵，既無功勞，官小善微，皆不足錄。」八座議以爲：「太尉荀顗所撰定體統，通敍五等列侯以上，嘗爲郡國太守、內史、郡尉、牙門將、騎督以上薨者，皆賜謚。」〔註175〕

首先是此論議在於何時。當中劉輔、趙咨未詳；衛覬爲衛瓘之父，約卒於曹魏中期；荀侯爲荀彧之子，亦約卒於曹魏中期；而八座議提到荀顗所撰之禮，則爲咸熙元年或咸熙二年之議。也就是說，上述論議貫串曹魏時期之議論，並非同時所言。其次是關於賜謚標準的問題，上述諸人對於賜謚的標準各有意見，最後八座所議便成爲西晉賜謚之標準，即須曾任郡國太守等官（即五品以上官），且具有五等爵或列侯之身分，皆可賜謚；反過來說，未符合標準之人，皆不得賜謚，無爵者依然不得加謚。因此在晉武帝太康年間，曾對於是否應與無爵者謚號的問題有過討論：

羽林左監北海王宮上疏曰：「……臣竊以春秋之事，求之謚法，主於行而不繼爵，然漢魏相承，爵非列侯則皆沒，而高行不加之謚，至使三事之賢臣，不如野戰之將，名跡所殊。臣願聖世舉春秋之遠制，改列爵之舊限，使夫功行之實，不相掩替，則莫不率賴。若以革舊毀制，非所倉卒，則毅之忠益，雖不攻城略地，論德進爵，亦應在例。臣敢惟行甫請周之義，謹牒毅功行如右。」帝出其表，使八坐議之，多同宮議。奏寢不報。〔註176〕

如前所述，至少在謚號部分，仍爲有爵者所獨享，無爵者不得有之，因此有「德」無「功」之人無法得謚。雖然八座多以爲可，然而「奏寢不報」，在整個西晉時期依然只有有爵者得有謚。至東晉時，王導建言「武官有爵必謚，卿校常伯無爵不謚，甚失制度之本意也」，而朝廷改之，故「自後公卿無爵而謚，導所議也」，〔註177〕才對此項制度進行調整，將賜謚的範圍加以擴大。

〔註175〕《通典》，卷104，〈禮六十四〉「諸侯卿大夫謚議」，頁2716-2717。

〔註176〕《晉書》，卷45，〈劉毅傳〉，頁1279-1280。

〔註177〕《晉書》，卷65，〈王導傳〉，頁1750。又《通典‧禮六十四》「諸侯卿大夫謚議」所論略同。

〔註178〕由此亦可看出，即使魏晉擴大了封爵的範圍，但在某些部分仍然只有得爵者才適用，反映了爵在當時仍有一定的重要性，以及有爵與無爵者在身份上的差異。

9. 諸侯（及其嗣子嗣孫）未成年而亡之服

西晉由於世子之地位較爲明確，又有就國之制，故若世子在繼位之前死亡，則他國諸侯（在五服範圍內者）是否需要服喪，所服爲何，便成爲討論議題之一。如晉武帝時，安平王司馬孚之世子司馬邕早卒，以其子司馬崇爲世孫，又早卒，朝廷疑諸王所服爲何，姜輯認爲「諸侯以尊絕周，今嗣孫見在臣子之例，諸王公宜從尊降之禮，不應爲制服也。」〔註179〕即世孫仍爲臣子，並非諸侯，因此諸王公不應爲世孫制服。

此外，東晉也有針對年幼而亡之君，他國諸侯所服爲何的討論。《通典》云：

> 晉新蔡王年四歲而亡，東海王移訪太常。博士張亮議：「……東海與新蔡，別國旁親，尊卑敵均，宜則同殤制而無服也。」國子祭酒杜夷議：「諸侯體國，備物典事，不異成人，宜從成人之制。」〔註180〕

當然這種情形在魏晉應有類似的情形，如廣漢殤王司馬贊年六歲而亡，東海沖王司馬祇年三歲而亡，〔註181〕皆爲其例。因此在東晉以前，應有所謂「故事」，然而東海王仍須問太常應爲四歲而亡的新蔡王之服爲何，且博士與國子祭酒之議亦不同，因此在魏晉時期，對於此一問題，不是各自判斷，未有定制，就是當時不重視此一問題。上述二例雖爲同姓諸王，然對於異姓之五等諸侯亦適用，如一族之中有二爵以上，或是封爵者之間有姻親關係等。

三、軍　禮

在漢魏舊典中，諸王列侯無成軍之制，唯有吏士，如曹植之國有兵一百五十人，及「虎賁官騎及親事凡二百餘人」；〔註182〕西晉雖王公侯國皆置軍，然「皆中尉領兵」，諸侯並不直接掌管軍隊。〔註183〕又軍禮包含講武、田獵、

〔註178〕這裡所稱加謚者，乃指朝廷所賜予者，不包含門生弟子之私謚，如陳寔爲文範先生等。

〔註179〕《通典》，卷93，〈禮五十三〉「三公諸侯大夫降服議」，頁2529。

〔註180〕《通典》，卷82，〈禮四十二〉「爲諸王殤服議」，頁2234。

〔註181〕參《晉書》，卷38，〈齊王攸傳〉，頁1136。《晉書》，卷64，〈東海沖王祇傳〉，頁1721。

〔註182〕《三國志》，卷19，〈魏書・陳思王植傳〉，頁575。

〔註183〕《晉書》，卷24，〈職官志〉，頁744。

鄉射等，其中唯旗物與諸侯相關，西晉又未施行，鄉射、田獵亦無與諸侯相關之記載，因此在這個部分可討論之點較少。

四、賓　禮

1. 元　會

　　元會是每年正月所舉行的年度朝會，官僚依照各自的身份列位獻贄，藉由元會儀式來重新確認君臣之間的關係。〔註184〕這個制度在漢代即已存在，曹魏西晉則繼續沿用。《晉書》即記載：

> 漢儀有正會禮，正旦，夜漏未盡七刻，鐘鳴受賀，公侯以下執贄夾庭，二千石以上升殿稱萬歲，然後作樂宴饗。魏武帝都鄴，正會文昌殿，用漢儀，又設百華燈。晉氏受命，武帝更定元會儀，〈咸寧注〉是也。傅玄〈元會賦〉曰：「考夏后之遺訓，綜殷周之典藝，採秦漢之舊儀，定元正之嘉惠。」此則兼採眾代可知矣。〔註185〕

由上文可知，曹魏元會制度大體與東漢相同，至西晉則略作調整，兼採殷周秦漢之儀，也就是所謂的〈咸寧注〉。關於〈咸寧注〉的內容，《晉書》有具體的的記載，略引如下：

> （咸寧注）先正一日，有司各宿設。夜漏未盡十刻，群臣集到，庭燎起火。……漏未盡五刻，謁者、僕射、大鴻臚各各奏群臣就位定。……於是公、特進、匈奴南單于、金紫將軍當大鴻臚西，中二千石、二千石、千石、六百石當大行令西，皆北面伏。鴻臚跪贊「太尉、中二千石等奉璧、皮、帛、羔、雁、雉，再拜賀」。太常贊「皇帝延公等登」。掌禮引公至金紫將軍上殿，當御座。皇帝興，皆再拜。皇帝坐，又再拜。跪置璧皮帛御座前，復再拜。成禮訖，謁者引下殿，還故位。王公置璧成禮時，大行令並贊殿下，中二千石以下同。成禮訖，以贄授受贄郎，郎以璧帛付謁者，羔、雁、雉付太官。……謁者引王公二千石上殿，千石、六百石停本位。〔註186〕

〔註184〕關於元會制度的性質與內容，詳參渡邊信一郎，《天空の玉座──中國古代帝國の朝政と儀禮》第二章〈元會の構造──中國古代國家の儀禮的秩序〉，頁105-194。

〔註185〕《晉書》，卷21，〈禮志下〉，頁649。

〔註186〕《晉書》，卷21，〈禮志下〉，頁649-650。又《通典・禮三十》「元正冬至受朝賀」略同。

在經典及漢制皆有諸侯獻贄之文，不過文中只見王、公（三公）、特進與二千石等，未見五等爵之情形。可能因西晉官僚多同時具有官與爵，故元會時官僚多以官的身份參加，例外者如張華因故免官，「遂終帝之世，以列侯朝見」，〔註187〕與漢代公侯亦參與元會的情形有所不同。但即使如此，西晉諸侯仍有朝覲之制，但不知是由在朝之受爵者親自參加朝覲，還是由代攝國政的世子或國卿由封地至中央進行朝覲。總之，由於士族同時具有官、爵兩種身份，其與皇帝之君臣關係是一重或二重，換句話說，士族除了在元會時與皇帝作君臣關係的確認外，是否另須以諸侯的身份再進行一次確認的動作，則是可另外討論的問題。

2. 朝　覲

朝覲是君臣之禮的重要項目之一，《周禮‧春官大宗伯》云春爲朝，秋爲覲；又《禮記‧曲禮》云「天子當依而立，諸侯北面而見天子，曰覲。天子當宁而公，諸公東面，諸侯西面，曰朝」，則朝爲公卿諸侯於春季所行，而覲則僅有諸侯於秋季所行。漢代與魏晉朝覲之制似有所不同，漢制爲十月朔「受賀及贄，公侯璧，中二千石、二千石羔，千石、六百石雁，四百石以下雉」，魏晉則「冬至日受方國及百僚稱賀」。〔註188〕當中的差別是漢代在十月朔同時接受賀與贄，因此官與爵同時進行；而魏晉在冬至時僅受賀，不在此時受贄。也就是說，魏晉賀與贄的時間是不同的。又《晉書》云：

> 魏制，藩王不得朝覲。魏明帝時，有朝者皆由特恩，不得以爲常。
> 及泰始中，有司奏：「諸侯之國，其王公以下不入朝者，四方各爲二
> 番，三歲而周，周則更始。若臨時有故，卻在明年。明年來朝之後，
> 更滿三歲乃復朝，不得違本數。朝禮皆親執璧，如舊朝之制。不朝
> 之歲，各遣卿奉聘。」奏可。〔註189〕

由上文可知，至泰始中，諸侯就國不入朝者，應三年上朝一次。又晉之新禮云「諸侯之覲者，賓及執贄皆如朝儀」，〔註190〕皆代表西晉時期確有朝覲制度，但不知當時諸侯朝覲是否在元會之時。

〔註187〕《晉書》，卷36，〈張華傳〉，頁1071。
〔註188〕《晉書》，卷21，〈禮志下〉，頁652。
〔註189〕《晉書》，卷21，〈禮志下〉，頁651-652。
〔註190〕《晉書》，卷21，〈禮志下〉，頁653。又《通典‧禮三十四》「天子受諸侯藩國朝宗覲遇」略同。

3. 世　子

　　諸侯之嫡長子通常就是繼承爵位之「第一順位」繼承人，通常不會有太多爭議。但如同諸侯身份需要與朝廷確認，嫡長子也需要透過天子之命，才能成爲具有正式繼承資格的「世子」，如《白虎通》云「代子三年喪畢，上受爵命於天子何？明爵者天子之所有，無自爵之義」即是。〔註191〕因此「嫡長子」與「世子」之間，其實多少還是有一些差距，拜世子之禮也就有其重要性。《周禮・春官典命》即云「凡諸侯之適子，誓於天子，攝其君，則下其君之禮一等；未誓，則以皮帛繼子男」，又晉惠帝之時，謝衡云「諸侯之太子，誓與未誓，尊卑體殊」，〔註192〕皆代表兩者身份上有所差異。然而漢魏無五等爵，列侯亦無世子之制（除權臣外），因此普遍的異姓封爵世子，至西晉方才出現。觀西晉史料，異姓諸侯世子之例甚多（舉例），可知西晉拜授世子之制已甚普遍，而東晉仍有其例，如：

> 安帝義熙七年，將拜授劉毅世子。毅以王命之重，當設饗宴，親請吏佐臨視。至拜日，國僚不重白，默拜於廳中。王人將反命，毅方知之，大以爲恨，免郎中令劉敬叔官。〔註193〕

劉毅相當重視拜授世子之禮，因此無法接受拜授草草結束的結果，亦可看出即使到了東晉，「世子」身份的取得仍相當重要。

4. 二王三恪

　　所謂的二王與三恪，指的是前朝的後代，《左傳》襄公二十五年杜預注云：

> 周得天下，封夏殷二王後，又封舜後，謂之恪，并二王後爲三國。
> 其禮轉降，示敬而已，故曰三恪。〔註194〕

也就是說，對周來說，夏、殷是前二朝，故封其後代，爲二王；至於虞舜則爲前三朝，與二王後並稱三恪。在東漢以殷、周爲二王，而當時無異姓封王之制，故封殷後爲宋公，周後爲衛公；〔註195〕曹魏以周、漢爲二王，故周後仍爲衛公，而以漢獻帝爲山陽公。〔註196〕到了西晉，仍有其制：

〔註191〕《通典》，卷93，〈禮五十三〉「未踰年君稱議」，頁2527。
〔註192〕《晉書》，卷20，〈禮志中〉，頁625。
〔註193〕《晉書》，卷27，〈五行志上〉，頁820。
〔註194〕《春秋經傳集解》，卷17，〈襄公四〉，頁264。
〔註195〕對東漢來說，夏應在三恪之數，不過現有資料未見東漢封夏後之例，未詳其情形。
〔註196〕在曹魏時期，按理殷後爲三恪，故應降封爲侯，然而現有資料無宋侯之記載。

（晉武帝泰始）三年，太常上言：「博士祭酒劉喜等議：漢魏爲二王
後，夏殷周之後爲三恪。衛公署於前代，爲二王後，於大晉在三恪
之數，應降稱侯，祭祀制度宜與五等公侯同。」有司奏：「陳留王、
山陽公爲二代之後，衛公備三恪之禮。《易》稱『有不速之客三人來』，
此則以三爲斷，不及五代也。」〔註197〕

與漢魏不同的地方，是由於西晉行五等爵，一般臣子皆可爲公，公不再具有
特殊性，必須將二王後封爲更高的爵位（也就是王），以與一般異姓臣子區別，
所以封曹魏之後曹奐爲陳留王；至於山陽公（漢後）爲舊爵，故仍保持爲公，
未進爵爲王。至南朝以後，二王之後皆爲王，故西晉山陽公爲制度轉變時之
過渡情形。〔註198〕此外，周後（衛公）對西晉來說爲三恪，本應降號，然魏
後爲王，則周後爲公，已較王爲低，故仍爲衛公。〔註199〕又殷後已非三恪，
故又低一級，封爲宋侯，〔註200〕即不在三恪之數內。由此可知，一方面東漢
魏晉對於二王與三恪的制度有一定程度的遵行，另一方面，則是由另一側面
看出西晉對於王公侯（伯子男）之爲皆有所區別，故封公封侯（封伯子男）
所代表的身份仍有些許差異。

五、嘉 禮

1. 冠 禮

冠禮是象徵男子成年之禮，其施行應有相當之年月，如《晉書》云：

《周禮》雖有服冕之數，而無天子冠文。又《儀禮》云，公侯之有
冠禮，夏之末造也。王、鄭皆以爲夏末上下相亂，篡弒由生，故作
公侯冠禮，則明無天子冠禮之審也。……然漢代以來，天子諸侯頗
採其儀。正月甲子若丙子爲吉日，可加元服，儀從冠禮是也。〔註201〕

則漢代諸侯亦有冠禮也。魏晉並無明文規定異姓諸侯是否行冠禮，唯有同姓
諸王之例：

〔註197〕《通典》，卷74，〈禮三十四〉「三恪二王後」，頁2026-2027。
〔註198〕劉宋以魏（陳留王）、晉（零陵王）爲二王後；蕭齊以晉（零陵王）、劉宋（汝
　　　　陰王）爲二王後；蕭梁以劉宋（汝陰王）、蕭齊（巴陵王）爲二王後；陳以蕭
　　　　齊（巴陵王）、蕭梁（江陰王）爲二王後，皆以前二朝爲二王後。
〔註199〕如《晉書·武帝紀》記「（泰始七年）十一月丁巳，衛公姬署薨」，即爲其例。
〔註200〕如《晉書·食貨志》杜預上疏有宋侯相應遵，《晉書·地理志》豫州汝南有宋
　　　　國侯相皆爲例證。
〔註201〕《晉書》，卷21，〈禮志下〉，頁662-663。

> 泰始十年，南宮王承年十五，依舊應冠。有司議奏：「禮，十五成童，
> 國君十五而生子，以明可冠之宜。又漢魏遣使冠諸王，非古典。」
> 於是制諸王十五而冠，不復加使命。〔註202〕

按照上述文字推斷，西晉異姓諸侯似亦行冠禮，至於天子是否遣使冠之，則不得而知。

2. 婚　禮

婚禮亦為重要禮儀之一，當中亦可看出爵之地位。西晉即有相關事例：

> 太康八年，有司奏：「婚禮納徵，大婚用玄纁束帛，加珪，馬二駟。
> 王侯玄纁束帛，加璧，乘馬。大夫用玄纁束帛，加羊。古者以皮馬
> 為庭實，天子加以穀珪，諸侯加大璋，可依周禮改璧用璋，其羊雁
> 酒米玄纁如故。諸侯婚禮，加納采、告期、親迎各帛五匹，及納徵
> 馬四匹，皆令夫家自備。惟璋，官為具致之。」尚書朱整議：「按魏
> 氏故事，王娶妃、公主嫁之禮，天子諸侯以皮馬為庭實，天子加以
> 穀珪，諸侯加以大璋。」……詔曰：「公主嫁由夫氏，不宜皆為備物，
> 賜錢使足而已。惟給璋，餘如故事。」〔註203〕

文中有司所云「王侯」，對照下云「大夫」，則應包含異姓封爵；而朱整所論漢魏故事，應為同姓諸侯，不知包含異姓封爵否。有司云諸侯納采、告期、親迎加帛五匹，納徵加馬四匹，「皆令夫家自備」，而官府只需替諸侯準備璋。這表示納采、告期、親迎之禮本已有帛，納徵本已有馬，而有司建議加其數，至於問名、請期則未詳。〔註204〕有司所議是否施行，從文中不得而知，至少可由此一窺諸侯婚禮之皮毛。

3. 朝臣上禮

在東晉孝武帝之時，有對於朝陳奉賀上禮的討論：

> 太元十二年，臺符問「皇太子既拜廟，朝臣奉賀，應上禮與不？」
> 國子博士車胤云：「……猶如元正大慶，方伯莫不上禮，朝臣奉璧而
> 已。」太學博士庾弘之議：「案咸寧三年始平、濮陽諸王新拜，有司
> 奏依故事，聽京城近臣諸王公主應朝賀者復上禮。今皇太子國之儲

〔註202〕《晉書》，卷21，〈禮志下〉，頁664。
〔註203〕《晉書》，卷21，〈禮志下〉，頁664-665。又《通典·禮十八》「公侯大夫士
　　　　婚禮」略同。
〔註204〕關於魏晉告廟六禮版文，可見《晉書·禮志下》王彪之所定之儀。

副，既已崇建，普天同慶。謂應上禮奉賀。」徐邈同。〔註205〕
當中所引西晉故事，始平、濮陽諸王是在咸寧三年八月受封，並非正月，並非正月朝賀時節，因此王侯上禮與否另有規定。除了諸王、公主以外，所謂的「近臣」應指在京師（附近）之臣，當中亦包含具有諸侯身份之官僚。這些朝臣既然在元正大慶時要「奉璧」朝賀，身份自然是五等諸侯，〔註206〕反過來說，若朝臣當時並不在京城附近，如任刺史太守者，似不能上禮。可知異姓諸侯除了正月要奉璧朝賀外，在咸寧三年故事中，亦得因皇子新拜而上禮。

4. 世子之禮

在西晉時期，由於封爵者多任官職，並無就國，故多以世子監國。而監國之禮，不見於漢魏，故在施行之初，亦有不同於古典之處。如晉博士孫毓等議云：

> 按《周禮典命職》：「凡諸侯之嫡子，誓於天子，攝其君，則下其君一等。』謂公之子如侯伯而執珪，侯伯之子如子男而執璧。……周制，諸侯以功德入爲王卿士，則上卿理其國事。今諸王公侯受任天朝，而嫡子攝其君事，車服禮數，國封大小，領兵軍數，自當如本制，而王公侯遣上卿及軍將掌其事，合於古義。今之車服，與古禮不同，依禮應下其君一等。其嫡子皆以有爵命，印綬冠服佩玉之制，宜如本令。而嫡子但知其政，不干其位，君不可二，尊無二上。國相以下見嫡子，宜如臣而不稱臣。又禮，非其臣則答拜，國之命士上達於其君者，嫡子宜答拜。其文書稱嗣子，宜曰王嗣子，其公侯嗣子，繫於父爵，明不專國也。其燕見則稱第，下文書表疏，皆臣禮而不稱臣。今之監司，上官文書皆爲記告。嫡子監國，其下群臣官文書宜稱告，不言命稱教。〔註207〕

從上文可略整理爲以下數點：

A. 在周制中，嫡子監國者，其禮下其君一等。

B. 當時實行的制度，世子監國之禮並未下其君一等，大概是與其君相等。

〔註205〕《晉書》，卷21，〈禮志下〉，頁669。

〔註206〕《周禮・春官大宗伯》即云諸侯執璧，卿執羔，大夫執雁，士執雉，可知執璧者爲諸侯。詳論參本章第一節。

〔註207〕《通典》，卷71，〈禮三十一〉「諸王公侯留輔朝政嫡子監國議」，頁1961。

C. 有鑑於此，孫毓等建議將世子監國下其君一等之禮制度化，並明訂在
國內之文書禮儀用詞，及世子與國臣子關係，亦較封爵者爲低。

總而言之，五等爵與禮制制訂之初，在世子監國部分並無很明確的規範，
其後受到經典與禮議的影響，世子監國之禮才逐漸完備。

5. 國內稱號

公侯伯子男在許多方面的禮儀規範，如妾數、旅賁、綬色等，皆有相當
明確的規定。不過在國內臣民對其稱號，似皆爲公。如曹魏之時，博士祭酒
孫欽等議：「按《春秋》之義，五等諸侯卒葬皆稱公，乃與王者之後宋公同號，
然臣子褒崇其君父。」〔註208〕然而曹魏時期尚未施行五等爵，故不能代表西
晉之制。東晉徐邈答徐乾書則云：

> 故庶母爲夫人，上之不得以干宗廟，外之不得以接侯伯，唯國內申
> 其私而崇其儀，亦如侯伯子男之臣，於內稱君曰公耳。……且妾除
> 女君、夫人，可爲通稱，如五等爵皆稱公耳。〔註209〕

可知晉制侯伯子男於國內被其臣民稱爲公，與經典相近。

6. 襲　爵

按照曹魏制度，皇帝死後，太子即天子位於柩前，雖仍須服喪，然已先
繼位，而諸侯之制似乎也是如此。此外，在嗣子襲爵之時，亦須皇帝遣使拜
策，才正式完成襲封的程序，如：

1. 魏尚書奏，以故漢獻帝嫡孫杜氏鄉侯劉康襲爵，假授使者拜授，康素服。
   秦靜議：「……故諸王薨，遣使者拜嗣子爲王，則玄冠縹絰，服素以承詔命，
   事訖，然後反喪服。」〔註210〕

2. 王肅議：「……故臣以爲諸侯受天子之命，宜以吉服。又禮，處三年之喪，
   而當除父兄之喪服，除服卒事，然後反喪服。則受天子命者，亦宜服其命
   服，使者出，反喪服，即位而哭，既合於禮，又合人情。」詔從之。〔註211〕

3. （高堂隆議）按舊典，天子遣使者齎車服策命命諸侯嗣位之禮：上卿爲使者，
   嗣君遣上卿吉服迎於境，自吉服勞於郊，館宗廟，致饖饋，告其日，受命於
   祖廟。設喪主，布几筵於戶牖之前。命車設於庭，膝上，安車駟馬皆在其車

〔註208〕《通典》，卷72，〈禮三十二〉「天子追尊祖考妣」，頁1970。
〔註209〕《通典》，卷72，〈禮三十二〉「天子崇所生母」，頁1973-1974。
〔註210〕《通典》，卷72，〈禮三十二〉「王侯在喪襲爵議」，頁1979-1980。
〔註211〕《通典》，卷72，〈禮三十二〉「王侯在喪襲爵議」，頁1980。

之東。使者奉策服印綬，加設版策于其上，升自西階，東面。內史在右。嗣君端委以入，升自阼階，西面立。使者以皇帝命命冕，內史贊之。嗣君降於兩階間，北面再拜稽首。使者宣命曰：「無下拜。」嗣君升，成拜。內史加詔版策命於服上以東。嗣君進而西，迆受於兩楹間。皆旋復位。嗣君釋端委服，降，升，成拜如初。使者降出，升車。嗣君拜送於門外。修享贈餞之禮。使歸，嗣君送至於境。嗣君釋冕，服素弁葛環縓絰袞，修奠祭之禮，告於殯宮訖，乃釋弁絰，反喪服。此其大略也，其他則同之。〔註212〕

　　上述三例皆爲曹魏之事，大體來說，就是嗣子在服喪期間，天子遣使者策拜，嗣子暫時除服行繼位之禮，禮畢然後反喪服，繼續服喪。這是曹魏的情形。不過西晉之制似有不同，須先服喪期滿，然後襲爵。如荀邃「父憂去職，服闋，襲封」，〔註213〕即是一例。而在新國君尚未繼位前，則由上卿代理國事。

7. 異姓襲爵

　　西晉君臣雖相當重禮，然亦有因現實考量而公然違禮之情形。其實異姓爲子的情形在東漢即已出現，主要是因宦官襲爵的問題而設；在建安年間，由於戰亂仍頻，曹操對異姓爲後襲爵仍予以承認。〔註214〕但隨著局勢逐漸穩定，士族官僚勢力逐漸增加，對於異姓襲爵的態度，則與東漢士人相似，多持反對態度。但曹魏時期仍有郭德以異姓繼甄氏爵之事，被孫盛評爲「違情背典，於此爲甚」；〔註215〕西晉亦偶有之，韓謐即爲一例：

> 及（賈充）薨，（郭）槐輒以外孫韓謐爲（賈）黎民子，奉充後，郎中令韓咸、中尉曹軫諫槐曰：「禮，大宗無後，以小宗之子後之，無異姓爲後文。」……槐遂表陳是充遺意，帝乃詔曰：「……古者列國無嗣，取始封支庶，以紹其統，而近代更除其國。至於周之公旦，漢之蕭何，或豫建元子，或封爵元妃，蓋尊顯勳庸，不同常例。太宰素取外孫韓謐爲世子黎民後。吾退而斷之，外孫骨肉至近，推恩計情，合於人心。其以謐爲魯公世孫，以嗣其國。自非功如太宰，始封無後

〔註212〕《通典》，卷72，〈禮三十二〉「王侯在喪襲爵議」，頁1981-1982。

〔註213〕《晉書》，卷39，〈荀勗傳〉，頁1158。

〔註214〕關於漢晉時期異姓爲後的問題，可參見藤川正數，《魏晉時代における喪服禮の研究》，頁273-283。

〔註215〕《三國志》，卷5，〈魏書・文昭甄皇后傳〉，頁163-164。郭德襲亡公主封爵事詳後述。

如太宰，所取必以己自出不如太宰，皆不得以爲比。」〔註216〕
晉武帝爲了尊重賈充的「遺志」（實爲其妻郭槐之意），以「外孫骨肉至近」
而「合於人心」爲由，令韓謐襲爵，又云若非特殊條件下，不得與此爲比。
其實這件事已然違禮，然而此乃皇帝下詔，故未見群臣有明諫之文。可知皇
權之干預，對於禮制之運作會產生影響。與此相對之例，即庾純在酒後與賈
充相爭，而被以「父老不求供養，使據禮典正其臧否」，雖然庾純並未違禮，
卻因與賈充有隙而險遭奪爵；〔註217〕華廙亦因得罪荀勗而被指爲收袁毅貨
賕，不得襲爵。〔註218〕則當時封爵及相關事務受政治力干擾之情形仍相當明
顯。相較之下，東晉以後異姓養子襲爵的情形基本消失，〔註219〕代表當時士
人的意志較得以貫徹；而西晉皇權仍有干涉朝議的可能，故無法徹底禁止異
姓爲後，也顯示出西晉皇權仍有一定影響力。

8. 襲母（公主）爵

在兩漢時期，公主有湯沐邑，由於「婦人無爵」，按理在公主死後，爵位
不能繼承。然而在漢魏仍有子襲公主爵之例，如郭德以異姓襲公主爵：

> 太和六年，（魏）明帝愛女淑薨，追封謐淑爲平原懿公主，爲之立廟。
> 取（文昭甄皇）后亡從孫黃與合葬，追封黃列侯，以夫人郭氏從弟
> 德爲之後，承甄氏姓，封德爲平原侯，襲公主爵。〔註220〕

孫盛認爲：「於禮，婦人既無封爵之典，況於孩末，而可建以大邑乎。（甄）德
自異族，援繼非類，而襲母爵，違情背典，於此爲甚。」〔註221〕甄德一方面以
異姓紹封，一方面所襲又爲亡公主之爵，當中許多地方都受到質疑，然而公主
爵依然可襲封與子。到了西晉，同樣有公主子襲母爵之事，如王聿襲公主封爲
敏陽侯，〔註222〕即爲一例，故在這方面雖違背經典，仍可見漢晉相承之跡。

9. 讓爵

在東漢，讓爵也是士人表現美德的一部份，這種風氣到了西晉並未消失，

〔註216〕《晉書》，卷40，〈賈充傳〉，頁1171。
〔註217〕《晉書》，卷50，〈庾純傳〉，頁1398。此事之完整始末，請參本章第三節所論。
〔註218〕《晉書》，卷44，〈華表附廙傳〉，頁1261。
〔註219〕參藤川正數，《魏晉時代における喪服禮の研究》，頁283。
〔註220〕《三國志》，卷5，〈魏書・文昭甄皇后傳〉，頁163。
〔註221〕《三國志》，卷5，〈魏書・文昭甄皇后傳〉裴注引孫盛語，頁164。
〔註222〕《晉書》，卷42，〈王渾附濟傳〉，頁1207。

讓爵之事時有所聞，以下試舉數例：

1. 長樂馮恢父爲弘農太守，愛少子淑，欲以爵傳之。……（恢）陽瘖不能言，淑得襲爵。〔註223〕

2. （衛）瓘六男無爵，悉讓二弟，遠近稱之。〔註224〕

3. （楊）駿誅，（裴頠）以功當封武昌侯，頠請以封（裴）憬，帝竟封頠次子該。頠苦陳憬本承嫡，宜襲鉅鹿，先帝恩旨，辭不獲命。武昌之封，己之所蒙，特請以封憬。該時尚主，故帝不聽。〔註225〕

4. 太尉、臨淮公荀顗國胤廢絕，朝廷以崧屬近，欲以崧子襲封，崧哀（從子）序孤微，乃讓封與序，論者稱焉。〔註226〕

　　上述四例中，AB爲武帝朝，C爲惠帝朝，D爲東晉時事，可知兩晉仍有其風。當中衛瓘、裴頠二人本身皆有五等之爵，後因功另封他爵，按照制度，應傳封給次子，而二人欲將爵傳給其弟或兄子；馮恢則是爲了將父爵由弟繼承，因此「陽瘖不能言」；荀崧則因哀其從子荀序孤微，故將族曾祖荀顗之爵讓與荀序。然而最後的決定權由皇帝掌握，故馮恢、衛瓘、荀崧之例照准，而裴頠之例則否。封爵雖爲個人（或其家）之事，然而爵的身份要由天子來加以確認，也顯示出了爵與天子之間的關連性。

六、結　語

　　本節所論證依禮之制，頗爲繁雜，茲依據相同討論，嘗試歸納如下：

　　首先，如本章第一節討論官僚秩序，在新禮施行之初，所參考者同樣是儒家經典（周制）、漢魏故事（漢制）與配合現實環境爲主。但與官僚秩序比較而言，禮制基本上較不會直接影響皇權的運作。新禮制定過程中，多參考周制爲範本。但在實踐新禮的過程中，許多經典所載制度，與當時風俗民情並不相符，如時人多以親疏遠近（即五服）決定服喪標準，而新禮規定諸侯（受五等爵者）必須服斷旁親；又如爲母服三年喪是孝道的重要原則之一，而朝禮規定庶子繼爵者不得爲生母服，皆爲古典與現實之間衝突之例。因此，魏晉南北朝時期對諸侯禮制的討論，部分原因即在於經典與現實之間的矛盾。此外，除王莽短時間的實驗外，漢魏時期並未施行五等爵及其相關制度，

〔註223〕《晉書》，卷45，〈崔洪傳〉，頁1287-1288。
〔註224〕《晉書》，卷36，〈衛瓘傳〉，頁1057。
〔註225〕《晉書》，卷35，〈裴秀附頠傳〉，頁1042。
〔註226〕《晉書》，卷75，〈荀崧傳〉，頁1976。

因此西晉在施行新禮之初，並沒有前例可資參酌，只能先參考經典記載，或舊有漢魏列侯之制來加以規定。然而漢制與周禮畢竟有所不同，當兩者無法調和之時，便出現關於諸侯禮制的爭議，而這些爭議或是漢魏並未發過的問題（如漢魏無五等爵），或是因禮制的調整而有解釋上的不同。爭議的處理原則，關於這種現象，余英時先生指出：西晉「在禮文不完備和條例的解釋不統一的雙重困難之下，禮學專家祇有斟酌的個別的情況隨時制訂新禮，或賦予舊禮以新的意義。因此『變通』成爲這個時代禮學方法論上的一個最重要的原則」，〔註227〕大體說明了西晉士人在解釋與制定禮學時所遭遇的困境，及其所採取的解決之道。

其次，由於漢代以軍功爲主要封爵途徑，士人多無法獲得爵位，所以對現實上的爵制（列侯、關內侯）態度相對冷淡，所關心者仍爲經典中的五等爵。陳寅恪認爲：西晉時期復五等爵，是司馬氏與士族數十年或百年來士人理想的實踐，〔註228〕開建五等後，許多士大夫自身有五等爵，而五等爵又爲「周禮」的象徵之一，因此在漢魏時期較少提及的（異姓）諸侯相關禮儀，在兩晉成爲討論焦點之一。尤其對凶禮的討論最多，也符合當時重「孝」的觀念。

魏末晉初所定之新禮，由於尚未完備，陸續爲摯虞、束晳等禮官與朝議所修改。但即使禮典與朝議相同，有時仍會受到皇權或重臣的干擾，而影響最後的結果。如以韓謐繼賈充之爵，在明顯違禮、朝臣大多反對的情況下，晉武帝仍允許賈謐以異姓繼承賈充之爵，即爲其例。此事提示了西晉時期，即使對禮的解釋權多在士大夫（士族）手中，皇權雖未必凌駕其上，但至少有干涉的能力。也就是除了新禮本身與經典、漢魏故事的矛盾外，亦隨時面對皇權可能給予的干擾。

雖然新禮制定之初，在理念上與執行上都受到不少阻礙，但不可否認的是，西晉時期正式將禮納入國家重要典章之一，即基於儒家經典的禮之制度化是在西晉時期首度以體系化的方式展開。祝總斌先生已提及西晉「司法中禮、律並舉，同具法律效力」，〔註229〕禮與令成爲規範官僚行爲的重要原則，若違犯禮、

〔註227〕余英時，〈名教危機與魏晉士風的演變〉，收入余英時，《中國知識階層史論（古代篇）》（臺北：聯經出版事業公司，1980），頁363。

〔註228〕陳寅恪將司馬氏復五等爵之因歸於其士族背景的理想，而非從皇權與維繫國家秩序的角度切入此課題。參陳寅恪，〈崔浩與寇謙之〉，頁143。

〔註229〕祝總斌，〈略論晉律之「儒家化」〉，原載《中國史研究》，2（北京，1985）；後收入況總斌，《材不材齋文集上編 —— 中國古代史研究》（西安：三泰出版

令，則將入律，也就是以「禮——令——律」體系爲主要原則，構成西晉時期國家秩序的基礎架構。但西晉的禮令律體系只是初始階段，其中常有無法相互配合的情形，直到唐代才有完備之禮律令系統。〔註230〕無論如何，西晉時期是中國禮制法典化、制度化的開端，影響日後各朝治國方針甚鉅。

最後，新禮、經典、漢魏故事與現實考量間的矛盾，亦與士人、皇權間的衝突相關。由於一般的禮制不會影響皇權運作，因此在大部分的情況下，皇權與士人在諸侯禮方面少有摩擦；但由於皇帝與朝臣間的親疏好惡各有不同，因此不同身分之人面對同一禮制問題時，皇權有時會有不同程度的干涉。如中山王司馬睦以支子身份欲立其父之廟，有司依據禮典否決，但晉武帝以「禮文不明」爲由，要求禮官再議；李含依制度爲國君葬畢除服，卻因與朝臣結怨而遭彈劾，即使李含並未違背禮法，仍遭受降品之罰。總之，士人依據儒家經典來制定新禮，並以此原則對各案例加以論議；但皇權的介入，也使得新禮在實際運作時，加入了現實政治因素的考量。

第三節　西晉法律對五等爵的相關規定

一、西晉律令的特色及其與五等爵的關係

上節已論及關於五等諸侯在禮制方面的規範，本節則將針對法律上的規定加以探討。一方面由於漢末曹魏期間動亂仍頻，時人較注重對現實問題的研究，因而律學有一定的進展；西晉律學已脫離政治學、哲學的範疇，出現許多專門著作，並對許多法律名詞、概念作更加明確的界定。〔註231〕另一方面，漢代已有規定諸侯與列侯制度之律，如〈酎金律〉、〈左官律〉等，或是個別對諸侯作出規範，如西漢「僞寫徹侯印棄市」的條文，〔註232〕但並未如〈賊律〉、〈盜律〉般匯集成篇，而是散見於各篇章。至魏明帝時，陳群等人編纂《魏律》，針對漢律作部分修正，仍無專門規定諸侯之篇，可能還是依性質散列於各篇之中。西晉所施行的律令，是由賈充等人所編之《晉

　　　　社，2006），頁 375-404。堀敏一，〈晉泰始律令の成立〉，載《東洋文化》60，1980。
〔註230〕參陳寅恪，《隋唐制度淵源略論稿》（石家莊：河北教育出版社，2002）。
〔註231〕參楊鶴皋，《魏晉隋唐法律思想史》（北京：北京大學出版社，1995），頁100-101。張晉藩主編，《中國法律史》（北京：法律出版社，1995），頁 149。
〔註232〕見《張家山漢墓竹簡：二四七號墓》，〈二年律令・賊律〉，頁 137。

律》、《晉令》爲主；而《晉律》中有〈諸侯律〉，《晉令》中有〈王公侯令〉，〔註233〕都是專門針對封爵者所設定，並將前朝對諸侯的相關規定集結而成。此外，如〈官品令〉、〈吏員令〉等規範整體官僚的制度，亦有對受爵者的規定。〔註234〕也就是說，西晉君臣相當重視對諸侯的各項規範，除禮制外，在律令方面也獨立出專門規定諸侯的篇章。這種對諸侯體系的詳細規定，之後仍可見其遺緒，如《隋書‧刑法志》蕭梁有〈王公侯令〉，《唐六典‧刑部郎中員外郎》載北周有〈諸侯律〉，至唐代仍有〈封爵令〉，〔註235〕皆可看出西晉對諸侯的重視與規定，成爲南北朝隋唐時期諸侯律令的先河。

　　然今完整之《晉律》、《晉令》已不可見，只餘篇目較爲完整，試將現今可見與諸侯相關之律文整理如下：〔註236〕

1. 公侯有罪，得以金帛贖。〔註237〕

2. 凡諸侯上書言及諸侯不敬，皆贖論。〔註238〕

3. 諸侯應八議以上，請得減收留贖，勿髡鉗笞。〔註239〕

4. 吏犯不孝、謀殺其國王侯伯子男官長、誣偷受財枉法，及掠人和賣、誘藏亡奴婢，雖遇赦，皆除名爲民。〔註240〕

　　至於在規定當中，可略分爲官人違禮與官人犯法兩種，根據官人違禮犯法的輕重大小，處罰也有所不同。在違禮方面，基本上對禮的規定都在荀顗

〔註233〕見《晉書》，卷30，〈刑法志〉，頁927。（唐）李林甫等撰，陳仲夫點校，《唐六典》（北京：中華書局，1992），卷6，〈刑部郎中員外郎〉，頁18。

〔註234〕關於《晉令》，富谷至指出，漢代的詔書多使用竹簡，至三國西晉之時，逐漸向紙張過渡，書寫材料的變化，是《晉令》能完成的一個因素。因此漢代關於王侯的詔書無法彙整集結的情形，在魏晉時期得以改善，這可能也是諸侯之律令能完成於魏晉之際的原因之一。參富谷至，〈晉泰始律令への道——第二部　魏晉の律と令〉，載《東方學報》，73（京都，2001），頁75。

〔註235〕仁井田陞輯出唐〈封爵令〉七條令文，亦可參照。仁井田陞，《唐令拾遺》（東京：東京大學出版會，1964再版），頁304-320。

〔註236〕關於晉令部分，張鵬一所輯之〈王公侯令〉，由於多涉及服飾、冠冕之制，故於本章第一節通論之，參張鵬一，《晉令輯存》，頁239-246。另可參表4101「西晉五等爵制度規範表」。

〔註237〕（宋）司馬光編著，（元）胡三省音注，《資治通鑑》（北京：中華書局，1956），卷111，〈晉紀〉安帝隆安三年，頁3492。而程樹德以爲此條即爲晉律，參程樹德，《九朝律考》（北京：中華書局，2003），頁237。

〔註238〕《北堂書鈔》，卷44，〈刑法部中‧贖刑〉引《晉律》，頁171。

〔註239〕《北堂書鈔》，卷44，〈刑法部中‧贖刑〉引《晉律》，頁171。

〔註240〕《太平御覽》，卷651，〈刑法部〉引《晉律》，頁2909。

等人所編之《新禮》中，然而在其他地方仍有相關規定，如〈服制令〉、〈祠令〉、〈喪葬令〉等，皆是與禮相關，大抵應根據《新禮》之規範而成；加上「違令有罪則入律」，〔註241〕違禮者有時亦會受到刑律或免官等處分。至於官人犯法，則以〈諸侯律〉、〈王公侯令〉爲主，配合其他相關律令，構成西晉諸侯制度的大致規範。以下便針對諸侯律令的相關部分加以討論。

二、西晉律令對封爵之規定

1. 八議與贖刑

雖然官人違禮或違法會受到處罰，但仍有一些方式使士庶有別，即《禮記・曲禮》所云「禮不下庶人，刑不上大夫」的概念，如贖、八議乃至於大赦等。關於魏晉南北朝時期官人在法律上的特權，學界前輩論述者甚多，如祝總斌認爲西晉減省法律條文是爲了收買人心，「特別是拉攏統治集團中人支持司馬氏」，〔註242〕在此不加以詳述，僅針對與封爵相關的部分加以討論。

在《周禮》八辟之中，議賢、議能、議功、議勤較無客觀標準，而議貴則以官（爵）之有無作爲依據，較爲明確。〔註243〕曹魏時已有八議之概念，〔註244〕如許允謂袁侃云「卿功臣之子，法應八議，不憂死也」即是。〔註245〕至西晉則有明確規定，如《晉律》云「諸侯應八議以上，請得減收留贖，勿髡鉗笞也」。〔註246〕此外，魏晉時期亦多有贖罪之例，如杜預、魏舒、王戎等；〔註247〕而《晉律》更直接規定「凡諸侯上書言事及不敬皆贖論」，〔註248〕加上諸侯可入八議，則在正常情形下，官人違制或有罪通常不必直接受罰。

〔註241〕《晉書》，卷30，〈刑法志〉，頁927。

〔註242〕祝總斌，〈略論晉律的「寬簡」和「周備」〉，原載《北京大學學報》，2（北京，1983）；後收入況總斌，《材不材齋文集上編 —— 中國古代史研究》，頁348-374。

〔註243〕《周禮》，卷35，〈秋官小司寇〉，頁222。

〔註244〕馬志冰認爲，魏明帝在制定「新律」之時，已將「八議」納入法典，參馬志冰，〈從魏晉之際官僚貴族世襲特權的法律化制度化看士族門閥制度的確立與發展〉，載《中國文化研究》，1（北京，2000），頁62。

〔註245〕《三國志》，卷9，〈魏書・夏侯尚附玄傳〉，頁143。

〔註246〕《北堂書鈔》，卷44，〈刑法部中〉「贖刑」引《晉律》，頁171。

〔註247〕杜預之事見後。魏舒「以公事當免官，詔以贖論」，王戎「坐遣吏脩園宅，應免官，詔以贖論」，皆以贖論。見《晉書》，卷41，〈魏舒傳〉，頁1196。《晉書》，卷43，〈王戎傳〉，頁1232。

〔註248〕《北堂書鈔》，卷44，〈刑法部中〉「贖刑」引《晉律》，頁171。

有爵者可入八議，還可以贖罪，等於又增加了一項封爵的實際功能。〔註249〕
然而官僚在違禮違法之時，所受到的處罰多爲免官、禁錮，不久多可復官，眞
正奪爵或削爵土的情形較少，如羊琇有罪，「應至重刑」，而武帝只免其官，後
羊琇「以侯白衣領護軍」，不久便復職；東晉孔嚴因不就揚州大中正之職，亦遭
免官，「詔特以侯領尚書」，皆爲其例。〔註250〕即使所違犯者爲諸侯之律令或以
諸侯身份犯禁，眞正剝奪其爵位或以爵抵罪的情形較爲少見。因此在（異姓）
復爵相對困難的情形下，封爵既可作贖罪與八議之用，似乎使用後還不會喪失
爵位，如杜預原襲父爵爲豐樂亭侯，因與石鑒有隙，被指爲「稽乏軍興」，而以
侯贖論；不久武帝以杜預「以散侯定計省闥」，又與石鑒有所衝突，因而免官，
「以侯兼本職」。〔註251〕若前以侯贖之時即已奪爵，則之後不應有散侯與以侯
兼本職之情形，或許由於杜預尚主，屬於特例，至少在西晉時期，有爵者在受
罰時有較多的緩衝空間。

2. 諸侯削爵土的層級差別

雖然有時諸侯違背禮律會受到處罰，但削爵土未必皆爲奪爵，還要看違
禮或違法的程度及朝議（與皇帝意志）而定。以下試列處罰之級別：

（1）減 封

即爵位之等級與名稱不變，唯食邑數有所減少。減封所影響者爲諸侯之
財政收入，其他方面並無影響，可謂較輕之處分。如曹據因私遣人作禁物，
遭削縣二千戶，即爲其例。〔註252〕

（2）削 縣

即爵位同樣不變，然而領地減少，租秩同樣受到影響。這種情形多發生
於諸侯王，因諸侯王「以郡爲國」，〔註253〕遭削縣後仍有封地；若是縣王或縣
公以下，所封唯有一縣，削去則無領地，故僅限於郡王。〔註254〕此種處罰重

〔註249〕如馬志冰即認爲「八議」與「官當」正式進入魏晉律中，是當魏晉官僚司法
　　　　特權的制度化。按八議確出現於魏晉之時，然將「官當」開端直接列於西晉，
　　　　則尚可商榷。參馬志冰，〈從魏晉之際官僚貴族世襲特權的法律化制度化看士
　　　　族門閥制度的確立與發展〉，頁61。
〔註250〕《晉書》，卷93，〈羊琇傳〉，頁2411。《晉書》，卷78，〈孔愉傳〉，頁2060。
〔註251〕《晉書》，卷34，〈杜預傳〉，頁1027。
〔註252〕《三國志》，卷20，〈彭城王據傳〉，頁581。
〔註253〕《晉書》，卷14，〈地理志上〉，頁414。
〔註254〕至於郡公、郡侯，按理亦有削縣之可能，然未見實例，不知是否有此規定。

於減封，然爵位不變，其他方面仍維持相同。如梁王肜以任用國官非人，「詔削一縣」，即為其例。〔註255〕

（3）降　封

降封或稱貶爵，是將封爵者之爵位下降一級以上，如五等爵降為縣侯，縣侯降為鄉侯等。由於爵位下降，食邑數與租秩通常也可能減少，且地位與輿服等皆會受到影響，可謂較重之處罰。如曹植以「醉酒悖慢、劫脅使者」之罪，由縣侯被貶爵為鄉侯，即為其例。〔註256〕

（4）奪　爵

奪爵是將爵位直接剝奪，使官人喪失爵位之意。由於官人無爵，則諸侯所享之特殊待遇亦隨之喪失，是相當嚴屬的處分。但奪爵未必代表此家族從此喪失此爵，如華異於喪中遭奪爵，而由其子華混襲封（其事見後），則奪爵有時為將官人之爵轉與其宗之人。

（5）國　除

國除即是在奪爵之餘，又不許其家族之人繼承爵位，使得此家族在制度上永遠喪失此爵，可謂最嚴重之情形。

總之，「削爵土」雖為當時經常出現之名詞，在不同的情形下，其處罰之輕重大小亦有所差異，因此削爵土未必等於奪爵。

三、違　禮

1. 父老不奉養

庾純與賈充之爭為西晉政爭之著名案例。庾純在行酒時與賈充發生爭執，後懼，乃自上官（河南尹）爵（關內侯）印綬，並上表云「請臺免臣官，廷尉結罪，大鴻臚削爵土，敕身不謹，伏須罪誅。」武帝便以庾純「陵上無禮，悖言自口」之名，免庾純之官。但這件事情並未因此結束，又以庾純父老不供養為由，使朝議論之。何曾、荀顗、司馬攸等人認為：

> 凡斷正臧否，宜先稽之禮、律。八十者，一子不從政；九十者，其家不從政。新令亦如之。按純父年八十一，兄弟六人，三人在家，不廢侍養，純不求供養，其於禮律，未有違也。……臣以為純不遠

〔註255〕參《晉書》，卷38，〈梁王肜傳〉，頁1127。
〔註256〕參《三國志》，卷19，〈魏書・陳思王植傳〉，頁561。

布孝至之行，而近習常人之失，應在譏貶。〔註257〕

也就是說，庾純由於其父年未九十，又有三位兄弟在家奉養，並不違背禮與律令；然而庾純未能爲人榜樣，因此應該要加以譏貶。石苞則認爲庾純「榮官忘親，惡聞格言，不忠不孝，宜除名削爵土」。龐札等以爲庾純由醉得罪，不至削爵土。最後晉武帝並未奪庾純之爵，又以庾純爲國子祭酒加散騎常侍。〔註258〕

就官僚角度而言，賈充一派自然希望能剝奪庾純之官爵，甚至其任官資格；然而庾純未歸家奉養之事，既不違禮，又不違律令，若這樣還要被剝奪爵位，那麼未來官人不但對是否或如何遵守禮律無所適從，甚至必須依附權臣方能無恙，因此許多官員的意見都認爲庾純因醉辱罵三公，應該受罰，但不至於奪爵。

就國家整體角度而言，賈充是晉武帝親信之臣，當賈充受到侮辱之時，晉武帝爲其免庾純之官是正常之事。但若要進一步以「父老不奉養」爲由，奪庾純之爵，則以後成爲常例，父年八十歲以上之官人，皆須歸家供養，不得任官，其效力可能會與因父母喪而去官之情形相同。如此一來，會對於國家（高級）官僚的構成產生影響，又這也牽涉到「忠孝先後」的問題，若父親年過八十皆須在家奉養，則「孝」之地位又進一步提高，「忠」之地位進一步的下降，對皇權而言，這恐怕是難以接受的。因此晉武帝僅以醉爲由免庾純之官，並未剝奪其爵。因此綜合來說，庾純之例爲政治事件，並未違背禮律，但由於是依照禮典議定，故列於此。〔註259〕

2. 國臣為國君葬訖除喪之議

晉惠帝時，李含爲秦王司馬柬之郎中令，元康元年，司馬柬卒，李含按照制度，「葬訖除喪」。尚書趙浚與其有隙，便舉發李含不應除喪，而雍州大中正傅祇便「以名義貶含」。傅咸便爲李含申辯：

〔註257〕《晉書》，卷50，〈庾純傳〉，頁1398-1399。
〔註258〕《晉書》，卷50，〈庾純傳〉，頁1398-1401。又《通典・禮二十八》「居官歸養父母」亦載此事，但不如《晉書》詳備。
〔註259〕韓國磐在討論此例時指出，西晉初年的君臣口頭上說要以禮教設防，但「實際上破壞禮教、濫用刑罰的就是他們自己」；羅宗強則認爲「免庾純官的要害，在於他又把司馬氏最忌諱的弒君問題提了出來，孝與不孝，只是一個藉口」，參韓國磐，《中國古代法制史研究》（北京：人民出版社，1993），頁262；羅宗強，《玄學與魏晉士人心態》，頁163。

天王之朝，既葬不除，藩國之喪，既葬而除，藩國欲同不除，乃當
責引尊準卑，非所宜言耳。……國制，既葬而除，既除而祔，爰自
漢魏，迄於聖晉，文皇升遐，武帝崩殂，世祖過哀，陛下毀頓，銜
疚諒闇，以終三年，率土臣妾，豈無攀慕遂服之心，實以國制不可
而踰，故於既葬，不敢不除。〔註260〕

不只是諸侯違禮要受罰，其國官違禮亦如之。但是李含是依照規定而行，理應
無罪，卻因得罪當道者，同樣遭到彈劾。與前例不同之處，庾純「爲世儒宗」，
其父兄皆爲官；〔註261〕李含則家門寒微。故李含在遭受非常之罪時，除傅咸外，
未有官僚（士族）爲其申辯，晉惠帝亦未聽從傅咸之議，仍將李含之鄉品退爲
五品，其原因便在於李含並非高級官僚（士族）集團之一份子，晉惠帝不必怕
本案會得罪士族官僚，士族官僚亦不必爲一位寒門辯護。且惠帝之初，朝政先
歸楊駿，後歸賈后，恐怕此非惠帝自身意志，而爲賈后及其黨之意。〔註262〕此
外，李含所受之處分並非免官，亦非奪爵（本傳未有受爵之載），而是以降鄉品
的方式處罰，可能是因爲李含所犯並非律令，無法以「罪」的形式加以處罰，
所以用相對無形之「名義」來處罰，與第二章所論封五等爵以「事功」的方式，
皆爲跳脫原有制度，而高一階之標準。故李含之例仍未依照加以裁處，一方面
可與前述庾純之例對照，顯示士族與寒門的差異與皇權的態度；一方面亦可知
國官未依禮律爲其君（諸侯）服喪之時，是會受到處罰的。

3. 服繼母之服

　　東晉元帝之時，亦有一與禮有關之議值得討論。淮南小中正王式之繼母，
先嫁之時已有繼子，後嫁給王式之父；王式之父臨終前允許王式繼母之請，
在服喪完畢後，歸於前繼子之家。當王式繼母身亡之後，乃與其前夫合葬，
而王式爲其「追服周」。此事在朝議中引發不同討論，杜夷、江泉、荀崧、蕭
輪等人所論雖異，大抵認爲王式之母既非生母，又爲出母，追服一年之喪實
爲過厚，但不必受罰。而卞壺則有不同的意見，認爲王式之父雖有遺命，王
式仍不應以其母爲出母；而已出繼母不應服，王式是因內心有愧，才爲其繼

〔註260〕《晉書》，卷60，〈李含傳〉，頁1641-1643。
〔註261〕庾純之伯父庾嶷爲曹魏太僕，父庾道爲太中大夫，兄庾峻入晉爲秘書監、御
　　　　史中丞，見《晉書》，卷50，〈庾峻傳〉，頁1391-1392。
〔註262〕按楊駿於元康元年三月被誅，而司馬亮死於同年九月，可知李含事發生於賈
　　　　后掌權之時。

母服喪，故「虧損世教」，應受處罰。此外，卞壺也針對其他官員提出糾舉：

> 案侍中、司徒、臨潁公（荀）組敷宣五教，實在任人，而含容違禮，曾不貶黜；揚州大中正、侍中、平望亭侯（陸）曄，淮南大中正、散騎侍郎（胡）弘，顯執邦論，朝野取信，曾不能率禮正違，崇孝敬之教，並為不勝其任。請以見事免組、曄、弘官，大鴻臚削爵土，廷尉結罪。〔註263〕

也就是說，當官人違禮之時，鄉品系統之司徒、州大中正、郡中正皆有糾舉之責，而荀組等人未盡其責，卞壺認為應該要免官削爵，以示警惕。最後荀組見原，陸曄、胡弘「並貶爵免官」，而王式「付鄉邑清議，廢棄終身」。〔註264〕本例所論雖為王式違禮之事，而主司未盡督導之責，亦可能遭受削爵之議。

4. 未除服而請客奏伎

東晉初年，廬江太守梁龕喪妻，梁龕於喪畢除服之前一日「請客奏伎」，邀請周顗等三十餘人同會，劉隗奏以梁龕「暮宴朝祥，慢服之愆，宜肅喪紀之禮。請免龕官，削侯爵」，其他與會者則「各奪俸一月」，晉元帝從之。〔註265〕梁龕亦因違禮而免官削爵，然因所違似較前述王式為輕，故並未廢棄終身，僅喪失官爵；而周顗等人之身分地位亦不如荀組，故仍受處分，罰俸一月。

5. 襲父被黜之爵

東晉前期，高悝因（事）功封為建昌伯，後「以納妾致訟被黜」。高悝死後，其子高崧「乃自繫廷尉訟冤，遂停喪五年不葬」，最後皇帝下詔「特聽傳侯爵」。〔註266〕按《晉令》規定「諸去官者從故官之品，其除名者不得從例」，〔註267〕不知是否包括封爵；且《晉令》之規定僅適用於官員個人，就算可以故爵之品封之，亦非由其子襲父被黜之爵。〔註268〕而高悝在生前因納妾之事（疑與違禮

〔註263〕《晉書》，卷70，〈卞壺傳〉，頁1869。

〔註264〕卞壺議王式之事見《晉書》，卷70，〈卞壺傳〉，頁1869。《通典・禮五十四》「父卒繼母還前繼子家後繼子為服議」，頁2553-2555。兩者互有詳略，故參引之。此外，《通典》云「司徒揚州大中正陸曄」，參之《晉書》，陸曄當時應為侍中、揚州大中正，並非司徒。又《晉書》云「詔特原（荀）組等」，而《通典》云陸曄、胡弘等並貶爵免官，亦不相同。

〔註265〕事見《晉書》，卷69，〈劉隗傳〉，頁1835-1836。

〔註266〕《晉書》，卷71，〈高崧傳〉，頁1895。

〔註267〕《通典》，卷90，〈禮五十〉「齊縗三月」，頁2476。

〔註268〕除非是在官員死後，朝廷恢復其爵位，再命其子襲封，如張華即是。然照《晉書》之意，朝廷似未復高悝之爵，而是直接以高崧繼承被黜之建昌伯爵位。

有關）被黜，似未及復官爵而亡，按理高崧是不能繼承建昌伯之爵，然因高崧的行為使「帝哀之」，才特別令高崧傳爵。此云「特」，表示一般情形並非如此；且所記為「傳爵」而非「襲爵」，則高悝並未復爵。可見一方面若因納妾等事違禮（或違律令）被黜，可能不只免官，甚至奪爵；另一方面，在一般的情況下，被奪爵者若未復爵（無論身前或死後），其子孫不得襲封。

四、違　法

1. 領軍戰敗

在曹魏時期，由於軍功尚受重視，加上「敗軍者抵罪，失利者免官爵」的情形下，〔註269〕領軍戰敗也是奪爵的原因之一。如司馬昭原封新城鄉侯，但在東關之役時，失利退軍，司馬昭亦「坐失侯」；之後因討新平羌胡，才「以功復封新城鄉侯」。〔註270〕當時司馬氏已掌握曹魏權力，其兄司馬師為大將軍輔政，而司馬昭仍須遭受奪爵處分，等到另立軍功，才能恢復爵位，可知當時作戰失利者仍可能遭奪爵之懲處。這種情形至西晉似有所改變，雖仍有「失利者免官爵」之規定，實則。如司馬亮征討關中失利，有司「奏免亮官，削爵土」，而武帝僅免司馬亮之官，不久又拜撫軍將軍。〔註271〕則在西晉時期，領軍失利者似仍免官削爵，但因司馬亮為宗室之故，因而免受處罰。

2. 稽乏軍興與論功失實

在晉武帝時，杜預與石鑒不和，因而互相指稱對方之失，導致兩人皆被免除官爵。先是石鑒奏杜預「擅飾城門官舍，稽乏軍興」，而杜預因娶司馬懿之女（即晉高陸公主），在八議之內，故「以侯贖論」。不久杜預亦糾舉石鑒「論功不實」，雙方互相攻訐，最後「並坐免官」。後石鑒又「坐討吳賊虛張首級」，而武帝下詔「今遣歸田里，終身不得復用，勿削爵土也」，使石鑒仍得保有堂陽子之爵。〔註272〕杜預與石鑒所坐之罪「稽乏軍興」、「論功不實」、「虛張首級」等，皆與軍務相關。而杜預須「以侯贖」，石鑒雖保住爵位，然「終身不得復用」，則上述罪名之處罰恐怕不輕，在正常情形下，官爵並免可

　　在高悝未復爵的情形下，其碑及祭位應不得云「建昌伯」之爵。

〔註269〕《三國志》，卷1，〈魏書・武帝紀〉，頁14-15。

〔註270〕《晉書》，卷2，〈文帝紀〉，頁32。

〔註271〕《晉書》，卷59，〈汝南王亮傳〉，頁1591。

〔註272〕杜預與石鑒相爭之事，參《晉書》，卷34，〈杜預傳〉，頁1027。《晉書》，卷44，〈石鑒傳〉，頁1265-1266。

能是無法避免。雖然這些罪名並非作戰失利，但同屬「軍法」，違犯者似同樣會免官奪爵，亦可看出西晉時期對於軍令仍有一定程度的重視，以及對姻親、功臣的優遇。

3. 占官稻田

西晉時期，士族、官僚非法占田的情形相當嚴重，而李憙則兩度舉發非法占田的情形。一次是舉發劉向爲裴秀占官稻田，故「求禁止秀」，而武帝以裴秀「幹翼朝政，有勳績於王室，不可以小疵掩大德」爲由，「解秀禁止」，僅追究劉向之罪。〔註273〕另一次是舉發劉友、山濤、武陔、司馬睦等人「各占官三更稻田」，因而請求將山濤、司馬睦等人免官，武陔則加以貶謚。而武帝下詔云此皆劉友所作，「以繆惑朝士」，故加以致罪；至於山濤等人只要「不貳過」，皆不加以處罰。〔註274〕由於當時司州一帶非法占田的情形相當嚴重，故李憙兩次皆以司隸校尉的身份加以糾舉。晉武帝兩次處理，皆將罪過推給低階之官員，並未波及士族官僚及其功臣，亦反映司馬氏及其士族（與功臣）集團關係之密切。〔註275〕

4. 招誘逋亡

晉武帝咸寧三年，中山王司馬睦「遣使募徙國內八縣受逋逃私占及變易姓名詐冒復除者七百餘戶」，被冀州刺史杜友舉奏「招誘逋亡，不宜君國」。有司認爲此事在赦前，〔註276〕不必處罰，武帝認爲此事相當嚴重，「何論於赦令之間邪」，因而不管赦與八議，而將司馬睦貶爲丹水縣侯。〔註277〕與前述「占官稻田」之事相較，晉武帝對於「民」較「地」爲重視，因此裴秀、山濤等人不必免官，而司馬睦則遭到貶爵。此外，司馬睦既占官稻田，又招誘逋亡，而占官稻田無事，招誘逋亡則降爵，同一人而有不同結果，亦可見晉武帝對編戶齊民的看重。

〔註273〕《晉書》，卷35，〈裴秀傳〉，頁1039。
〔註274〕《晉書》，卷41，〈李憙傳〉，頁1189。
〔註275〕鄺士元評論此事時，已指出「晉武私偏高門，但擇其門第較次之劉友代罪」，見鄺士元，〈試論魏晉士風不競之成因〉，收入鄺士元，《魏晉南北朝研究論集》（臺北：文史哲出版社，1984），頁4。
〔註276〕司馬睦被廢爲丹水侯時間在咸寧三年七月，之前最近一次大赦，乃爲咸寧二年十月丁卯「立皇后楊氏，大赦」，則司馬睦招誘逋亡應爲咸寧二年十月以前之事。見《晉書》，卷3，〈武帝紀〉，頁67。
〔註277〕《晉書》，卷37，〈高陽王睦傳〉，頁1113。

5. 任用國官非人

西晉諸王具有自選官屬（國相除外）之權，若任用非人亦會遭受處罰。如梁王司馬肜以張蕃爲中大夫之例即是，而張蕃之前曾與何晏往來，其妻又爲曹爽教伎，何晏與曹爽並死於高平陵政變時，即司馬懿之政敵，大概因此成爲被禁錮的對象。之後張蕃「變名自結於肜」，司馬肜便以張蕃爲梁國中大夫，而爲有司所奏，武帝下詔削梁國一縣，以示處分。〔註278〕或許是西晉律令中，有明確規定某些身份之人不得擔任王國官屬，因此當司馬肜任用張蕃，才會被有司糾舉，而削一縣之地。至於有哪些身份屬禁止之列，則不得而知。

6. 以賜客爲奴

荀勗爲晉武帝重臣之一，曾爲其子求婚於華廙之女，華廙不許，荀勗因而記恨。而華廙之父華表，曾有賜客在平原鬲縣（華表爲平原高唐人），鬲縣令袁毅在錄三客之名時，三客各以奴代之。之後袁毅「以貨賕致罪」，並未交代清楚事情原委，而直云以奴給華廙。再加上先前荀勗對華廙不滿，便密奏晉武帝，以爲袁毅賄賂之人甚多，〔註279〕宜以最親近之一人加以指責，因以華廙當其罪。再加上華廙之前曾忤武帝之旨，〔註280〕故武帝在華廙服其父表喪之時免其官，並削爵土。當時對於華廙之懲處問題，曾有一番爭論：

> 大鴻臚何遵奏廙免爲庶人，不應襲封，請以表世孫混嗣表。有司奏曰：「廙所坐除名削爵，一時之制，廙爲世子，著在名簿，不聽襲嗣，此爲刑罰再加。諸侯犯法，八議平處者，褒功重爵也。嫡統非犯終身棄罪，廢之爲重，依律應聽襲封。」詔曰：「諸侯薨，子瑜年即位，此古制也。應即位而廢之，爵命皆去矣，何爲罪罰再加。且吾之責廙，以肅貪穢，本不論常法也，諸賢不能將明此意，乃更詭易禮律，不顧憲度，君命廢之，而群下復之，此爲上下正相反也。」於是有

〔註278〕《晉書》，卷38，〈梁孝王肜傳〉，頁1127。

〔註279〕據《晉書》所載，袁毅所賂者有王恂、何遵、何劭、山濤、鄭默等人，其中王恂、鄭默不受其物，山濤「受而藏於閣上」，何遵、何劭受之有罪，武帝以其父何曾爲功臣的關係，亦未處罰。此外其他受賂者甚多，爲晉武帝時期之大案。參《三國志》，卷13，〈魏書‧王朗傳〉裴注引《世語》，頁419。《晉書》，卷93，〈王恂傳〉，頁2411。《晉書》，卷33，〈何曾附劭傳〉，頁998。《晉書》，卷43，〈山濤傳〉，頁1228。《晉書》，卷44，〈鄭袤附默傳〉，頁1252。

〔註280〕在泰始年間，華廙之父華表疾篤，華廙歸家省親，有司「仍遭喪舊例，葬訖復任，廙固辭，迕旨」。事見《晉書》，卷44，〈華表附廙傳〉，頁1260。

司奏免議者官，詔皆以贖論。〔註281〕

因此華廙之子華混應襲封觀陽伯之爵，而華混乃逃避裝病，「故得不拜」。至太康初年大赦，才允許讓華廙襲爵觀陽伯。〔註282〕在本例中，首先要釐清華廙之「罪」爲何。據《晉書·食貨志》，「品第六以上得衣食客三人」，又可蔭親屬，及擁有數量不一的佃客，然未提及奴婢。因此華表在西晉之官皆高於六品，故得衣食客三人，即所謂「賜客」，此乃符合規定。而袁毅在錄三客名時，三客各以奴代之，不知此奴爲三客之奴，或是三客以財雇以代己，總之當時情形爲以奴代客。從文意來看，袁毅似知情而未告訴華表，而華表與華廙應不知情。因此後來袁毅案發，袁毅直云以三奴與華廙，而未提及以奴代客之事，華廙就等於是收了袁毅所與之奴，而非國家認可之衣食客。再加上華廙先前得罪晉武帝與荀勖，因而在服喪時遭免官削爵土。後主管封爵之大鴻臚何遵，又上奏華廙不得襲爵，應以世孫華混（即華廙之子）襲爵；有司則認爲華廙符合八議條件，所犯又非「終身棄罪」，依照律文，應可襲爵；最後晉武帝仍裁決華廙不應襲封，連帶奏華廙可襲封之官員亦遭波及，必須「以贖論」，可見晉武帝對此事相當堅持，且不願臣下有不同意見。〔註283〕至於晉武帝之所以堅決嚴懲華廙之因，一方面可能是華廙的「罪名」是受奴，與前述司馬睦「招誘逋亡」情形類似，皆爲非法占有勞動力，因此遭到重罰。另一方面，平原華氏在曹魏爲上層士族，華廙之祖華歆爲魏初三公，又爲配饗太祖（曹操）功臣之一，地位可謂甚高；〔註284〕至華廙之父華表，在高貴鄉公被弒前「懼禍作，頻稱疾歸下舍，故免于大難」，〔註285〕就算華表不是支持魏帝一派，至少亦未明確支持司馬氏，因此華表至晉雖進封爲五等爵，但並非司馬氏（帝室）所親近之臣。加上華廙得罪之人爲晉武帝之重臣荀勖，又曾忤晉武帝之旨，因此晉武帝才對華廙加以重罰。

7. 買被盜御裘

司馬倫爲晉武帝之叔，泰始初爲琅邪郡王，因使劉緝「買工所將盜御裘」，劉緝被判棄市，而司馬倫理應與劉緝同罪。有司奏司馬倫「爵重屬親，不可

〔註281〕《晉書》，卷44，〈華表附廙傳〉，頁1260-1261。

〔註282〕此事始末見《晉書》，卷44，〈華表附廙傳〉，頁1260-1261。

〔註283〕同樣的情形可由晉武帝對齊王攸出鎮議之態度，見《晉書》，卷38，〈齊王攸傳〉，頁1133-1135。《晉書》，卷50，〈庾純傳〉，頁1402-1403。

〔註284〕見《三國志》，卷13，〈魏書·華歆傳〉，頁406。

〔註285〕《晉書》，卷44，〈華表傳〉，頁1260。

坐」；劉毅則持不同意見，以爲「倫知裘非常，蔽不語吏，與緝同罪，當以親貴議減，不得闕而不論」。武帝同意劉毅之議，仍以司馬倫爲皇親之故，下詔赦之。〔註286〕司馬倫之舉等於是變相使用御用物品，其罪甚大，又事先知情，因而劉毅認爲司馬倫應以八議之議親、議貴論之，而不應直接免除其罪。若按八議減免，則司馬倫所受處分可能是削一縣或降封，但晉武帝最後仍下詔赦之，則司馬倫未因此事受罰。

8. 便辟善柔

在晉惠帝之初，司徒王渾與侍御史劉敦因劉輿之事而「更相曲直」，劉敦奏王渾「無大臣之節，請免渾官」，並糾舉其屬「右長史、楊丘亭侯劉肇，便辟善柔，苟於阿順。請大鴻臚削爵土」。〔註287〕《晉書》雖未云劉肇之言行，大抵應是曲事王渾，或爲王渾申辯，因而遭劉敦糾舉。不過此處未云免官，只云削爵土，可能是劉肇並未觸犯律令，只是在道德層面有瑕疵，因此劉敦只建議削爵土，不必免官。後雖不知劉肇是否被削爵土，然「便辟善柔」亦爲削爵土之可能條件之一，代表爵制與道德（及其背後之政治權力）有相當密切的關係。

五、結 論

儒家與法家在戰國與秦代是處於對抗的局勢，至漢代儒家留意律學並加以研究，曹魏以後的儒者更直接參與制訂法律的工作，〔註288〕使得儒家與法家的聯繫日益密切，儒家思想也逐漸滲入於法律體系中。由於西晉律令有明顯的「儒家化」趨勢，〔註289〕因此在律令中對諸侯的規定也相對的寬鬆。其原因在於儒家經典中，諸侯爲各地的統治者，地位甚高，且有許多關於諸侯的禮法制度規定：即使實際上西晉五等爵並無實權，僅有名義上之地位，然受五等爵者多爲世族，世族同時又爲制定禮律者，對官員、諸侯的優待，就等於是對自身優待。因此在西晉律令中，除了有專門針對諸侯設計的〈諸侯

〔註286〕《晉書》，卷 59，〈趙王倫傳〉，頁 1598。

〔註287〕《晉書》，卷 45，〈劉敦傳〉，頁 1280。

〔註288〕瞿同祖，《中國法律與中國社會》，收入瞿同祖，《瞿同祖法學論著集》，頁 337、352。

〔註289〕陳寅恪指出，古代禮律關係密切，而西晉司馬氏爲漢末以來的儒學大族，「其所制定之刑律尤爲儒家化」；韓國磐亦認爲中國古代即禮刑交互爲用，至西晉明確規定以禮教服屬來定刑，更凸顯禮教在刑法中的形象。參陳寅恪，《隋唐制度淵源略論稿》，頁 102。韓國磐，《中國古代法制史研究》，頁 261。

律〉、〈王公侯令〉外，其他對於諸侯之規定與優待也不少，如此既可營造以儒家爲中心之國家秩序，又可使世族自身置於較有利之位置。

而從國家角度而言，西晉在處理諸侯違禮律之罪時，除各項優待外，亦有「親親」的情形。即以皇權爲中心，其外爲同姓宗室，其次爲異姓功臣（重臣）及姻親，再其次爲其他高級士族，再次爲中下層豪族，其外寒門、庶人，各有其等級秩序。在執行律令時，即使宗室、功臣違背禮法，可先以八議與贖之方式減輕，若罪甚重，則皇權亦以下詔或其他方式，赦免其罪，使宗室與功臣免受重罰。至於一般士族、豪族甚至寒門違禮犯法，則照常處罰；若因與宗室、功臣有隙而致罪（無論是否確有其罪），其罪有時還會加重。因此王導對曹魏西晉之評價爲：

> 自魏氏以來，迄於太康之際，公卿世族，豪侈相高，政教陵遲，不
>
> 遵法度，群公卿士，皆屬於安息，遂使姦人乘釁，有虧王道。〔註290〕

由於公卿世族多不遵法度，加上晉武帝的「親親」政策及律令上的優待，因此西晉時期的諸侯（世族）雖以禮法自況，但其行則多與其言、其學不同。不過如陳寅恪先生所言，「司馬氏以東漢末年之儒學大族統制中國，其所制定之刑律尤爲儒家化」，〔註291〕而陳寅恪所謂西晉刑律之儒家化，祝總斌的解釋是「指制定晉律遵循和吸收的是儒家經典中『禮』的精神和規範」，〔註292〕也就是「以禮入律」，將「禮」的精神歸納入律令之中。此外余英時先生以爲魏晉時期的法律與禮相似，一方面要斟酌人情，另一方面又不能「任情」，〔註293〕皆代表西晉的律令改制有其時代背景的考量，似不能僅從士族爲己或爲私的角度加以解釋。因此，士族在魏晉之際的律令改革，仍有禮制等級規範與儒家理想性，只是在實踐的過程中，與理想有所落差。

〔註290〕《晉書》，卷65，〈王導傳〉，頁1746。

〔註291〕陳寅恪，《隋唐制度淵源略論稿》，頁102。

〔註292〕祝總斌，〈略論晉律之「儒家化」〉，頁375-404。

〔註293〕余英時，〈名教危機與魏晉士風的演變〉，頁366。

表 4101　西晉五等爵制度規範表

	天子	王	郡公	縣公	郡侯	縣侯	伯	子	男	次國男
地方				75里		70里	60里	50里	35里	25里
食邑			3000戶	1800戶		1600戶	1200戶	800戶	400戶	200戶
妾		8人	6人	6人	6人	5人	4人	3人	2人	
車前司馬			14人	10人		8人	8人	4人	2人	
旅賁			50人	40人		36人	28人	20人	12人	
綬色	金銀	纁朱	玄朱	玄朱	青朱	青朱	青朱	素朱	素朱	素朱
章印	玉璽	金印	金章	金章	金章	金章	金章	金章	金章	金章
采	赤赤縹紺	赤黃縹紺	綠紫紺	綠紫紺	綠紫紺	綠紫紺	綠紫紺	綠紫紺	綠紫紺	綠紫紺
皮弁縫	12		9	9	7	7	7	5	5	5
旗斿			8斿	8斿	7斿	7斿				
冕	12旒	7旒	7旒	7旒	7旒	7旒	7旒	7旒	7旒	7旒
助祭郊廟		9章	9章	9章	9章	9章	9章	9章	9章	9章
冠	五梁	三梁	三梁	三梁	三梁	三梁	三梁	三梁	三梁	三梁
纂	五采	三采	三采	三采	三采	三采	三采	三采	三采	三采
籍田	3推	9推								
	天子	公	特進	卿	郡縣公侯	非特節將軍	致仕告老	中二千石、二千石	王公元子	
駕	安車駕六	駕三	駕二	駕一						

	公嗣子	侯嗣子	三品侯	鄉亭侯	關內侯	三 公	卿大夫	士		
地方										
食邑										
妾										
車前司馬										
旅賁										
綬色	紫	青	紫	紫	紫					
章印			金章							
采	二采	二采	二采	二采	二采					
皮弁縫						3				
旗斿	7斿	5斿				5斿				
冕						5旒	3旒			
助祭郊廟						7章	7章			
冠	三梁	三梁	三梁	三梁	二梁					
纂	三采	三采	三采	三采						
籍田					5推					

表4102 儒家經典所載五等爵相關制度表

	田方	封疆	食者	城高	城方	宮方	執贄	贄	命數	執贄
天子	1000里			9仞	9里	900步	鎮圭	鬯	9命	
諸侯王										
公	100里	500里	半	7仞	9里	900步	桓圭	圭	7命	桓圭九寸
侯	100里	400里	參之一	7仞	7里	700步	信圭	圭	7命	信圭七寸
伯	70里	300里	參之一	5仞	7里	700步	躬圭	圭	5命	躬圭七寸
子	50里	200里	四之一	3仞	5里	500步	穀璧	圭	5命	穀璧五寸
男	50里	100里	四之一	3仞	5里	500步	蒲璧	圭		蒲璧五寸
三公	視公侯							璧	8命	
孤								皮帛	6命	
卿	視伯							羔	羔	4命
大夫	視子男							雁	鴈	
士	視附庸							雉	雉	
出處	禮記王制	周禮地官大司徒	周禮地官大司徒	五經異義	通典	通典	周禮春官大宗伯	禮記曲禮下	周禮春官典命	周禮秋官大行人

	圭	繅藉	冕服	建常	樊纓	貳車	貳車	介	聘禮	禮
天子										
諸侯王										
公	九寸	九寸	九章	九斿	九就	九乘	七乘	九人	七介	九牢
侯	七寸	七寸	七章	七斿	七就	七乘	七乘	七人	五介	七牢
伯	七寸	七寸	七章	七斿	七就	七乘	七乘	七人	五介	七牢
子	五寸	五寸	五章	五斿	五就	五乘	七乘	五人	三介	五牢
男	五寸	五寸	五章	五斿	五就	五乘	七乘	五人	三介	五牢
三公										
孤										
卿										
大夫							五乘（三乘）			
士										
出處	禮記雜記下	周禮秋官大行人	周禮秋官大行人	周禮秋官大行人	周禮秋官大行人	周禮秋官大行人	禮記少儀	周禮秋官大行人	禮記聘義	周禮秋官大行人

	朝位賓主之間	立當	擯者	享王禮	饗禮	食禮	出入	問勞	繅	冕
天子									五采五就	
諸侯王										
公	九十步	車呎	五人	再裸而酢	九獻	九舉	五積	三問三勞	三采三就	衮冕鷩冕毳冕希冕玄冕
侯	七十步	前疾	四人	一裸而酢	七獻	七舉	四積	再問再勞	三采三就	鷩冕毳冕希冕玄冕
伯	七十步	前疾	四人	壹裸而酢	七獻	七舉	四積	再問再勞	三采三就	鷩冕毳冕希冕玄冕
子	五十步	車衡	三人	壹裸不酢	五獻	五舉	三積	壹問壹勞	二采再就	毳冕希冕玄冕
男	五十步	車衡	三人	壹裸不酢	五獻	五舉	三積	壹問壹勞	二采再就	毳冕希冕玄冕
三公										
孤										
卿										
大夫										
士										
出處	周禮秋官大行人	周禮秋官大行人	周禮秋官大行人	周禮秋官大行人	周禮秋官大行人	周禮秋官大行人	周禮秋官大行人	周禮秋官大行人	周禮春官典瑞	周禮春官司服

	執鞭趨辟	玉色	明堂位	樂縣	旗物	挽	死	殯	葬	葬制
天子	八人	全	負斧依南鄉而立	宮縣	大常	6拂	崩	七日	七月	五重八翣
諸侯王										
公	六人	龍		軒縣	旂	4拂	薨	五日	五月	三重六翣
侯	四人	瓚	阼階之東、西面北上	軒縣	旂	4拂	薨	五日	五月	三重六翣
伯	四人	將	西階之西、東面北上	軒縣	旂	4拂	薨	五日	五月	三重六翣
子	二人		門東、北面東上	軒縣	旂	4拂	薨	五日	五月	三重六翣
男	二人		門西、北面東上	軒縣	旂	4拂	薨	五日	五月	三重六翣
三公			中階之前、北面東上							
孤										
卿				判縣	斾	2拂				
大夫				判縣	物	2拂	卒	三日	三月	再重四翣
士				特縣	物	1拂	不祿	三日	三月	
出處	周禮秋官條狼氏	考工記玉人		周禮春官小胥	周禮春官司常	御覽引杜預要集	禮記曲禮下	禮記王制	禮記王制	禮記禮器

	巷　市	墳　高	樹	祭　祀	祭品	下祭殤	廟	壇	國　社	家　社
天　子	七日	3雉	松	天地	牛	五	七廟	一壇一墠	大社	王社
諸侯王										
公	三日	1雉半	柏	山川	牛	三	五廟	一壇一墠	國社	侯社
侯	三日	1雉半	柏	山川	牛	三	五廟	一壇一墠	國社	侯社
伯	三日	1雉半	柏	山川	牛	三	五廟	一壇一墠	國社	侯社
子	三日	1雉半	柏	山川	牛	三	五廟	一壇一墠	國社	侯社
男	三日	1雉半	柏	山川	牛	三	五廟	一壇一墠	國社	侯社
三　公										
孤										
卿		8尺	楊	五祀	羊					
大　夫		8尺	楊	五祀	羊	二	三廟	二壇	置社	
士		4尺	榆	其先		子	一廟	一壇		
出　處	禮記曲禮下	御覽引禮系	御覽引禮系	白虎通引禮	白虎通	禮記祭法	禮記王制、祭法	禮記祭法	禮記祭法	禮記祭法

	國　祀	家　祀	鄉　射	舞	籍　田				籍田服色	殯
天　子	七祀	七祀	熊	八佾	3推	3推	3推	千畝	朱紘	7日
諸侯王										
公	五祀	五祀	麋	六佾		9推	9推	百畝	青紘	5日
侯	五祀	五祀	麋	四佾		9推	9推	百畝	青紘	5日
伯	五祀	五祀	麋			9推	9推	百畝	青紘	5日
子	五祀	五祀	麋			9推	9推	百畝	青紘	5日
男	五祀	五祀	麋			9推	9推	百畝	青紘	5日
三　公				六佾	5推	5推	5推			
孤										
卿					7推	9推	9推			
大　夫	三祀		虎豹		7推					3日
士	二祀		鹿豕							3日
出　處	禮記祭法	禮記祭法	白虎通引禮含文嘉	公羊傳	白虎通引祭義	禮記月令	獨斷	禮記祭義	禮記祭義	禮記王制

	葬	卒哭	虞	廟	豆	席	鼓	射法	射儀	射樂
天子	7月			7廟	26	五重	路鼓	六耦三侯	三獲三容	騶虞九節五正
諸侯王								四耦二侯	二獲二容	狸首七節三正
公	5月	7月	七虞	5廟	16	三重	賁鼓	四耦二侯	二獲二容	狸首七節三正
侯	5月	7月	七虞	5廟	12	三重	賁鼓	四耦二侯	二獲二容	狸首七節三正
伯	5月	7月	七虞	5廟		三重	賁鼓	四耦二侯	二獲二容	狸首七節三正
子	5月	7月	七虞	5廟		三重	賁鼓	四耦二侯	二獲二容	狸首七節三正
男	5月	7月	七虞	5廟		三重	賁鼓	四耦二侯	二獲二容	狸首七節三正
三 公										
孤								三耦一侯	一獲一容	采蘋五節二正
卿								三耦一侯	一獲一容	采蘋五節二正
大 夫	3月	5月	五虞	3廟	8（6）	再重		三耦一侯	一獲一容	采蘋五節二正
士	3月	3月	三虞	1廟				三耦豻侯	一獲一容	采蘩五節二正
出 處	禮記王制	禮記雜記下	禮記雜記下	禮記王制、禮器	禮記禮器	禮記禮器	周禮夏官大司馬	周禮夏官射人	周禮夏官射人	周禮夏官射人

	節	服衰冕者	弓	棘槐之位	告飽	堂	服	冕	彈	玉
天子	騶虞	六人	合九成規		一食	九尺	龍袞	十二旒	直	白玉
諸侯王										
公	狸首	四人	合七成規	右九棘	再食	七尺	黼	九旒	前後方	山玄玉
侯		四人	合七成規	右九棘	再食	七尺	黼	九旒	前後方	山玄玉
伯		四人	合七成規	右九棘	再食	七尺	黼	九旒		
子		四人	合七成規	右九棘	再食	七尺	黼	九旒		
男		四人	合七成規	右九棘	再食	七尺	黼	九旒		
三 公				面三槐						
孤				左九棘						
卿				左九棘						
大 夫	采蘋		合五成規	左九棘	三食	五尺	黻	七旒（五旒）	前方後挫角	水蒼玉
士	采蘩		合三成規	左九棘後	三食	三尺	玄衣纁裳	三旒	前後正	瑌玟
出 處	禮記射義	周禮夏官節服氏	周禮夏官司弓矢	周禮秋官朝士	禮記禮器	禮記禮器	禮記禮器	禮記禮器	禮記玉藻	禮記玉藻

	組　綬	率　帶	飯	卿　數	命于天子	卿命數	下卿命數	下大夫命數	下大夫	上　士
天　子	玄		九貝	9卿	9				27	81
諸侯王				3卿	3	三命	再命	再命	5	27
公	朱	五采	七貝	3卿	2	三命		再命	5	27
侯	朱	五采	七貝	2卿	1	一命		一命	5	27
伯		五采	七貝							
子		五采	七貝							
男		五采	七貝							
三　公										
孤										
卿										
大　夫	純	五采	五貝							
士	繀	二采	三貝							
出　處	禮記玉藻	禮記雜記上	禮記雜記下	禮記王制	禮記王制	禮記王制、周禮	禮記王制	禮記王制、周禮	禮記王制	禮記王制

	軍	命　數
天　子	6軍	
諸侯王	3軍	九命
公	2軍	七命
侯	1軍	五命
伯		
子		
男		
三　公		
孤		
卿		
大　夫		
士		
出　處	穀梁傳	禮記王制